集人文社科之思　刊专业学术之声

集 刊 名：南开日本研究

主办单位：南开大学日本研究院

教育部国别和区域研究基地南开大学日本研究中心

南开日本研究

2023年第2辑（总第29辑）

集刊序列号：PIJ-2022-465

集刊主页：www.jikan.com.cn/ 南开日本研究

集刊投约稿平台：www.iedol.cn

南开大学日本研究院
教育部国别和区域研究基地南开大学日本研究中心
主 办

南開日本研究

2023年第2辑（总第29辑）

刘岳兵　主编

社会科学文献出版社
SOCIAL SCIENCES ACADEMIC PRESS (CHINA)

南开日本研究
NANKAI JAPAN STUDIES

2023 年第 2 辑
（总第 29 辑）

目　录

"日本史研究的学脉传承与守正创新" 高端论坛

"日本史研究的学脉传承与守正创新" 高端论坛的缘起
与旨趣说明 …………………………………………… 刘岳兵 / 003
改革开放前期中国的中日关系史研究
——以汪向荣先生的研究为例 ………………………… 徐建新 / 007
万峰先生与中国的日本近代史研究 …………………… 张跃斌 / 020
吕万和先生与日本近代史研究 ………………………… 熊达云 / 042
杨曾文先生的日本佛教与中日佛教交流史研究 …… 江　静　陈　缪 / 071

日本经济

日本二战前电话扩建政策的市场属性 ………………… 云大津 / 087
《日本国民所得倍增计划》的重读和启示
………………………………… 郑建成　王　卓　贾保华 / 113
日本在 RCEP 谈判中构建制度性话语权的动因、路径与效用
………………………………………… 高文胜　安一婷 / 134

日本政治与外交

论政官关系与小泉内阁特殊法人改革 ……………………… 胡卓林 / 161

日本安全战略转型析论 …………………………………… 郭春妍 / 177

日本历史与文化

真如亲王入唐求法与中日文化融通 ……………………… 李广志 / 191

内藤湖南致奉天大兴会社野口多内一信（大正六年）考 …… 覃一彪 / 206

铃木正三的职业伦理思想与日本职人精神的演进

………………………………………… 姚继东　沈敏荣 / 219

世界主义话语下的神道环保主义

——以"镇守森林"为中心 ……………………… 王子铭 / 232

专题书评·中国日本研究的南开经验

张伯苓校长与南开百年日本研究学脉传承的精神原点

——刘岳兵编著《南开日本研究史料纪事编年》读后 …… 宋成有 / 257

心生敬意　感慨系之

——《南开日本研究史料纪事编年》读书体会与感悟 …… 高　洪 / 265

一部颇具家国情怀的学术编年史

——刘岳兵编著《南开日本研究史料纪事编年》读后 …… 孙卫国 / 270

Contents ……………………………………………………… 280

《南开日本研究》征稿 ……………………………………… 287

"日本史研究的学脉传承与守正创新"高端论坛

"日本史研究的学脉传承与守正创新"
高端论坛的缘起与旨趣说明

刘岳兵

尊敬的宋成有先生、徐建新先生、熊达云先生、王海燕先生、张跃斌先生、张明杰先生、江静先生，亲爱的各位日本史研究的新生代朋友：

今天的会，南开大学日本研究院的历任院长杨栋梁教授、李卓教授、宋志勇教授都到了。我代表这次论坛的主办方南开大学日本研究院和浙江工商大学东亚研究院，非常感谢各位报告者的大力支持和各位朋友的热情参与。

杨守敬在论金石书法时说："天下有博而不精者，未有不博而能精者。"我想套用这句话来解释传统与创新的关系。我认为，就人文学科、历史学科而言，有懂传统而未创新者，未有不懂传统而能创新者。

每个学科的发展，都有自己的历史传统，日本史也是这样。十年前即2012年，宋成有先生强调"日本史研究最急切的任务之一，是尽快推出史学理论和方法论的研究著作"，感叹"由中国学者撰述的日本史研究的史学理论和方法论的学术著作，至今依旧是千呼万唤不出面"。2015年初，我在《日本的宗教与历史思想——以神道为中心》这本书的"编者的话"中回应过宋先生，提出想要解决理论创新的问题，史学史研究可能是一条捷径。因为理论或方法本来就是历史地形成的，还原的过程也是启新的过程。学习和研究日本人自己怎么研究日本史的历史，中国人研究日本史的历史，西方人研究日本史的历史，都是探讨日本史研究理论创新或方法论自觉的抓手。

　　日本史学史方面，新生代中的张艳茹教授已经取得了很大的成绩；关于西方人的日本研究，我们欣喜地看到复旦大学的贺平教授出版了新著《国际日本研究述论》（上海人民出版社，2022），作为他山之石，非常有意义。

　　我们自己的日本研究的学术传统，也亟待总结。

　　2015 年我出版了《"中国式"日本研究的实像和虚像》，该书副标题中的"重建中国日本研究相关学术传统"是当时我的一个自不量力的心愿，尽管如此，我觉得这种"初步考察"还是有意义的。王金林先生在《光明日报》发文表扬该书的学术意义，浙江工商大学东亚研究院江静院长将其列入研究生的必读书目，这些都是对我的极大鼓励。2015 年 7 月，南开大学日本研究院为王家骅先生的论文集《中日儒学：传统与现代》的出版举办了专题研讨会，在此基础上我主编了《日本儒学与思想史研究——王家骅先生纪念专辑》，2016 年由天津人民出版社出版。

　　2018 年 11 月 3 日，中国的日本研究如何"接着讲"系列论坛——"中国的日本神·佛·儒及现代哲学思想研究传统"主题学术论坛，在南开大学日本研究院举行。中国社会科学院世界宗教研究所杂志社编审黄夏年先生、山东大学哲学与社会发展学院牛建科教授、厦门大学外文学院吴光辉教授、南开大学日本研究院李卓教授分别做报告，对朱谦之先生、王守华先生、卞崇道先生和王家骅先生的事迹与主要思想进行了追溯和评论。后来我撰写了《中国的日本哲学思想史研究如何从朱谦之"接着讲"？——纪念朱谦之先生诞辰 120 周年》，发表在 2019 年中国社会科学院日本研究所的《日本文论》创刊号上。

　　2019 年 11 月 23 日，为纪念浙江工商大学东亚研究院日本研究中心创立 30 周年，浙江工商大学东亚研究院和南开大学日本研究院在杭州联合召开"新中国成立七十年中日文化交流史研究的回顾与展望"高端学术论坛，84 岁的王金林先生在会上系统地讲述了自己对 70 年来中国中日文化交流史研究的认识和思考，从人、物、制度文化不同的层面做了冷静清晰的梳理。徐建新教授从"文明演进"的大视野审视中日关系，我今天还记忆犹新。江静院长在那次论坛的开幕式上说，这是与南开大学日本研究院的第一次牵手合作，希望这次合作能够开出美丽的花朵。

此后，我们一直在为培育这朵花而努力。今天托各位报告者、讨论者和总结者，以及所有参会者的福，我们等到了这一天，期待我们的共同努力能实现一次美丽的绽放。

今天我们非常荣幸地邀请到中国社会科学院世界历史研究所的徐建新研究员、中国社会科学院世界历史研究所的张跃斌研究员、日本山梨学院大学的熊达云教授、南开大学日本研究院的宋志勇教授、浙江工商大学东亚研究院的江静教授、浙江大学的王海燕教授来分别对汪向荣先生的中日关系和中日文化交流史研究、万峰先生的日本近代史研究、吕万和先生的日本近代史研究、俞辛焞先生的日本外交史研究、王金林先生的日本古代史研究和杨曾文先生的日本佛教及中日佛教交流史研究做主题报告，梳理当代日本史研究相关领域的学脉传承，研讨日本史研究守正与创新的路径。我们还邀请了南开大学的李卓教授、北京大学的宋成有教授、浙江工商大学的张明杰特聘教授，以及中国日本史学会会长、南开大学的杨栋梁教授为本次论坛做总结。

随着国内培养的新一代日本研究者的逐渐成长和从日本获得博士学位的青年研究者陆续回国崭露头角，新生代日本研究者在学术界呈现出可喜的活跃景象。今天的论坛，我们特别请来10位不同领域的优秀的新生代日本研究者代表，他们是中国社会科学院历史学博士、中国社会科学院世界史所张艳茹研究员，日本一桥大学经济学博士、复旦大学历史系钱静怡副教授，北京大学历史学博士、天津大学教育学院谭皓副教授，日本大阪大学文学博士、上海师范大学世界史系康昊特聘副教授，日本京都大学文学博士、山东大学儒学高等研究院刘晨副研究员，日本千叶大学文学博士、上海师范大学日语系刘峰副教授，中国社会科学院历史学博士、南开大学日本研究院郭循春副教授，日本京都大学文学博士、北京大学历史系梁晓弈助理教授；还有在日本工作的日本东京大学文学博士、日本国立历史民俗博物馆贺申杰研究员，日本京都大学法学博士、庆应义塾大学法学部张帆研究员。我们很想和你们一起来分享中华人民共和国成立后日本史研究各领域"拓荒者"的事迹，领略他们在特殊的年代为推进中国的日本史研究做出的重要贡献。在中国的日本史学术研究传统中，他们无疑是重要的一环，我们要继承和发扬好这个传统，做好"接着讲"的工作。同时，我们也很想听听新生代青年学者的声音，听听你们对于传统和创新、对于中国话语和世界潮流的看法，听听你们的各种问题或苦恼。讨论的时间虽然设置得不长，但期待大家真诚地交流。所谓"江山代有才人出"，将来能够在日本史研究领域"领风骚"的人物，我相信一定会在你们当中产生。黄遵宪的《日本国志》从羊城富文斋初刻本到现在已经有将近 130 年的历史，近现代以来的日本史研究著作中，还有多少能够经得起一百年的历史检验？南开大学有"知中国、服务中国"的传统，浙江工商大学以"诚（诚实）毅（坚毅）勤（勤奋）朴（纯朴）"为校训。希望新生代的日本研究者以学术为志业，既放眼世界，又扎根中国的土壤，通过艰苦不懈的努力，成为各自领域能够"领风骚数百年"的人物。

期待本次论坛的圆满成功，期待疫情的早日消散，期待我们能够尽快在线下重聚，期待日本研究的新成果不断绽放！

祝愿王金林先生、杨曾文先生健康长寿！请大家多多保重！谢谢！

2022 年 10 月 16 日

（刘岳兵，南开大学日本研究院教授）

改革开放前期中国的中日关系史研究
——以汪向荣先生的研究为例

徐建新

今年（2022 年）是中日恢复邦交 50 周年，首先感谢南开大学日本研究院邀请我参加这次有意义的盛会。昨天参加一天的会议，听到许多有价值的研究课题和精彩的论证，感到收获满满。我今天要发表的不是论文，只是一个发言。

在中国，中日关系史研究是一个跨学科的研究领域。一方面，它是中国日本史研究的一个分支；另一方面，它又是中国中外关系史研究的一个重要组成部分。从研究史上看，中日关系史作为一个独立的研究领域，无论在中国还是日本，历史都不是很长。日本学者木宫泰彦在其所著《日中文化交流史》的序言中提到，他在 20 世纪 20 年代写《日支交涉史》时，日本还没有多少这类研究。中国早期的中日关系史学者王辑五出版《中国日本交通史》是在 1936 年。也就是说，中日两国对中日关系的通史性叙述大约出现在 20 世纪二三十年代。

1972 年中日恢复邦交后，中国的中日关系史研究成果明显增加，从 20 世纪 70 年代初至 90 年代，出现了一个中日关系史研究的高潮。而且当时研究的主流趋势是强调中日友好的。在这样的研究环境中，国内活跃着一批研究日本问题和中日关系史的前辈学者，如赵朴初、梁容若、周一良、徐逸樵、胡锡年、王利器、常任侠、赵安博等。这些学者的积极参与，推动了七八十年代中日关系史研究的发展，也成功吸引了日本主流学界的关注，为改革开放初期的中日关系史研究奠定了良好的基础，而中国社会科学院世界历史研究所的汪向荣先生也在其中。

图 1　《中国中日关系史研究会刊》

20 世纪 80 年代创刊的《中国中日关系史研究会会刊》是中国中日关系史研究会的机
关刊物，在推动八九十年代的中日关系史研究方面发挥了重要作用

　　汪向荣先生是 1978 年至 20 世纪末中国中日关系史研究领域的著名学者之一，也是当时最多产的学者之一。在改革开放以后的 20 余年中，汪先生向学术界提供了 10 余部学术成果（包括专著、史料汇编、文献校注和

图 2　1988 年，汪向荣先生在日本国际学术研讨会上发表演讲

译著等）。此外，还撰写了一批学术论文。他的学术专著至少有 3 部被翻译成日文出版，不仅在国内，在国外学界也产生了广泛的影响。

今天 40 岁以下的学者一般不了解汪向荣先生的研究经历，在此我想根据我个人对汪向荣先生的了解，对他的研究做一简单介绍。

汪向荣先生 1920 年出生于上海，祖籍是上海青浦县。20 世纪 40 年代初，他赴东瀛求学。在日本，他先是在东京的东亚学校（该校原名东京高等预备学校，秋瑾、鲁迅、周恩来、钱稻孙等人早年留日时都曾在该校学习）学习语言，其间得到该校创办人、教育家、对华友好人士松本龟次郎先生和早稻田第二高等学校教员实藤惠秀先生（战后任早稻田大学教授，文学博士）的关照。后入日本京都帝国大学史学科，在日本东洋史学者矢野仁一、塚本善隆教授（战后任京都大学人文科学研究所所长）的指导下，进行中日关系史的学习和研究。京都大学是日本史学界京都学派的大本营，京都学派的学者重考据、重实证，有乾嘉之风。

汪先生后来回顾说，他的治学方法受京都学派的影响很大。在日本学习期间，他还写出了《中日交涉年表》和《中国人留日教育史》两书，前者 1944 年由北京中国公论社出版，后者没有出版，多年后他将其中的部分内容删定增补成册，即 1988 年出版的《日本教习》一书。

1949—1978 年，汪向荣先生经历并不顺利，在 1957 年和“文革”中都受到严重冲击。他的所有研究资料和大量手稿都在“文革”抄家中散失。1957 年以后，他在人民卫生出版社等单位工作。至“文革”结束，他才得以重返研究岗位。1978 年，他调入中国社会科学院世界历史研究所从事研究工作，1987 年退休；2006 年 6 月 3 日，因病在北京去世，享年 86。

在中国的日本史学界，汪先生的写作快、成果多，也是很出名的。从 1978 年至 1987 年，他公开出版的学术成果就有 8 种之多（其中专著 5 种、史料校注 2 种、史料汇编 1 种）。1987 年退休以后，他仍然笔耕不辍，为学界献上了 6 项学术成果（包括专著 4 种、编著 1 种、译著 1 种）。我将汪先生 1978 年至 2006 年发表的成果粗算了一下，总字数达 270 万字以上（其中有 4 种是与他人合作的成果，被译成日文的成果除外）。因此，称他是改革开放前期中国中日关系史学界最重要的学者之一，是绝不为过的。

图 3　1995 年 11 月，日本京都大学竹内实教授访问世界史研究所时合影
前排左起：吕永和、汪向荣、竹内实、廖学盛、夏应元
后排左起：徐建新、管宁、马新民

　　汪先生 1978 年以后发表成果多与他在之前近 40 年的学术积累不无关系。比如他研究唐代高僧鉴真的主要观点就形成于"文革"以前，他对近代来华的日本教习的研究则始于 20 世纪 40 年代。不过，汪先生笔头快也是事实。汪先生曾经回忆说，他写文章快，主要得益于年轻时的训练。在京都大学求学期间他每天早上 5 点多钟起床，稍作锻炼后就去看书、誊抄别人的笔记。因为笔记要在上课前还给同学，所以要在有限的时间内完成。这些经历使得他后来写东西比较快。

　　汪先生的学术专长是两千年的中日关系史。一个历史学家要想同时做到"通晓古今"和"有所专长"是很不容易的，往往容易顾此失彼，"通"与"专"不能兼得。汪先生在学术研究中很好地把握了"通"与"专"的关系，他既能够做到通晓两千年中日关系史的发展脉络，又能够对中日关系史上的重要人物和事件进行深入的专题研究。汪先生一生中并没有写一部概述性的、通史性的中日关系史，他早年的著作《中日交涉年表》是一本大事记性质的著作，而不是通史。也许他本来就不想以撰写通史的形式展示他的研究成果。他的成果形式始终是对各个时期中日关系具体的专题研究，并通过这样的专题研究，努力在两千年的历史时空中探索中日关系和文化交流的发展过程与特点。

比如，在追寻上古时代的中日交流时，他探讨了中日两国何时开始交往的问题以及中日交流的自然地理条件、中日两民族是否同文同种等问题；在研究战国、秦汉时期的中日关系史时，他探讨了早期日本的中国移民问题、徐福东渡问题；关于魏晋时期的中日关系，他重点探讨了日本弥生时代中后期邪马台国的地理位置和社会性质问题及其同中国的交往；在研究隋唐时期的中日关系时，他重点探讨了唐代高僧鉴真东渡的过程和历史意义，以及日本古代《六国史》中有关中日关系的记载等问题；关于宋、元、明、清时期的中日关系，他分别探讨了"蒙古袭来"（元朝"征日"）、南宋时期的五山文化、明朝的中日勘合贸易、倭寇与明朝的抗倭、清代留居日本的唐通事等问题；关于清代后期至民国初期的中日关系，他重点探讨了清国雇聘日本教习的经验教训、中国近代化过程中留日学生的作用等问题。

**图4　20世纪80年代，汪向荣先生（左）与中日关系史学者、
日本关西大学教授大庭脩先生在北京天安门广场**

在上述研究中，汪先生都从史料出发，提出了自己的学术观点，体现了他关于两千年中日关系史的广博知识和深厚的学术功底。

20 世纪 80 年代初，汪先生在《邪马台国》一书中运用中日双方的文献学、考古学研究成果，对中国古代官撰史书《三国志·魏志·倭人传》进行了认真考证，并在此基础上提出了一些新的见解，促进了中国学界对日本弥生时代中后期的邪马台国和邪马台国时期的中日关系的研究。1984 年，汪先生和中国社会科学院历史研究所的夏应元先生一起，对中国古代官撰史书中的日本传进行了校勘和注释，编著了《中日关系资料汇编》一书。这部书至今仍然是研究古代至前近代中日关系史的重要资料书。

对日本真人元开（即淡海三船，722—785）撰《唐大和上东征传》的校注是汪先生一系列史料校勘成果中的代表作。历史上流传下来的有关鉴真的传记史料十分稀少，除少数"僧传"外，只有日本奈良时代的文学家淡海三船的《唐大和上东征传》一书对鉴真的事迹做了较详细的描述。《唐大和上东征传》成书于公元 779 年，后来在不同的历史时期被不断传抄，于是有了众多版本，各版本之间的出入不少。汪先生耗时二十载，收集了数十种传世的抄本和刊本资料，以及安藤更生、藏中进等日本学者的研究成果。他在对上述资料进行详细的互校后指出，现存最早的日本"观智院本甲本"中存在不少错误，而日本"《群书类丛》本"是错讹较少的本子。

随后，他以"《群书类丛》本"为底本，校之以"观智院本"和日本"戒坛院本"等版本，向学界提供了一个新的校勘本。同时，他对该书的地名、人名和专有名词做了大量的注释。他还撰写了《鉴真简介》和《〈唐大和上东征传〉作者及版本简介》两文作为校注本的篇首解题，文中详细介绍了鉴真和《唐大和上东征传》作者淡海三船的行迹，以及该书各种版本之间的先后传承关系。《唐大和上东征传》中文校注本的出版为中国的鉴真研究提供了新的权威史料，是汪先生为中日关系史学界做出的重要贡献。

《日本教习》一书是汪先生的主要研究成果之一，用汪先生自己的话说，此项研究标志着他"毕生的研究生涯的开始"，而且在后来的几十年

图 5　汪向荣先生的部分研究成果

中,"从未放弃过对其修订和补充"。据汪先生回忆,他对日本教习的关注始于 20 世纪 40 年代参与日本实藤惠秀先生的一项研究,即中国近代教育中的留学生问题。当时实藤先生已有《中国人日本留学史稿》一书出版(日华学会,1939),后来实藤先生与汪向荣先生约定,由他来专门搜集和研究在日中国留学生的资料,让汪向荣先生专门搜集和研究在华日本教习的资料。关于此事汪先生有如下回忆:"20 世纪 40 年代初,和实藤惠秀先生稔熟后,我就提出他所写《留日史稿》中的日本教习一章要补充,要增加内容。因为这是中日文化交流中极为重要的史实,也是不能忘却的史实。他同意了,我们就为这一章的改写定下计划,主要的是充实名单。这样,我们两人一有时间就一同上图书馆,逛旧书店、书市,查找旧书刊,以补充遗漏的名单;还通过种种关系,走访一些当年在中国当过教师的人,这样增补了一些,但不多;后来觉得在日本遗留的资料,不可能还有很多,而当年他们活动地点在中国,必定还有不少资料可以找到;加上当年受过日本教师教育的人，在中国也还有；所以决定，他放弃此项研究，由我回国后继续从事。"（《日本教习》2000 年修订版自序）

实藤先生关于留日学生研究的最终成果是 1960 年出版的《中国人日本留学史》一书。汪向荣先生对日本教习的研究出版于 1988 年，研究历经四十余载，可谓"四十年磨一剑"。其间搜集和增补日本教习名单的过程颇为曲折。"文革"之中他搜集的日本教习名单得以保存下来，本身就是一段传奇。

图 6 - 1　汪向荣著《日本教习》（第 3 版，商务印书馆，2014）

图 6 - 2　晚清直隶师范学堂理科实验课，右一为日本教习
（《日本教习》第 3 版）

　　日本教习研究是近代中日关系史研究中的重要课题。一个国家的近代化离不开教育制度的近代化。就中国而言，在从传统的封建教育体制向近代教育体制转型过程中，曾先后向日本、美国、苏联等国学习，引进它们的教育模式和经验。在这一过程的早期，主要是向日本学习。日本明治维新后，特别是进入 20 世纪后，大量中国人赴日留学，形成了近代中国人留学日本的第一次高潮。他们学成回国后对中国的教育近代化起了很大的推动作用。但是，日本曾派出数以千百计的教习来华执教一事，长期以来并不为国人所熟知。这主要是由于日本教习来华后分布在各地，有关他们活动的资料难以搜集，因而要完整地复原近代日本对华的教习派遣制度并评价这一制度的功过，有相当的难度。正因为如此，《日本教习》一书出版后受到学界的高度关注，不仅在中国日本近代史和近代中日关系史学者中间，而且在研究中国近代史特别是中国近代教育制度史的学者中间广为人知，颇受欢迎。另外，汪先生的日本教习研究还惊动了日本学术界。其后不久，日本文部省拨专款让教育研究所对近代日本教习问题展开研究。

　　在中国改革开放初期，日本的日本史研究和日中关系史研究实力较强，研究成果也较多，中国的研究整体上不占优势。但是这并不等于说中国学者的研究只能亦步亦趋地跟在日本学界的后面，照搬日本学者的观点。汪先生在治学中始终强调中国人研究日本史和中日关系史应当有自己的立场和观点，应在前人研究的基础上推陈出新。在研究中，他从不轻易追随日本学者的观点，而是依据掌握的资料，提出自己的观点。比如，日本有学者认为弥生时代东亚大陆的移民是为了满足日本列岛上生产力发展的需要、以和平的方式移居日本的，他们的到来是为了向当时的原住民传授先进的生产技术。而汪先生通过对北九州地区的墓葬、人骨、青铜器以及中国文献记载的分析，认为早期东亚大陆的移民一定是一种有武装的集团，他们是通过武力征服才在日本列岛定居下来的。我认为，汪先生的观点是值得研究的。因为在生产技术低下、资源竞争异常激烈的原始社会末期，以和平的方式进行大规模的种族迁徙，几乎是不可能的。汪先生通过上述研究还讲出了一个道理，即两千年的中日交往不都是以友好的方式进行的，对具体问题要做具体的分析，不能一概而论。

图 7　汪向荣先生（左一）参加中、日、韩三国学者的学术讨论会

汪先生生前力主中日友好，他始终认为日本人中有反动派，但也有好人。对于在历史上为中日两国的友好做过贡献的人，他都毫不吝啬地给予肯定和赞扬，比如，日本东亚学校的创始人松本龟次郎先生在日本侵华、中日交恶的年代，始终主张中日友好。松本 1908—1912 年任京师政法学堂的日本教习，对中国社会和中国教育状况十分了解。在 1931 年日本发动侵华战争的前夜，他曾向日本政界和中国有关人士上书，明确指出“向来中国人民之亲日或排日，都是我对华政策的反应”，即责任在日本方面。他称当时主张反华、侵华的日本政治家是“没有远见的政治家”。

松本还对 20 世纪二三十年代的日本社会思潮和舆论界提出了批评：“日本人中，至今尚有挟甲午、日俄两次战争胜利之余威，动辄有轻蔑、侮辱中国人之言行；而任指导之责的报章杂志的报道记事，亦不加检点，不绝发出嘲弄中国之言辞。——由人民往来立场以言，实不得不提出，以促其注意、谨慎。”在处于军国主义政权高压下的日本国内，松本龟次郎先生公开提出上述见解，是需要胆量和勇气的。对松本龟次郎，汪先生给予了很高的评价，他写过多篇文章介绍并赞扬了连当代日本人也不熟悉的松本龟次郎的事迹。

图 8　1943 年汪向荣先生（左一）与松本龟次郎（左二）一家合影

图 9　松本龟次郎纪念碑（位于日本静冈县大东町）

　　从 1978 年到 2006 年，我认识汪先生的 20 多年时间里，他给我留下较深印象的主要是三点：一是反复强调中国学者在研究中应该有自己的观点；二是尽可能多地搜集资料，努力做到发言、写文章有依据；三是对年轻学者很友好，乐意帮助年轻人。

图 10　改革开放后汪先生（右）在日本与松本龟次郎先生的后人见面

　　1978 年以后，汪先生在中国中日关系史学界耕耘了二十余载，给学界留下了丰硕的研究成果。记得法国的一位名人弗朗兹·法农说过："每一代人都必须找出属于他们的使命和存在的意义。"在 20 世纪 80 年代改革开放的大环境下，汪先生始终抱着促进中日友好的使命感，精神饱满地从事研究，努力完成他那一代人的使命。他对学问矢志不移的精神，值得今天的后学者进一步发扬光大。

　　近代以来，日本为了谋求自身的发展，一直把中国的历史文化作为一种"方法"和工具，不断进行解构和重构，他们描绘的"中国形象"，既有温文尔雅、诗情画意的"文化中国"的一面，也有近代以来西方文明为东方国家建构的停滞落后的"东方性"的一面。而改革开放以来，中国的"日本形象"也一直处在被解构和重构的过程之中。与改革开放初期的中日关系史研究相比，今天的研究更加深入和多样化。在中国的中日关系史研究领域，对日本历史文化的解构和重构未来又将朝着怎样的方向发展，是很值得关注和期待的。

附　汪向荣先生主要学术成果

一　研究专著

《鉴真》，吉林人民出版社，1979。

《邪马台国》，中国社会科学出版社，1982。

《中日关系史文献论考》，岳麓书社，1985。

《古代中日关系史话》，中国青年出版社，1986 年初版，1999 年修订再版。

《中国的近代化与日本》，湖南人民出版社，1987。

《日本教习》，三联书店，1988 年初版；中国青年出版社，2000 年修订再版；商务印书馆，2014 年第 3 版。

《古代的中国与日本》，三联书店，1989。

《中世纪的中日关系》，汪向荣、汪晧合著，中国青年出版社，2001。

《古代中国人的日本观》，上海古籍出版社，2006。

二　史料汇编、校注

《中日交涉年表》，中国公论社，1944。

《唐大和上东征传》，〔日〕真人元开撰，汪向荣校注，中华书局，1979 年初版，2000 年再版。

《日本考》五卷，（明）李言恭、郝杰撰，汪向荣、严大中校注，中华书局，1983 年初版，2000 年再版。

《中日关系史资料汇编》，汪向荣、夏应元合编，中华书局，1984。

《明史日本传笺证》，汪向荣编，巴蜀书社，1988。

三　译著

《日本史概说》，〔日〕坂本太郎著，汪向荣、武寅、韩铁英合译，商务印书馆，1992。

四　日文专著

《鉴真》，今枝二郎译，日本，五月书房，1980。

《清国聘雇日本人》，竹内实译，日本，朝日新闻社，1991。

《古代の中国と日本》，藏中近、由同来译，日本，樱枫社，1992。

（徐建新，中国社会科学院世界历史研究所研究员）

万峰先生与中国的日本近代史研究

张跃斌

万峰先生是中国著名日本史学家，中国社会科学院世界历史研究所资深研究员，中国社会科学院研究生院教授、博士生导师，中国日本史学会前会长（第二届会长）。

关于万峰先生，就我所了解，在公开发表的文字中，似乎还没有较为全面、系统的评介文章。万峰先生生于 2011 年去世，丧事从简，很少有人知道，我甚至是过了许久才知道这个消息的。转眼之间，万峰先生离世已经超过十个年头。南开大学举办本次学术研讨会，是一个非常好的契机，让我们重新梳理万峰先生的学术研究，也重新认识和评价万峰先生的学术研究。在这个过程中，我有一个强烈的感受，这就是作为中国日本史研究具有代表性的学者，万峰先生学术成果值得总结，万峰先生的学术遗产值得继承，万峰先生的学术精神也值得发扬光大。

汤重南先生长期和万峰先生共事，对万峰先生的学问和为人有着深入的了解。他得知这次学术会议的消息后，非常高兴，慷慨地将其未刊稿《我国著名日本史学家万峰教授》发给了我。老一辈学者崇高的品格令我深深感动。承蒙汤重南先生的厚意，本文多处参考了其作品的内容。同时，在世界历史研究所综合处同志的帮助下，我有幸阅读了万峰先生的档案材料，得以了解其坎坷的人生和对学术的孜孜追求，也拓展了一些有关他日本史研究的材料。另外，我也通过图书馆、网络等，搜集并发现了以前没有人关注或没有人发现的材料，这非常有助于重构一个立体、真实的万峰先生的学术人生。以下分三个部分，谈一些个人的理解和体会。

一　万峰先生的学术经历

万峰先生，曾用名万丛山，辽宁昌图县人，1925 年 10 月 9 日出生。家境小康，新中国成立后先是被划为富农，后改为地主。因为家里成分不好，后来不得不多次写材料进行说明。2011 年 12 月 19 日去世，享年 86。

1942 年，万峰先生进入伪满建国大学经济系学习，修俄文，后肄业。据他后来回忆，"我考上了伪满两个大学，一个伪满建国大学，一个伪哈尔滨学院。伪建大是全官费，伪哈尔滨学院是半官费（一年要花伪币五六百元）"。在新中国成立后特定的政治氛围下，万峰先生的早期档案中对于个人特长，填写的是"俄文翻译"。过了很长时间，才开始填写"俄文、日文均能口译"。万峰先生进入社会的第一份工作，应该是 1948 年 3 月担任昌图县大众图书馆副馆长，也是实际上的负责人。不久，同年 6 月，他去了东北日报社副刊编辑部工作。其间，他翻译了一些苏联的文学作品。据我的调查，他的两篇翻译文章被《人民日报》转载（《美国凶手》，1950年 8 月 17 日；《朝鲜飞将军徐祖弼》，1950 年 8 月 20 日）。当然，当时他的翻译作品应该不少。例如，他还翻译了俄国作者古巴诺夫的《为达尔文主义而奋斗的战士》一书，1950 年由北京新华书店出版发行。可能是因为上述情况，1954 年 9 月万峰先生被调到人民日报社工作。

到了人民日报社，万峰先生还是做翻译工作，但相关内容开始转向理论问题。他曾经回忆说："到了《人民日报》以后，在理论宣传的工作中，自己的分工是政法和民族问题，这是'冷门'，但仍作了相当的努力。"例如，他发表在《人民日报》上的翻译作品有《普列汉诺夫——俄罗斯人民的杰出思想家》（1956 年 12 月 11 日）、《珍贵的回忆——访十月革命参加者：伊兹迈洛夫》（1957 年 10 月 21 日）、《社会主义成长和资本主义衰落的四十年》（1957 年 11 月 6 日）、《在国民经济管理委员会管理下的罗斯托夫经济区》（1957 年 11 月 18 日）、《俄国和世界文学的天才——为纪念列甫·托尔斯泰逝世五十周年而作》（1960 年 11 月 26 日）等。也是从这个时期开始，他也撰写有关日本问题及其他国际问题的社论、评论员文章。

其在《人民日报》发表的这类文章有《斯大林关于社会主义民族的理论》
（1954 年 12 月 21 日）、《日苏贸易展望》（1956 年 12 月 17 日）、《读拉希
多夫同志的近作》（1957 年 4 月 29 日）、《玩水的阴谋》（1957 年 5 月 18
日）、《苏伊士战争内幕》（1957 年 7 月 26 日）、《美国对印度尼西亚的侵
略野心》（1958 年 3 月 28 日）、《印度尼西亚人民光辉的一年》（1958 年 4
月 24 日）、《日本军国主义死灰复燃》（1958 年 11 月 15 日）、《岸信介重
温六法全书》（1958 年 11 月 16 日）、《斗争的火花　日本人民反警官法运
动中的小故事》（1958 年 11 月 20 日）、《腐烂透顶的南朝鲜现状》（1958
年 12 月 28 日）、《日本自由民主党的内讧》（1959 年 1 月 6 日）、《资本主
义国家工人阶级的斗争不断加强》（1959 年 1 月 11 日）、《他们有祖国》
（1959 年 2 月 27 日）、《评日本新年度国家预算》（1959 年 3 月 16 日）、
《正义的裁判》（1959 年 4 月 18 日）、《必须全部释放 “松川事件” 被告》
（1959 年 5 月 29 日）、《反对 “安保条约” 斗争深入基层》（1959 年 11 月
27 日）、《美国的 “贸易自由化” 攻势》（1959 年 12 月 2 日）、《日美垄断
资本的圆桌会议》（1959 年 12 月 26 日）、《日美军事同盟是美国侵略老挝
的工具》（1961 年 3 月 7 日）、《日本军国主义势力现形记》（1961 年 7 月
16 日）、《谁是 “松川事件” 的真正罪犯》（1961 年 8 月 13 日）、《走狗的
把戏和主人的锣声》（1961 年 9 月 10 日）、《 “九一八” 事变的前前后后》
（1961 年 9 月 17 日）、《 “日韩会谈” 重开说明什么？》（1961 年 11 月 21
日）、《日本向东南亚扩张的新攻势》（1962 年 1 月 9 日）、《伊藤博文的胡
子和钞票》（1962 年 10 月 5 日）、《十载冤狱必须昭雪——“白鸟事件”
的经纬》（1962 年 10 月 11 日）、《日本 “征韩论” 者的狂妄野心》（1962
年 10 月 18 日）、《风雨飘摇中的南朝鲜政局》（1963 年 3 月 28 日）。现在
阅读这些文章，既能感受到那个时代的政治氛围，也能感受到万峰先生作
为学者的品格和风貌。他的文章讲究以理服人，用材料说话，大话、套话
说得不多，流露出一股清新之风。

万峰先生曾经总结他一段时间的工作情况如下。

（1）1956—1965 年除在《人民日报》撰写有关日本问题及其他国际
问题的社论、评论员文章、专文和国际小评外，还经常应约给《时事手

册》《世界知识》及其他报刊写作有关日本问题的文章。

（2）著《日本军国主义》一书，1961 年由人民出版社外史组负责组稿、出版。

（3）1972 年 11 月至 1973 年 2 月写作《日本近代史简编》，由商务印书馆负责组稿。

（4）译《俄罗斯之谜》，1956 年由人民出版社外史组负责组稿、出版。

（5）译《震撼世界的十天》的一部分，1957 年由人民出版社外史组负责组稿、出版。

（6）译《东方各族人民民族解放运动史》的一部分，1957 年由人民出版社外史组负责组稿、出版。

（7）校译《日本帝国主义史》（三卷本），1959 年由人民出版社外史组负责组稿、出版。

（8）译《日共领导人文集》的一部分，1964 年由人民出版社外史组负责组稿、出版。

（9）译《日本电影史》的一部分，1964 年由电影出版社负责组稿、出版。

上述成果，根据我的查询，实际出版的情况如下：《日本军国主义》一书，1962 年由三联书店出版；万峰先生作为译者之一翻译的苏联作者阿·阿·古别尔的《伟大十月和东方各国人民（1917—1957）：论文集》，1958 年由三联书店出版；内部读物《日本帝国主义史》一书，署名丛山等译，1961 年由三联书店出版；《俄罗斯之谜》一书，署名丛山译，1959 年由三联书店出版。丛山正是万峰先生的曾用名。万峰先生提到的其他几项成果目前没有找到相应的出版物。

在人民日报社工作的这个阶段，为万峰先生的学术研究打下了扎实的基础。一是文字。长期的写作实践，不断的文字推敲，练就了他深厚的文字功底：简洁明了，逻辑严密，用词精当。二是理论。那个时期的评论文章尤其强调马克思主义理论，而万峰先生对马克思主义理论的理解、掌握和运用，信手拈来，非常出色。从这个时段开始，万峰先生就自觉地用马克思主义的立场、观点、方法来分析日本问题，研究日本问题。三是日本史的知识储备。万峰先生撰写了大量关于日本历史与现实的文章，题材不同，内容各异，涉及日本的方方面面，积累了大量的相关知识，非常有利于其后专门的学术研究。四是学术素养。万峰先生的评论文章大都用事实说话，尤其擅长以数据来说明问题。例如他论述日本对东南亚的经济扩张：1959 年日本对东南亚的出口比战前 1936 年增加 3.5 倍，比战败初期的 1946 年增加 34 倍多；1960 年又比 1959 年增加 32%。日本对东南亚的贸易一直是大量出超。据在东南亚 14 个国家和地区计算，从 1950 年至 1959 年日本总共出超 18.48 亿美元。① 万峰先生的文章之所以耐看，一个重要的原因就是有大量的数据做支撑。他非常重视搜集数据，核算数据，从材料中分析数据，从而得出令人信服的结论。

1966 年 4 月，万峰先生被调到中国科学院哲学社会科学部国际文献研究所任研究组长，从事研究工作。1972 年 11 月，万峰先生被调到中国科学院世界历史研究所从事日本史研究工作（1964 年，根据毛泽东的指示，在中国科学院哲学社会科学部设立世界历史研究所，1977 年改称中国社会科学院世界历史研究所）。在世界历史所工作期间，1976 年中国历史发生了伟大的转折，此后进入了改革开放的历史新时期，而万峰先生也迎来了学术生涯的春天。

由于有前期积累和相应的准备，万峰先生在 1978 年出版了《日本近代史》一书。接着，他在 1984 年出版了《日本资本主义史研究》一书。后来，他又在 1989 年出版了日文版的《日本法西斯的兴亡》。另外，他还与人合著《第二次世界大战史》（人民出版社，1981）等。除此之外，他还发表了若干篇颇具影响的学术论文。

万峰先生还积极参加重大科研项目，做出了重要贡献。在"中国大百科全书·外国历史"项目中，他一方面组织日本史研究人员撰写相关词条，另一方面亲自撰写了日本史、亚洲史等长条、特长条。在"第二次世界大战史""法西斯体制研究""法西斯新论"等项目中，万峰先生撰写了日本方面的相关内容。20 世纪 80 年代，针对日本修改历史教科书事件，

---

① 万峰：《日本向东南亚扩张的新攻势》，《人民日报》1962 年 1 月 9 日。

万峰先生在中国社会科学院、中国日本史学会组织批判队伍，撰写内部报告并发表批判文章，在当时的揭露、批判日本右翼修改教科书中，发挥了引领作用。

在研究成果频频发表的同时，万峰先生的学术地位也不断提高。1980年2月21日，中国社会科学院下发文件，批准万峰先生等四人为副研究员；仅仅三年之后，1983年7月28日，中国社会科学院下发文件，批准万峰先生为研究员。在没有高级职称的时候，万峰先生就在1978年8月开始担任亚非拉研究室主任（相关文件记载，1979年9月29日，世界历史研究所所长刘思慕同志提请任命万峰同志为亚非拉研究室主任）。后来，1982年8月5日，中国社会科学院任命万峰为资本主义史研究室主任。1986年，万峰先生离休。

也是在这个阶段，万峰先生加入了中国共产党。1980年5月8日，世界历史研究所亚非拉研究室支部通过接收万峰为预备党员的决议；1981年10月23日，亚非拉研究室支部大会通过了万峰预备党员转为正式党员的决议。以此为标志，万峰先生终于摆脱了长期以来精神上的困扰，可以说是"扬眉吐气"了。

另外，万峰先生还是中国日本史学会的创立者之一。1980年7月10—18日，中国日本史学会成立大会暨第一届全国日本史学术讨论会在天津召开。这次会议选举万峰先生担任学会秘书长（此说有待考证。1982年8月3日，《人民日报》在《参加中国日本史学会年会的史学家指出 篡改侵华史有害中日友谊》一文中，明确写着"中国日本史学会副会长万峰"。也有一种可能，万峰先生是在日本史学会成立大会之后被增补为副会长）。1988年，万峰先生担任中国日本史学会会长。汤重南先生认为，1980—1990年，是学会最活跃、作用最显著的时期。其间，万峰先生组织、领导、主持各种国内外学术活动，多次在会议上做主题报告，受到国内外学术界的广泛赞誉。

二　万峰先生的学术贡献

万峰先生的学术贡献，主要表现在其具有代表性的三本著作中。与此同时，20 世纪 80 年代之后的一些学术论文，也体现了相当高的学术水准，具有广泛的学术影响力。

1.《日本近代史》

《日本近代史》1978 年由中国社会科学出版社出版，全书 26 万字；1981 年增订出版，做了较大幅度的补充和修改，全书 41 万字。该书阐述了日本近代历史的发展过程，上限为 19 世纪 50 年代中期日本开港前后，下限定在 1918 年。该书就日本近代史的一些重大问题，例如明治维新的性质、分期，近代天皇制问题，日本资本主义发展问题，帝国主义形成，等等，提出了见解。

万峰先生用了整整 30 页的篇幅，对明治维新的性质与历史意义进行了深入的分析。他的结论是：“明治维新，是具有资产阶级革命意义，并带有近代民族民主运动鲜明特点的一次资产阶级改革运动。换句话说，明治维新乃是属于近代民族民主运动范畴的资产阶级改革运动。”[①]他探讨了“绝对主义专制王权”论和“资产阶级革命”论的不足和不妥之处，着眼于日本的特殊性，提出了自己的看法和观点。其观点的根据在于：其一，明治维新的历史使命，在于克服半殖民地的危机，实现近代民族的形成；其二，“尊攘倒幕”体现了民族独立的要求，具有近代民族民主运动的特点；其三，领导倒幕维新运动的改革派武士，兼具民族独立和资产阶级改革的要求；其四，日本人民反封建革命斗争，乃是民族民主运动的根本动力；其五，戊辰国内战争，具有民族民主运动的色彩；其六，明治维新的三大方针，总目标是实现日本民族的独立富强和建成资产阶级现代国家。万峰先生还在书中进一步强调了探讨明治维新性质过程中的问题意识，即东方国家的特殊性，主要表现如下。第一，尽管这一特定的历史时期内，世界仍处于近代资产阶级革命时代，但东方国家的革命与西方的资产阶级革命情形并不相同。第二，在特定历史条件下出现的东方近代民族民主运动，以摆脱西方资本主义殖民压迫实现民族独立、形成近代民族为首要任务，以变革封建制度实行资产阶级改革、发展资本主义搞“富国强兵”为

---

① 万峰：《日本近代史》，中国社会科学出版社，1978，第 155 页。

主要手段，争取同时达到民族独立和社会变革两大目标。第三，东方国家的资本主义因素本来就极不成熟，资产阶级几乎没有形成，加之民族矛盾占据首位，因此东方近代民族民主运动有可能由有民族独立和资产阶级改革要求的势力来领导。第四，19世纪中叶以后那段特定历史时期的东方近代民族民主运动唯一取得成功的，只有日本明治维新。从万峰先生的论述来看，他强调东方国家与西方国家的不同，强调不能用西方的概念和框架来定义、解释东方国家的历史。因此，其要点在于，他所谓的近代民族民主运动范畴的资产阶级改革运动，换句话说，也就是具有东方国家特色的、具有日本特色的类似西方资产阶级革命的历史过程。万峰先生在自己的学术生涯中一贯强调日本的特殊性，这个特殊性乃是相对于西方国家而言的。从这个意义上来说，相对于日本学者，万峰先生的学术研究体现出作为中国学者的主体性、作为亚洲学者的主体性。也可以说，万峰先生在自己的学术实践中，对所谓的西方中心论提出了质疑和挑战，并取得了令人印象深刻的进展。

对于日本资本主义发展问题，万峰先生同样着眼于日本的特殊性。他专门总结了日本产业革命和资本主义工业化的特点，以彰显日本和西方的不同。第一，西方国家都是资本原始积累过程在前，产业革命在后；日本是产业革命和资本的原始积累同时进行。第二，在西方国家的资本主义形成过程中，国家资本也起过一定的作用；日本的国家资本则有特殊的作用。第三，日本的产业革命学习西方，进展的速度快。第四，资本主义工业化一般是从轻工业开始，然后扩及重工业；日本在明治维新时开展产业革命搞资本主义工业化，则是首先实现以军工生产为主的国营重工业的近代化，以国营重工业的军工企业带动以纺织业为中心的轻工业实现近代化。第五，日本在推进资本原始积累的过程中，通过重税残酷掠夺广大农民，来获得工业化资金。第六，日本在产业革命过程中形成的资产阶级也有其特点，即带有浓厚的封建因素。[①] 这些分析和界定，比较清晰地勾勒出日本资本主义发展的独特路径，具有很大的学术价值和现实意义。

---

① 万峰：《日本近代史》，第135页。

《日本近代史》是中国日本史研究领域第一本通史性著作，开风气之先，也可以说是日本近代史研究的一部奠基之作。世界历史研究所前所长汪朝光说："1949 年以后中国的日本通史研究，大体以万峰《日本近代史》为开端，其后续有发展。"① 汤重南先生之所以将万峰先生称为"新中国日本史研究的奠基者"，其原因很大程度上也在于此。

万峰先生的相关研究独辟蹊径，"成一家之言"，迅速引起了国内外学术界的关注。日本著名史学家井上清和他的学术团队还特地邀请万峰先生访问日本，针对他的相关研究、观点进行学术讨论和交流。对于日本学者而言，这是非常罕见的举动，足见万峰先生的研究对当时的日本学界造成了怎样的冲击。

作为一部几乎与改革开放政策同步的研究著作，《日本近代史》应时代之要求，发时代之先声，与时代潮流相互激荡，共同奏响了中国走向开放的新乐章。该书在 1978 年 10 月第一次印刷的时候，就印了 65300 册。这样的数字，对于一本学术著作而言，即便在今天也是一个很难达到的目标。这说明，《日本近代史》立足学术，但它的影响超出了学术圈。

2.《日本资本主义史研究》

《日本资本主义史研究》于 1984 年由湖南人民出版社出版，30 万字。该书是作者"对日本历史问题与现实问题两种研究相结合的产物"，② 试图为中国的现代化建设提供历史借鉴。

该书进一步探讨了日本资本主义发展的独特路径。万峰先生分析了日本资本主义从"以土养洋""土洋并举"到"以洋养洋"的历史过程，总结了日本固有产业与资本主义产业"土洋结合"的历史经验。他指出："这种多层次的资本主义经济局面，后来尽管内容发生种种变化，但在整个日本资本主义发展史上一直持续地存在。这是考察日本近代资本主义移植和实现资本主义化的历史时最耐人寻味的问题之一。"③ 他深入探讨了日本明治维新以来的"产业立国""贸易立国"和日本农业发展道路及农业

---

① 汪朝光：《中国世界史研究 70 年回顾与前瞻》，《社会科学战线》2019 年第 9 期。
② 万峰：《日本资本主义史研究》，湖南人民出版社，1984，第 3 页。
③ 万峰：《日本资本主义史研究》，第 131 页。

经营变迁等问题，评估了其成败得失。他以较大篇幅阐述了日本"教育立国"的方针政策及人才开发、教育经费等问题，还对日本家庭制度的演变以及家庭、妇女在资本主义发展中的地位和作用，做了专门的探讨。

万峰先生非常有针对性地提出了许多非常具有启发性、指导性的论断。他提出，"日本以振兴工业和'贸易立国'为根本的国是，从明治维新一直执行到现在，不妨可以说是从英国学来的。这条路符合日本的发展方向"。① "抓科学技术和教育，是明治政府'富国强兵'、'殖产兴业'的重点。"② "它昭示人们，一个国家为了实现工业化，在外贸上扶植可靠的创汇出口产业，是十分重要的。"③ 他强调，"第一种流动性是劳动力的流动，第二种流动性则是社会阶层、人才的流动。这两种流动性结合在一起，成了促进明治维新后日本资本主义化的重要因素之一"。④ 与此同时，对于日本资本主义发展过程中出现的种种问题，他也不回避，而是进行了客观的分析和评价。例如，他断言，私立大学学生负担沉重"是资本主义制度下，教育成为社会问题的一种表现，是无法克服的矛盾"。⑤

《日本资本主义史研究》将战前、战后的经济发展贯通起来考察，同时以问题为导向，对一些重大问题进行深入分析、深入思考。我认为，由于时代的限制、资料的限制等，《日本近代史》虽然是开拓之作、奠基之作，但还有许多不足的地方。不过，到了《日本资本主义史研究》，万峰先生获得了更好的研究条件、更宽松的研究环境，他的研究才华可以淋漓尽致地展示出来。该书是最能代表万峰先生学术水平、学术风格的作品，无论是学术水准还是理论水准，都达到了相当的高度。当然，其后他写的一些文章，也臻于圆熟的地步，可以说是这本专著的自然延伸。例如，他对近代以来日本文官制度的考察，⑥ 总结了其专业化、年轻化、精干化的特点，有理有据，材料、观点浑然天成。

---

① 万峰：《日本资本主义史研究》，第 95 页。
② 万峰：《日本资本主义史研究》，第 184 页。
③ 万峰：《日本资本主义史研究》，第 197 页。
④ 万峰：《日本资本主义史研究》，第 381 页。
⑤ 万峰：《日本资本主义史研究》，第 374 页。
⑥ 万峰：《日本近代文官制度形成沿革考析》，《世界历史》1982 年第 3 期。

　　该书客观、具体地阐述了日本资本主义发展的实际过程及经验教训，也受到中国学界及政府相关部门的重视。正是由于该书的完成，在世界历史研究所进行研究室重组的时候，万峰先生出任资本主义史研究室主任。

　　该书在日本学界也影响巨大。日本学者石井和夫读了该书后，立即给万峰先生写信"表示衷心的祝贺"，指出该书"不是单纯的通史，而且探讨了农业问题、教育问题和家庭、妇女问题"，表示"从这里我感到先生对'近代化'论的关心"。日本著名史学家、名古屋大学教授芝原拓自先生认为，《日本资本主义史研究》"对近代日本的历史与现状作了体系性的分析，并且批判地吸收和消化了日本最新的各种重要研究成果，是一部巨大的心血之作"。

　　3.《日本法西斯的兴亡》日文版

　　《日本法西斯的兴亡》日文版是中国学者为日本读者撰写的十三卷本"东亚中的日本历史"丛书的第十卷，1989 年由日本六兴出版社出版。在《日本法西斯的兴亡》日文版前言中，万峰先生说该卷"绝非日本法西斯论、日本法西斯史论那样纯粹的研究书籍，也是因为本书乃是以一般读者作为对象而书写的"。① 该书大致按照时间顺序分八章，对日本法西斯的研究状况、法西斯思想的起源背景、法西斯组织的形成产生、法西斯运动的开展、法西斯体制的确立完成、日本法西斯的暴虐罪行及其最后崩溃做了阐述。

　　该书呈现三个方面的特色。第一，作者在叙述日本法西斯的历史过程中，处处结合史实，明确提出自己的观点，批评一些日本学者的错误看法。第二，紧紧结合日本近现代史，特别是日本昭和前期错综复杂的历史，全面、真实地展现了日本法西斯的全貌。第三，作者特别关注了日本法西斯兴亡历史过程中与中国、中日关系方方面面的关联，总结了历史的经验教训。

　　该书在终章"永远铭记历史的教训"中，对 20 世纪 80 年代出现的教科书问题进行了阐述，从学术的角度对日本右翼的错误观点逐条进行了批

---

　　①　万峰『日本ファシズムの興亡』六興出版、1989 年、3 頁。

判。同时，万峰先生对于美国、苏联学者轻视中国战场历史地位、历史作用的观点进行了反驳，并指出日本学界的主流"与欧美、苏联的观点不同，许多专著和论文也重视更加客观地研究中国战场的作用。日本学界的许多研究成果更接近历史的真实，达到了相当高的水平"。[①] 与此同时，对于日本学者，他也指出："日本史学界的研究尽管比美苏更加公正、客观，但在评价中国战场的重要地位和作用的时候，对于全面抗日战争中的人民战争，特别是抗日游击战的战略战术的评价上，还让人感到还不够充分。"[②] 应该说，充分阐明抗日战争在世界反法西斯战争中的地位和作用，至今仍然是中国学者的一项重要课题，还需要深入挖掘、不断深化。从这个意义上来说，万峰先生有着非常强的民族意识，这就是从中国的立场和角度观察问题、思考问题，提出中国人自己的观点，表现了一位中国学人清晰的自我定位和强烈的责任意识。

"东亚中的日本历史"作为一个整体，"坚持历史唯物论的理论立场，史论结合、夹叙夹议、文图并茂，展示了中国学者的学术风格和理论水平"，[③] 而该书在日本公开出版发行，"促使日本学者逐渐改变了观感，感叹中国的日本史研究水平进展迅速"。[④] 六兴出版社也因为这套丛书，在1988年获得了日本第四次梓会出版文化奖特别奖，获奖理由是"近邻各国学者撰写的'东亚中的历史'（刊行中）开辟了一个新领域"。[⑤]

除此之外，万峰先生撰写的学术论文主要有《日本明治维新以来的日本教育》（《辽宁大学学报》1978年第6期）、《日本近代文官制度形成沿革考析》［《世界历史》1982年第3期，后收入《中国社会科学院世界历史研究所学术论文集（1964—2004）·亚洲、非洲、拉丁美洲卷》，中国社会科学出版社，2004］、《论日本军国主义的历史特征》（《学习与思考》1982年第6期）、《幕末维新时期的国际关系》（《天津社会科学》1984年第1期）、《日本现代化进程中的家庭、妇女问题》（《学习与思考》1984

---

① 万峰『日本ファシズムの興亡』、332頁。
② 万峰『日本ファシズムの興亡』、333頁。
③ 宋成有：《中国的日本史研究理论与方法》，《日本学刊》2012年第1期。
④ 宋成有：《中国的日本史研究理论与方法》，《日本学刊》2012年第1期。
⑤ 『朝日新聞』1988年12月5日。

年 8 月）、《日本资本主义经济结构的历史特点》（《日本研究》1985 年第 1
期）、《日本近代文化的历史特点》（《日本问题》1988 年第 2 期）、《日本
天皇制的历史特征》（《日本学研究》，社会科学文献出版社，1991）、《〈昭
和天皇独白录〉刍议》（《日本学研究》，社会科学文献出版社，1992）、《台
湾学者的日本武士道观——评介林景渊著〈武士道与日本传统精神〉》（《世
界历史》1994 年第 3 期）、《论日本近代天皇制的政党政治》（《日本研究论
集》，天津人民出版社，1996）《警惕日本军国主义死灰复燃》（合著，
《社会科学论坛》2005 年第 8 期）等。此外，万峰先生还组织完成国家交
办任务《日本北方领土问题》《对日本修改教科书问题的认识、评估和对
策》等多篇内部报告。

正是鉴于万峰先生卓越的学术贡献，汤重南先生认为，万峰先生是新中
国日本史研究的奠基者、开拓者，是中国特色日本研究的开创者、践行者，
也是中国日本史研究打开国门走向日本、走向世界的先驱者、引领者。

三　万峰先生的学术特色

万峰先生的日本近代史研究，呈现出鲜明的时代特色和个人特色。我
不揣冒昧，试着总结如下。

第一，深厚的现实关怀。

经世致用是中国学者的优良传统。万峰先生的学术研究中，无时无刻
不体现出深厚的现实关怀。在《日本资本主义史研究》一书的前言中，万
峰先生说："在'洋为中用'的原则指导下，笔者也希望这一课题的研究
能为我国的社会主义'四化'建设，提供一定的历史借鉴。"[①] 一个最突出
的例子，就是万峰先生对国民生产总值翻两番的研究。20 世纪 80 年代初，
中国提出了国民生产总值翻两番的奋斗目标。万峰先生《日本资本主义史
研究》一书的写作，正是在这样的时代氛围下进行的。因此，他在书中专
门对日本经济发展的相关情况进行了总结："从明治初年到第二次世界大

---

① 万峰：《日本资本主义史研究》，第 3 页。

战期间，翻两番的时间一般是 13—21 年。第二次世界大战结束后到七十年代末期，一般则是 10 年，这显然也同科学技术的进步有密切关系。"① 虽然他没有对这个具体问题进行深入的分析和探讨，但他强调科学技术进步对经济发展速度的巨大影响，无疑也是有的放矢的。他强调，"抓科学技术和教育，是明治政府'富国强兵'、'殖产兴业'的重点"。② 显然，其学术研究的明确目的，就是为国家的现代化建设贡献力量，以自己的微薄之力，促进国家的繁荣富强、人民的幸福安康。这是近代以来中国学人的家国情怀，正如他所说的："我国从事日本研究的学者们心中装着一个'祖国现代化'，这是极有分量的选题项目。"③

同时，还应该看到，万峰先生在相关的研究中，立足史实，有的放矢，许多建议具有很强的指导性和操作性，从而避免了大多数同类文章中容易出现的泛泛而谈甚至是生拉硬扯。因此，万峰先生的"洋为中用"，有着冷静的分析和评判，有着深入的鉴别和取舍，体现了作为学者的科学精神。例如，万峰先生特别关注日本在学习外国过程中保持独立自主性的问题。他总结日本聘用外国专家的几个特点，即坚持独立自主方针；只聘用，不同化；加强管理，不放任自流。④ 他欣赏日本处理科学技术问题的一些做法：①不忘培养本国的技术人才；②朝野上下有一股力争技术自立的思潮和力量；③将西方的工业技术"日本化"。⑤ 可以说，万峰先生对这些问题的分析总结目光敏锐，立足自我，非常具有远见。如果放在当下，其学术价值、现实意义更加熠熠生辉。20 世纪 80 年代以来，中国的改革开放之所以能够取得巨大的成就，正是因为有许多像万峰先生这样睿智的学者，提出了许多正确的意见和建议，确保中国的改革开放走在正确的道路上。同时也应该看到，像万峰先生这样的学者的意见，还有一些没有得到足够的重视，这也造成了改革开放过程中的一些挫折和问题。

当然，万峰先生没有将日本的资本主义模式理想化、美化，而是保持

---

① 万峰：《日本资本主义史研究》，第 182 页。
② 万峰：《日本资本主义史研究》，第 184 页。
③ 万峰：《祝〈日本学刊〉前程似锦，大展宏图》，《日本学刊》1995 年第 4 期。
④ 万峰：《日本资本主义史研究》，第 185 页。
⑤ 万峰：《日本资本主义史研究》，第 186 页。

了一份难得的清醒。他非常明确地指出，日本近代资本主义的形成和发展，主要靠两条，一是剥削本国人民的廉价劳动力，二是战争的军事需要和通过战争掠夺殖民地。① 这样的分析和评论是平衡的、客观的，符合历史事实。与此同时，他还对日本经济发展中的危险动向提出警示。他指出，"近年来在经济萧条之中，日本财团中似乎又有人把眼睛盯住军火生意。……日本人民应从日本资本主义发展的历史中，特别是经济军事化给人民带来的灾难和战败的惨痛经历中吸取足够的教训，防止历史的重演"。② 遗憾的是，日本罔顾这样的提醒，这些年来不断强化军事力量、发展军工产业，在军事化的道路上越走越远，其未来不可能有好的结局。

万峰先生的研究是历史与现实的紧密结合，历史中有现实，现实中有历史，做到了高水平的融合和统一。万峰先生从来不把自己埋没在故纸堆里，而是从故纸堆里寻找现实问题的答案；万峰先生一直以史实作为论述的基础，一直重视史料，重视史料的可信性。如果说，在《人民日报》撰写国际时评的经历，使他的思维具有国际视野，同时又有着很强的现实意识，那么，在世界历史研究所的学术训练，则使他的研究更具客观性、科学性，更符合学术规范，从而攀上了日本史研究的高峰。

第二，艰辛的理论探索。

北京大学宋成有教授曾言："理论思维薄弱的中国日本史研究，难以在国际学术界成大气候；日本史研究缺乏真实、丰富、新的史料支撑，也同样苍白无力。"③ 而在理论思维方面，万峰先生是国内少有的孜孜以求并卓有成效的学者。

万峰先生非常重视历史研究的理论思考和理论深度。在评述武寅先生的《近代日本政治体制研究》一书时，他引用日本学者的观点，强调该书"超出了单纯的叙述和介绍，而达到了'真正意义上的日本研究'"。④ 所

---

① 万峰：《日本资本主义史研究》，第 112 页。
② 万峰：《日本资本主义史研究》，第 249 页。
③ 宋成有：《新中国日本史研究 70 年综述》，《世界近现代史研究》第 16 辑，社会科学文献出版社，2020，第 144—145 页。
④ 万峰：《一部颇具创意的力作——评介〈近代日本政治体制研究〉》，《日本学刊》1999 年第 2 期。

谓"真正意义上的日本研究",特指研究的理论深度,而正是因为研究的理论深度,万峰先生对武寅先生的著作高度评价,不吝赞美之词。对于万峰先生来说,理论思考已经成为一种生活方式。他谈到自己的优点是"富于钻研,工作热情高"。在进行自我鉴定的时候,他也说,"工作踏实认真,肯钻研,努力完成党所分配的任务"。这种品质表现在学术研究上,就是在学术难题上咬定青山不放松,切磋琢磨,不言放弃,久久为功,啃下一个又一个学术上的硬骨头。20世纪90年代我曾有幸前往万峰先生宅邸听课。其时,他正饱受植物性神经功能紊乱的折磨。从医学的角度来看,该病症的出现与长期精神高度紧张有关。万峰先生长期苦苦思索,"学不惊人死不休",不可避免地影响了他的健康。可以说,他是将自己的生命毫无保留地奉献给了日本史研究事业。万峰先生对理论的探求,表现在以下几个方面。

其一,对规律性、对事物本质的执着和探求。

对于历史研究,万峰先生从不满足于表面现象,而是力求深入事物的本质,尤其强调发现事物的规律。在很多场合,他都表现出自己对于规律性的执着。例如,关于《日本资本主义史研究》,他强调:"本书既不是一部编年的日本资本主义发展史,也不是纯粹从经济学的角度来研究日本资本主义经济问题的论著。它是从日本资本主义现代化史的角度,来探讨日本资本主义发生和发展的一些带有规律性的问题。"[1] 在具体的论述过程中,万峰先生将关注的重点放在重大问题上,通过重大问题探索日本历史的规律性认识,而规律性认识的重要一环,就是日本历史的独特性。这个独特性,是相对于西方的独特性;而这个独特性,对于东亚来说,可能就有一些相似的意义。也正是因为如此,日本历史对于中国来说,才更具有借鉴意义,不可不明辨之而深察之。万峰先生的许多研究、许多议论,于此着力甚多,成就也颇为突出。

发现事物的本质是一个动态的过程,需要不断深入。万峰先生贯穿一生的一个研究题目,是日本军国主义问题。早在1962年,万峰先生就出版了专

---

[1] 万峰:《日本资本主义史研究》,第3页。

著《日本军国主义》。其后，他不断涉入这个课题，将这个课题的研究推向深入，将相关认识推向更深的层次。1982 年，他在《论日本军国主义的历史特征》一文中，总结了日本军国主义形成的特点：第一，日本军国主义一个带有根本性的特点，就是资产阶级军国主义和封建军国主义一脉相承，前者以后者为原基演变而成为适应资本主义需要的资产阶级军国主义；第二，日本资产阶级军国主义形成之时，正是 1890 年日本近代天皇制确立前后；第三，日本资产阶级军国主义形成及其后的发展，同西方德国的军国主义有不解之缘，有如一对孪生兄弟；第四，日本军国主义一直以"军事立国"为"根本国是"；第五，侵略中国和亚洲是日本军国主义由来已久的国策。① 不过，对于这样的概括，他并不满意，仍然没有停止相关问题的研究和思考。若干年之后，他在《警惕日本军国主义死灰复燃》一文中，又一次概括了日本军国主义的特点，即近代日本军国主义是军事封建帝国主义；日本军国主义是世界上最典型的军国主义；日本军国主义是近代天皇制军国主义；皇军是日本军国主义在制度上的一大支柱；军队统帅权的独立；军国主义教育的系统化、体制化和强化，宣扬意识形态。② 该文还对这些特点进一步做了提炼和概括，强调"日本军国主义就是近代天皇制加侵略战争"，③ 高度概括地描述了日本军国主义的本质特征。相对于 1982 年的认识，其中的继承和发展，一目了然。这说明，对于日本军国主义这样的重大历史问题、重大理论问题，万峰先生一直在苦苦求索，希望能够深入一点，再深入一点，从而能够捕捉到学术真理的那点微光。这是万峰先生公开发表的最后一篇论文，其中体现的正是先生对理论思考的永不停步。

其二，对一家之言的执着。

正是因为万峰先生勤于思考、勇于探索，所以经常能言人所未言，发人所未发，从而形成独到的见解。其代表性观点，就是关于明治维新性质的解释，但又不限于此。

---

① 参见万峰《论日本军国主义的历史特征》，《学习与思考》1982 年第 6 期。
② 参见万峰、蒋立峰、汤重南《警惕日本军国主义死灰复燃》，《社会科学论坛》2005 年第 8 期。
③ 万峰、蒋立峰、汤重南：《警惕日本军国主义死灰复燃》，《社会科学论坛》2005 年第 8 期。

例如，万峰先生 1988 年发表《日本近代文化的历史特点》一文，将"和魂洋才"定义为日本近代文化的典型模式。他说："从文化类型学、文化类型史学来看，'和魂洋才'可以说是明治维新后形成的日本近代文化的典型模式。而这种模式的日本近代文化的创立，既反映了当时东西方文化汇合后在日本呈现的历史特点，又显示了日本如何以传统的东方文化为主体，经过吸收、消化而创立自己的近代文化的历程。"对此，他进一步解释道："明治维新后形成和发展的日本近代文化，由于是以传统的东方文化为主体摄取、吸收西方资本主义文化后形成，又是以传统东方文化为指导理念的，因而它是以东方文化传统为主导的西方文化。"而第二次世界大战后，"经过战后一系列社会政治、经济、文教改革会有了新的发展。它更多地拥有西方资本主义文化的部门和要素，其指导理念也日益增长了'洋魂'的比重。但还保留一些传统的东方文化要素。因而这种日本现代文化可说是带有传统东方文化特色的、日本式的现代资本主义文化。换言之，即日本式的西方现代文化"。[①] 万峰先生在当时的历史背景下分析描述了东西方文化之间的复杂纠葛、相互撞击和对立斗争的历史，放在当今，依然非常具有启发性。

再如，1991 年，万峰先生发表《日本天皇制的历史特征》一文，概括了天皇制的特征。一是皇统绵亘千余载；二是经历了日本社会从古代奴隶制到现代垄断资本主义的整个社会的发展进程，基本上保持了天皇家宫廷所特有的一套典章仪礼，以及包括"三种神器"在内的标志着神授王权的社稷庙堂之传家"宝物"；三是从未经历过暴力革命的冲击和摧毁。[②] 该文以历史的大视野，深刻回答了有关天皇制的一些疑难问题，如行云流水，令人感慨其学术研究已经臻于"随心所欲"的地步。

又如，1996 年，万峰先生发表论文《论日本近代天皇制的政党政治》，提出日本政党政治的特点。第一，日本近代政党政治是近代天皇制的政党政治，也可说是日本式的近代政党政治；第二，内阁先于国会登上政治舞

---

① 万峰：《日本近代文化的历史特点》，《日本问题》1988 年第 2 期。

② 参见万峰《日本天皇制的历史特征》，《日本学研究》第 1 辑，社会科学文献出版社，1991。

台；第三，在日本，近代天皇制这种近代君主立宪政治体制确立前后，近代政党的发育极不健全；第四，三驾马车式的政党政治；第五，近代政党化过程的特色离不开近代天皇制的历史演变。① 文章也指出，"日本帝国议会对天皇负责，不是对国民负责。在这个意义上说，政党归根到底也摆脱不了对天皇负责这个死胡同"。② 显然，万峰先生的这些分析，抓住了近代政党政治的关键，集中体现了他对政党政治的研究心得。

万峰先生之所以能够提出独到的见解，有赖于其独立的精神，也有赖于其深厚的学术积累，还有赖于其对最新材料和动向的把握。万峰先生为人谦逊，对于前人的研究成果尤其是日本学者的研究成果非常重视。但是，作为一名中国学者，他对日本学者又从不盲从，对于日本学者的观点从来都是批判地吸收，并在前期研究的基础之上，以马克思主义为指导，提出自己的观点和看法。举一个例子。1990 年底，《昭和天皇独白录》（以下简称《独白录》）被披露。1992 年，万峰先生就撰写了《〈昭和天皇独白录〉刍议》一文，对这份文献进行介绍和分析。应该说，在当时的条件下，这是非常快的反应了。在国内学术界，他是就《独白录》发表学术观点的第一位学者。他分析了《独白录》的可信性，其产生的背景和动机，并批评了日本舆论界对《独白录》的过度吹捧，以及否认天皇战争责任并将天皇描述为和平主义者的论调。他指出，评价《独白录》史料价值时，应该紧紧抓住两点：一是《独白录》出台的动机，二是《独白录》是天皇裕仁的谈话。③ 在此基础上，他将《独白录》披露的史料分为两类：第一次披露的新鲜事料；过去已有透露，《独白录》加以证实和有所补充的。万峰先生作为一个中国学者，客观、严谨，其评价和判断能够起到正本清源、一锤定音的效果。可以说，万峰先生对史料、对已有成果的态度和辨析能力，在很大程度上决定了他论文鲜明的个性和特色。

---

① 参见万峰《论日本近代天皇制的政党政治》，《日本研究论集》，天津人民出版社，1996。
② 万峰：《论日本近代天皇制的政党政治》，《日本研究论集》，第 13 页。
③ 万峰：《〈昭和天皇独白录〉刍议》，《日本学研究》第 2 辑，社会科学文献出版社，1992，第 168 页。

其三，对马克思主义理论的坚持。

万峰先生在研究中，非常重视马克思主义的理论指导。他重视阶级斗争，重视人民群众在历史发展中的作用。但毋庸讳言，在他的早期作品中，对马克思主义的运用，显得生硬、机械，有简单化、片面化、教条化之嫌。例如，其提出"日本人民的斗争威力无穷"，强调"十九世纪六十年代后期日本人民反殖民反封建斗争的高涨，不仅支援了新政府军的胜利，而且在戊辰国内战争期间粉碎了蠢蠢欲动的西方殖民主义者的干涉和颠覆阴谋"。[①] 关于西南战争，他认为"这次战争之所以获胜，是因为人民痛恨封建武士余孽"。[②] 关于自由民权运动，他说"政府一面策划分裂'自由民权运动'，一面加紧进行残酷的镇压，用大杀大捕的手段，把人民争取自由民权的斗争淹没在血泊里"。[③] 关于甲午战争，他分析说"清军军官们纷纷逃跑，士兵和人民群众奋力抗战，终不能敌"。[④] 关于日俄战后的暴动，他的解释是："一时间，斗争烽火遍燃，给了正在为战胜而大摆庆功宴的日本反动统治集团，以猝然的凌厉打击，在日本人民斗争史上写下了光辉的一页。"[⑤] 应该说，这不是万峰先生个人的问题，而是那个时代的限制。北京大学宋成有教授曾说："新中国成立初期过度强调阶级立场和史学理论的政治属性，也给当时和此后相当长时期的世界史研究，包括日本史研究，落下了'病根'，即看重理论和阶级立场，轻视史料、史料学，乃至对版本学、校勘学、辑佚学、考据学、年代学、目录学等基础性史学方法论加以排斥，影响消极。"[⑥] 对于这样的局限性，我们应该有所认识，又要加以理解。

但是，万峰先生一直重视史料、材料对于论文、文章的支撑作用。20世纪80年代之后，随着政治气候的缓和，万峰先生也在承认马克思主义史

---

① 万峰：《日本近代史》，第59、60页。

② 万峰：《日本近代史》，第103页。

③ 万峰：《日本近代史》，第186页。

④ 万峰：《日本近代史》，第221页。

⑤ 万峰：《日本近代史》，第330页。

⑥ 宋成有：《中国的日本史研究理论与方法》，《日本学刊》2012年第1期。

学理论和方法论的前提下，"抛弃了教条式、贴标签式的理论应用方法"，[①]
将理论指导和实证研究有机地结合起来。例如，他以实证的方法证明了
"日本近代资本主义的发展，经历了一个东方封建民族被迫接受西方资产
阶级改造和努力实现资本主义自立的历程"，而"揭示这一过程，无疑会
有助于理解马克思、恩格斯关于资产阶级改造世界以及世界市场建立的光
辉论断"。[②]

　　当然，如何运用马克思主义指导历史研究，乃是一个需要不断探索的
课题。在这个过程中，过或者不及，都会产生重大问题或弊病。以万峰先
生为例。在特定的时空背景下，他强调"专门化""专题化"的意义：
"学科分支愈来愈细，'专门化'、'专题化'的趋向在逐渐显现出来。随
之而来的是微观研究比过去有所增强。'大而化之'式的宏观研究，只讲
泛泛的'理论'而偏好'评说'式的研究，逐渐减少了。在某种意义上，
这应该说是一种进步。"[③] 不过，在当今的时空背景下，许多学者又认识到
历史研究的碎片化问题，呼吁历史研究的宏观性、整体性、综合性，呼吁
马克思主义理论的指导作用。

四　结语

　　一切历史都是当代史，这即是说人们只能从当代的眼光去观察历史。
以 1978 年的眼光观察日本近代史和以 2022 年的眼光观察日本近代史，所
得必然大为不同。例如，万峰先生关于德川"锁国"政策的评价，就非常
具有那个时代的特色。他写道："德川幕府的'锁国'政策，却是同时代
潮流相悖的愚蠢行为。'锁国'不仅使日本在国际上极为孤立，尤其严重
的是使日本经济几乎同世界市场隔绝，严重地影响后来在日本封建社会内
部逐渐萌生的新的资本主义生产关系的成长。封建经济的解体过程也就大
为涩滞。'锁国'带来的最大后果，就是极大地推迟了社会的进步，对日

---

①　宋成有：《中国的日本史研究理论与方法》，《日本学刊》2012 年第 1 期。
②　万峰：《日本资本主义史研究》，第 11 页。
③　万峰：《祝〈日本学刊〉前程似锦，大展宏图》，《日本学刊》1995 年第 4 期。

本历史的发展起了很大的阻碍作用。"① 再如，关于日俄争议的北方四岛问题，万峰先生有这样的描述："沙俄的魔爪却已伸到日本北方一带地区，妄图染指千岛群岛。"② 显然，当今人们可能有更为复杂、多元的认知，相关立场也可能非常不同。但是，万峰先生对于一些重大问题的探索，直到今天依然不失其重要意义和价值，仍然是日本史研究的重大课题。例如，万峰先生对于日本资本主义发展的规律问题、日本的特殊性问题、日本军国主义问题，乃至于中国在抗战中的作用等，都倾注了大量心血，做出了重要贡献。这些问题，常做常新，需要学术界不断拓展和深化，一代接着一代研究。

新的时代对于日本史研究者提出了更高的要求，这就是中国特色、中国风格、中国气派的日本史研究。万峰先生是日本史研究方面的先驱，在他的研究中，中国特色、中国风格、中国气派有所体现。从万峰先生的日本史研究中，我体会最为深刻的一点是，只有沉下心来，孜孜以求，将研究深入下去，持续不断地努力，才能水到渠成地建立自己的话语体系。所谓中国学派，大概只能建立在这样的基础之上；而从根本上摆脱西方学术体系的影响，还任重而道远。

（张跃斌，中国社会科学院世界历史研究所

日本历史与文化研究中心研究员）

---

①   万峰：《日本近代史》，第6页。
②   万峰：《日本近代史》，第15页。

吕万和先生与日本近代史研究

熊达云

前　言

　　吕万和先生以逾白寿之年仙逝，倏忽已然五载，然先生的音容笑貌始终在我脑际萦绕。每每想到先生对我的提携与关爱，总是愧疚不已。今天南开大学日本研究院举办"日本史研究的学脉传承与守正创新"高端论坛，主持者在筹备阶段希望我以吕先生及其日本近代史研究为题说几句话，这令我惶恐不已。这是因为，第一，我跟随吕先生学习日本近代史，由于需要提升自己学历的缘故，在先生的鼓励下，五年后即从先生身边离开，进入中国社会科学院研究生院国际政治系学习国际机构与政治，学业完成后又蒙先生慨允留在北京，进入国务院劳动人事部所属行政管理科学研究所，从事行政管理科学方面的研究。先生于 1988 年离休后，1990 年获得日本国际交流基金的研究资助，我有幸陪同先生赴日就战后日本史做了三个月的调查研究，几乎每天都在聆听先生对日本近代史研究的心得，但此后我则实际上脱离了日本近代史研究领域。第二，陪同先生在日本考察结束后，经所在研究所领导的同意，我继续留在日本东京大学做外国人研究员，并于 1992 年考入早稻田大学研究生院政治学研究科攻读博士课程。博士学位论文虽然是近代中国官绅对日考察，与近代日本史具有密切关系，但毕竟与日本近代史尚有差距。此外，博士学位尚未拿到之时，我被日本山梨学院大学录用，学校要求我承担的是当时日本大学最为热门的有关中国的政治法制等课程。因此关于日本近代史的研究，吕先生虽然经常问及，但我总是心有余而力不足。其间我虽然也就清末民初日本顾问及其在中国近代化的摸索过程中发挥的作用做了一些研究并形成了几篇文章，终究不能算是日本近代史研究。

因此，我接到主持人这一嘱托时既高兴又犹豫。但鉴于吕先生在我以及同时期的伙伴离开后，没有新配助手，天津社会科学院又没有招收研究生的资格，故先生也没有亲传弟子，可以说会议主持人对我的这一要求，也是无奈的选择，因此，我在犹豫几天之后答应了这一要求。我非常感谢主持人，这实际上是给了我再一次全面阅读理解吕先生著述，系统地学习、理解吕先生学术思想的极其难得的机会。但是，由于我才疏学浅，能否准确理解并归纳好吕先生的学术成果，仍然心存惶恐，挂一漏万、不准确甚至错误舛讹之处还望各位不吝指正！

一　吕万和先生其人其事

理解吕先生的近代日本研究成果，有必要对吕先生的人生旅程做一简要介绍。

人们熟知的吕万和这个名字并非他的真实姓名。这是他 1948 年底为了避免被国民党当局逮捕，按照地下党组织的决定从北京大学转移至解放区时使用的化名。孰知这一化名之后竟伴随其终身。记得我第一次去他家拜访时，得知他夫人姓崔，而孩子们都姓金，当时就觉得很迷惑，但一直没敢问其缘故。直到后来看到他写的自传才解开了谜团。

吕万和原名金万桐，1941 年后改名金杨，1925 年 9 月出生于南京长江北岸的江浦县（新中国成立后划入南京市，现为南京市浦口区的一部分）。金家祖辈出了多名秀才，曾祖父当过县学教谕，祖父也是秀才出身，可以算是书香门第。但由于祖父不幸早逝，加上 1915 年科举制度废除，父辈只好学徒习商。因此吕先生出生时，曾祖父虽然留下了不菲的祖业房产，但生活已然不如从前，属于工商业兼小土地出租者，加上家族人口和需要照顾的亲戚颇多，生活常感拮据。在这种环境下，祖上传承的家风以及父亲的敬业精神，对先生影响很大，使他从小就受到了"临事而惧，敬业如神"的精神熏陶。

阅读先生的自传《孟浪平生——吕万和自述》，① 先生的人生旅程可以用三句话加以归纳：多事之秋，命运多舛；追求进步，投身革命；不甘沉沦，潜心学问。

吕先生自出生乃至成年之后的时期，正值中国的多事之秋。中华人民共和国成立之前，相继有北伐战争、国共内战、日本侵略等重大事件，中华人民共和国成立初期又连接展开了土地改革、"三反五反"等运动。说吕先生命运多舛，正是与这一时代背景有关。他的第一次人生考验发生在小学毕业之际。据吕先生自述："1936 年、1937 年，我兄和我相继考入南京附近的江宁中学。日寇侵华阻断了我们的学习，学校被迫停学。1937 年冬，全家艰难步行三十多里，避难乡间。奔跑隐蔽，持续半年，难以为继，返回旧宅，摆布摊、卖百货，持续一年多。1939 年秋，我兄考入南京国立模范中学。父亲因供不起两个孩子上学，要我学徒。"就是说，日本的侵略不仅使先生全家流离失所，其初中课程也不得不中断。面对这种状况，吕先生在兄长的帮助下，"通过个别考试，插班进入私立金陵补习班。在这里读了三个学期，成绩名列第一，连续获得全额奖学金"。后来又因为家庭经济原因，初中结束后父亲就让他停止升学，走父亲的道路，学徒习商。而他于 1941 年秋跳级考入国立模范中学高中就读，以自己的努力争取到了继续就读高中的机会。

第二次人生考验，也可以说是厄运对先生的冲击，发生在 1957 年反右运动中。这次厄运彻底改变了先生的人生轨迹。在"百家争鸣"中，先生身为天津市委文教部科学处副处长，根据中央及天津文教部的统一部署，积极组织各种讲座，让学者展开争鸣，尤其是大胆安排南开大学历史学教授雷宗海参加各种座谈会和学术报告活动，以体现党的争鸣方针；反右活动开始后，先生更是小心谨慎地遵照文教部领导层的指示，组织了从学术角度批判雷宗海"反动学术观点"的活动。但是，先生如此小心谨慎、敬

---

① 参见《吕万和自选集》，线装书局，2019，第 1—9 页。此节还参考了吕万和先生 2013 年 12 月编写的《我、我的祖先和家乡》手稿内容。

事如神的处事作风，仍然未能逃过厄运的降临。运动接近尾声时，先生在文教部受到严厉审查，最终被定性为"组织右派向党进攻、掩护右派退却"，成为天津市委机关五名处分最重的"极右分子"之一，被撤职、开除党籍、监督劳动，只发生活费。一夜之间，先生被打入另类，不仅仕途戛然而止，此前的革命经历也归为负数。直到 1979 年，天津市文教组党委才对先生的结论做了彻底改正，认为"吕万和在 1956 年为贯彻党的双百方针，搜集有关情况，组织座谈访问，并经领导审阅起草印发有关简报，反映一些教授的情况、意见和学术见解，均属职责范围的正常工作活动，且有些学术观点吕也并不同意"。①

　　从吕先生的自传可知，在那风雨如磐的时代，吕先生始终追求进步，向往革命。汪伪政权成立后，先生就表现出了反抗精神。1943 年 11 月，刚刚成年的他就准备与同学经西安奔赴陪都重庆，以摆脱日伪统治。计划虽因走漏风声未成，却显现了先生坚强的民族人格。1943 年冬，南京中央大学学生在中共的策划组织下走上街头游行示威，揭露日伪罪行。先生虽然还是高中学生，亦追随其中。1944 年秋，先生考入南京中央大学电机系。翌年，日本投降，国民党接管中央大学。对于国民党接管大学后的倒行逆施，先生积极参加该校中共地下党组织领导的反蒋、反内战的斗争，于 1946 年 5 月被中央大学秘密开除。此后，通过进步同学的介绍，先生又参加了地下党组织领导的基督教青年会主办的"大学生夏令会"，参与了许多进步活动。1946 年 12 月先生成为北京大学教育系学生后不久，发生了北大先修班女生沈崇被美军奸污事件，先生旋即与进步同学参与抗议活动，并被推举执笔撰写了"是可忍孰不可忍"的抗议大字报，向美军及国民党政府表达了强烈的愤懑。面对当时的政治黑暗，先生于 1947 年春参加民主青年同盟。1948 年秋，北大学生自治会许多成员遭遇"八一九"大逮捕，先生随即被补选为学生自治会常务理事。同年 11 月 7 日，先生被吸收加入中国共产党。18 日，大逮捕乌云遍布北大上空，党组织果断通知一些党员、盟员转移到解放区，先生是其中之一。此时，先生进入北大才两

---

① 吕万和手稿《百家争鸣中的我与雷海宗（改稿）——兼谈"唯心"、"唯物"及其他》（2013 年 1 月 28 日）有极为详尽的记述和内心剖析。

年。为了革命，先生毅然决然地放弃了学业，化名吕万和，扮作粮商秘密进入解放区。1949 年 1 月天津解放，先生随军入城，参与接管和建设天津的工作，成了一名党政干部。1952 年，实施工薪制时被评定为行政 15 级，进入中级干部序列，其时先生还不到 30 岁。由此之故，先生在 1985 年花甲之年才被追授北大教育系本科毕业证书。

1957 年，先生被下放到农场劳动接受改造。1962 年"右派"虽被摘帽，但从此被赶出党政机关，连降 5 级被安排进入天津历史研究所当资料员。面对如此不公，先生没有消极，更没有沉沦，而是利用平生所学，重拾外语，一头钻进故纸堆，潜心搞他的地方史志研究及地方经济史料的挖掘与整理。不幸"文革"爆发，研究所工作随之停摆，研究人员下放干校劳动，直至 1971 年返所。因此，先生实际参与研究的时间并不是很长，但根据后来公开发表的著述以及他的自述，他单独编写或与同事合编的资料就有好几种。如《天津市郊的土地占有和地租》（档案资料辑注，《天津历史资料》第 5 辑）、《张敬尧在天津的地产》（档案资料辑注，《近代史资料》）、《英商和记洋行史料》（中英档案资料综合，与廖一中、杨思慎合写，《天津历史资料》第 6 辑）、《天津东亚毛纺公司史料》（档案资料辑注，崔树菊、金岩石编，吕万和指导，《天津历史资料》第 20 辑）、《解放战争时期大事记》（集体项目，吕万和统稿增补，天津历史研究所铅印本）等。1963 年先生还独立撰写了《解放战争时期关于土地改革的论争》书稿，可惜在"文革"中被毁，现已无法目睹其稿。

二 吕万和先生研究日本近代史缘始

先生从事日本近代史研究则在此后。据先生回忆，从 1972 年开始，天津历史研究所先后组织翻译日本外交史等著作，先生亦受命参与。此时先生才开始自学日语。1975 年，历史研究所启动编写多卷本简明日本史计划，先生负责近代史部分。正是在参与翻译日本书籍及编写日本史书稿时，他接触到许多令人深思的史料。比照当时中国的现实，他忍不住把它撰写成文并在日本史研究的著名学者吴廷璆的支持下公开发表。这是先生撰写有关日本近代史文章的嚆矢，是他吃的第一只日本近代史螃蟹。其时先生已过知天命之年，是年53岁。关于此事，先生是这样叙述的："1976年，我在地震棚中协助校订《日本外交史》中文译稿，接触到一些颇有启发的史料，写了几段笔记。'四人帮'倒台后，私心振奋，也确有所感，把其中的一段加以充实，写成短文，题名《读明治维新史的一则感想》。这篇短文强调'西学'（欧洲近代文化）对明治维新的重大作用；也比较尖锐地批判了雍乾以后的清王朝，闭目塞听、妄自尊大、愚蠢误国。当时，四人帮虽已垮台，文革式的思维习惯却非短期所能消除，即所谓既有'心有余毒'者，更多'心有余悸'者。我不免担心，这篇短文会不会刺激敏感者的神经，被扣上'与近代化论同调'、'为西方资本主义张目'、'宣扬唯心主义'、乃至'影射现实'等大帽子。加之，我从未写过涉及日本史的文章，报刊编辑也可能怀疑我是何等人物。左思右想，犹疑不决。于是，先送请冯承柏同志看看，请他考虑可否转请吴先生审阅，面示赐教？未想到吴先生随即约我面谈。那是1978年初，正是严冬，我按照约定进入南开大学历史系一间冰冷的房间，没有暖气、没有炉火，吴先生全副冬装坐在那里。我深感歉意。他却毫不介意地说：我正在等你呢！他解除了我的一切顾虑，鼓励我投送光明日报。……此文后经修改投送，光明日报旋即发表（1978.11.7）。这是我解放后第一次用真名在报刊发表文章，也是此后发表学术文章之始。其时，我年已五十有三，仍是'摘帽右派'。'改正'，则在此后一年又两个月。"① 文章中提到的冯承柏是先生当年在文教部科学处的同事，同时被打成"右派"和"阶级异己分子"的好友。

1980年，天津社会科学院成立，天津历史研究所并入。同年，天津社会科学院新建日本研究所，先生被任命为日本研究所副所长，主管学术研究，多卷本简明日本史的编撰计划加速推进。后来由于出版社变更计划，多卷本简明日本史简化为《简明日本古代史》和《简明日本近代史》两册。② 前者由王金林负责编写，后者的著者则是吕万和先生。这是新中国成立后由中国学者编写并出版的首部关于日本完整历史的著作，也是吕先

---

① 吕万和：《怀念吴先生数事》，《吴廷璆先生百年诞辰纪念文集》，南开大学出版社，2011。
② 此段内情系依据先生口述记录，我未做求证，谨记于此。

生参与日本近代史研究交出的硕果。

如果说曾在日本著名学府受过专业训练的北京大学周一良、南开大学吴廷璆、复旦大学吴杰、东北师范大学邹有恒等先生可称作新中国成立后的第一代日本史研究学者，吕万和等先生则可以算作第二代。和第一代学者相比，第二代学者几乎所有人在开始从事日本史研究时，不仅没有日本留学经历，所用工具日语大多也是自学或者凭借第二外语的功底，没有踏上过日本的国土，其研究完全依靠书本，可以想见难度巨大。其中吕先生面临的困难更非同寻常。吕先生后来之所以能够成为日本近代史研究领域的佼佼者，得益于他对学术研究的认真和钻研，得益于他深厚的理论功底，更端赖他对世界历史发展的演变以及国内政治经济社会发展的关注和期待。他自 53 岁发表第一篇学术文章之后，思如泉涌，具有新思考新观点的论文一篇接着一篇刊发，给当年的日本史学界激起不少涟漪。据不完全统计，吕先生共出版 3 本学术著作，发表 60 余篇学术论文，参与翻译 10 本译著，可谓成绩斐然。①

三　吕万和先生研究日本近代史的主要目的

综观吕万和先生发表的日本近代史研究著作和论文，以我的浅陋之见，他潜心研究日本近代史贯穿着一条主线，也是其最重要、最主要的目标，即努力探讨、剖析近代日本兴衰的原因与教训，以为当代日本乃至世界各国的借镜。

关于这一点，先生是这样叙述的："作为一名日本近现代史研究工作者，我对日本的未来也不免'情有独钟'，对这种'兴''衰'反复的怪圈有所思索。70 年代后期至 80 年代初期，我边学边写《简明日本近代史》，该书《引言》的第一句就是：日本史学界常把近代日本比作'东方的彗星'。1981 年我写《左倾路线对日本人民反法西斯斗争的危害》第一句也是'近代日本，其兴也骤，其溃也速。'1988 年，我为《THE JAPAN

①　详见《吕万和自选集》，第 509—514 页。

TIMES》撰写关于回顾昭和时代的文章，其标题是'坠落与飞跃'。文章的开头引用永井道雄先生的话说：战前日本曾经两次震惊世界，第一次是明治时代'壮丽的起飞'，第二次则是第二次世界大战中'悲惨的坠落'。"①

在《简明日本近代史》序言中，先生在引用"东方的彗星"之后紧接着写道，它像彗星一般跃登历史舞台，又像彗星一般消失了。同时他介绍了西方国家关于战后日本迅速复兴的评价与心情，即认为日本是亚洲的凤凰，是亚洲的新巨人，怀着亦喜亦忧的心情注视着。他进而叙述道："曾几何时，这只凤凰变成了凶悍的鹰隼，恃强凌弱，恣意劫掠，给中国人民、亚洲近邻各国人民以及日本人民自身造成了巨大灾难，其野蛮与凶残在人类文明史上留下了难以忘却的惨痛回忆，日本也因此惨遭失败，几近覆亡。"为此，他呼吁"认真研究日本，解剖这个东方法西斯的躯体和灵魂，追溯它的历史渊源"。②

在《坠落与飞跃：昭和时代的反思》这篇文章中，先生问道："昭和前期的日本是否注定要走向坠落？战后的日本为何能迅速再起飞？"他引用《老子》中的一句名言"祸兮福之所倚，福兮祸之所伏"，思索明治时代的"起飞"之中是否隐藏着导致坠落的因素，战败投降的"坠落"之中是否包含着起飞的契机。他进一步追问：前者为何未能克服？后者又如何成为现实？③他还希望"有更多的、从面向未来的广阔视野来总结日本的历史、特别是关于昭和史的著作，以指导人们避祸趋福，去凶就吉，使日本民族与全体人类共同繁荣"。

这种思想在先生的晚年更前进了一步。他在谈到阅读日本著名史学家中村政则所著《日本战后史》的感想时，高度评价中村提出的对日本应该"自我批判""完善变革"的主张，认为这是"以史为鉴，可以知兴替"的新诠释，指出日本是"赶超"西方发达国家的典型，应该总结其历史经验和教训（明治时代"壮丽的起飞"、战前昭和"悲惨的坠落"、战后的

---

① 《努力走出"兴""衰"的怪圈——透析日本："兴"与"衰"的怪圈·序言》，《吕万和自选集》，第447—448页。

② 吕万和：《简明日本近代史》，天津人民出版社，1984，第2页。

③ 《坠落与飞跃：昭和时代的反思》，*The Japan Times*，1989年1月9日；《吕万和自选集》，第14页。

改革追赶及当前赶超后的困境）。他认为一部日本近现代史，方方面面，兴衰起落，提供了丰厚的研究资源，进而提出，"以史为鉴、完善变革"，不仅适用于日本，也适用于中华民族和全世界各民族。他认为不仅要探讨日本兴衰的怪圈，还应该反思中国封建社会乃至人类各民族反复兴衰的怪圈。并问道："人类各民族的既往历史，又在多大程度上能摆脱这种怪圈？今天，又有谁能自豪，认为无需再思考这种怪圈？"

他呼吁史学工作者站在新的历史高度，提高各民族首先是中日两大民族的"成熟度"，努力走出兴衰往复的怪圈，为此贡献心力。①

四　独树一帜的明治维新研究

正因为如此，吕先生对日本近代史的研究主要侧重两个方面：带动日本"壮丽起飞"的明治维新和导致日本"悲惨坠落"的法西斯军国主义。本节着重介绍他的明治维新研究。

对于明治维新，吕先生可以说是情有独钟。如前所述，他遭遇厄运后公开发表的第一篇文章标题就是《读明治维新史的一则感想》，这也可以说是他此后进入日本近代史研究殿堂的敲门砖。

稍微年长一些的人都知道，吕万和先生正式进入学术研究的 20 世纪七八十年代，正是中国自我反思，面向世界，迈步走向现代化的起步时期。自我反思之际，日本成了中国最好的一个参照系。人们在思考，原来远远落后于中国的日本进入近代以后为什么能够把中国远远甩在身后并侵略中国，让中国人民吃尽了苦头？而二战失败后日本又能死而复生，成为亚洲的经济巨人，再次落后的中国应该怎么办？吕先生对明治维新的研究应该与这种时代背景有密切的关系。

吕先生关于明治维新的研究，除在《简明日本近代史》《明治维新と中国》中有系统讨论和分析之外，其发表的《简论明治维新》《西学在封建末期的中国与日本》《西学与明治维新》《明治维新的两点启示》《十九

---

① 《吕万和自选集》，第 498—499 页。

世纪中叶中日两国社会诸因素之比较》等专文更进行了具体详细的论证和讨论。

系统阅读先生的这些著述，管见以为他在明治维新研究方面做出了以下几方面的贡献。

第一，对明治维新的起讫时间做了梳理，提出了新的划分，使明治维新的研究更趋合理和全面。

在此之前，中日史学界关于明治维新的断限有八种划分方法。① 吕先生对此进行分析后认为，一个公认的事实是，经过明治维新，日本从封建社会转变为资本主义社会。根据这个基本事实，他认为"明治维新"的历史应当指日本从封建社会转变为资本主义社会的全过程。他解释说，之所以使用"转变"一词，是考虑到明治维新不同于英法资产阶级革命。日本的明治维新是在国内资本主义发展很不充分的情况下发生的，这就决定了夺取政权乃至实行某些重大改革并不等于这个过程的结束。从国内外矛盾的转化情况来看，这个转变的起点是 1853 年（"黑船来航"），其终点则是 1894 年（日英新约签订和甲午战争爆发）。

他接着阐述道，"明治维新"包括两个方面：一方面是"破旧"（变革幕藩体制），另一方面是"立新"（扶植资本主义）。"破旧"的过程主要是在 1877 年以前，但并未止于 1877 年。把明治维新的断限定在 1853—1894 年，41 年间的历史可以清楚地划分为三阶段：第一阶段（1851—1868）的主要内容为"攘夷倒幕"；第二阶段（1869—1877）的主要内容可以概括为"破旧"（变革幕藩体制）；第三阶段（1878—1894）的主要内容可概括为"立新"（扶植资本主义）。这就包括了日本从封建主义转化为资本主义的全过程。

第二，首次提出明治维新之所以能够成功，端赖于江户时期西学在日本的传布，以及由此形成的有能力、有志气，敢于推动明治维新各项改革的新型知识分子集团。这一观点可以说是独树一帜。

人们都承认，日本近代能够"壮丽起飞"，主要归因于日本成功地开

① 参见《简论明治维新》，原载《日本史论文集》，三联书店，1982；《简明日本近代史》，第1—2 页。其中日本学界提出了七种划分方法，万峰先生提出的划分方法又有别于这七种。

展了明治维新。在这一问题上，吕先生的看法没有与众不同。但是明治维新为什么能够成功，学界对此则是见仁见智。吕先生认为，要回答这个问题，必须考察中日被迫开国以前二三百年间的历史，对两国社会诸因素进行比较。

他通过追踪江户时期幕藩体制的政治结构、幕藩体制下的农村与城镇，以及江户时期活跃的儒学、国学、经世学派、町人学者等学术流派，尤其是对"锁国体制"与"兰学"传播的考证调查，并分析中日两国的经济基础、政治体制与阶级关系、意识形态，两国对于西力东侵的不同反应，两国的民族危机感与新知识分子集团的形成，认为不能认同当时的国际环境影响了中日两国近代化进程的观点。这是因为当时中日两国与西方侵略势力的矛盾属于封建主义与资本主义的矛盾，单纯依靠武力抵抗（"攘夷"）是无法克服的。因此，只讲"攘夷"是不行的，只有搞"维新"，富强起来，才能与之抗衡。由此，他明确指出在 19 世纪中叶，两国能否"维新"，取决于国内条件而不是国际环境。"就十九世纪中叶的两国历史转变而言，起直接作用的是西学，说得远一点是两国统治者百余年前所采取的不同政策，而不是文化传统或民族性格。"他接着指出，在资本主义征服全球的背景下，"先进思想的传布和先进知识分子集团的形成对革命和改革的成败乃具有直接的决定性作用"。为了论证这一点，他引用毛泽东在《论联合政府》中提出的在中国新民主主义革命时期，"马克思列宁主义的普遍真理一经和中国革命的具体实践相结合，就使中国革命的面目为之一新"的观点，认为在 19 世纪中叶，"西学"的传布也具有同样的作用。日本的先进分子接受了"西学"，其实质就是用资产阶级的世界观来观察日本的命运，用西方资本主义的经验来改造日本。[①]

为此，吕先生进一步就西学在日本传布中形成的新型知识分子集团的情况做了专门深入的研究。他认为兰学在日本的传播培养了大量兰学者，而这些兰学者又开塾授徒，师弟相传，形成系谱，从而逐渐形成一个积极学习西方先进科学的新知识分子集团。他以绪方洪庵（1810—1863）在大

---

① 吕万和：《十九世纪中叶中日两国社会诸因素之比较》，《日本学刊》1989 年第 1 期。

阪设立的"适适斋"为例，说明日本新知识分子人数众多。"至 1863 年，各地前来就学的人数，见于名册者 600 多人，实际达到三千多人。福泽谕吉、大鸟圭介、桥本左内、大村益次郎等皆出其门。"这个先进知识分子集团不仅如饥似渴地学习欧洲近代科学技术，翻译出版了几百种西方的自然科学图书，还对来自西方侵略的危机及其抵御方策展开大胆的讨论。吕先生认为，"如此数量和质量的新知识分子集团，如此对世界局势的了解和严重的民族危机感，如此激烈的论争及其对统治集团的影响，在同时代的清王朝（雍乾嘉道）是没有的"。①

吕先生指出，正是西学的传布为维新提供了思想基础，又因思想基础不同，中日两国应变能力和革新力量聚集的速度显著不同。鸦片战争后不久，幕府和一些强藩就竞相引进西方军事技术，扩充或建立洋学机构，破格提拔人才，而中国开展类似的洋务运动，时间比日本晚了约二十年。他强调，先进知识分子的积聚是革新的前奏，与革新的速度成正比，没有前者就不可能有后者。日本由于有西学的思想基础，在被迫"开国"后，先进思想与革新势力乃能迅速结合，从"尊王攘夷"迅速发展为"倒幕""维新"，而维新的领导骨干很多人既有政治军事才能，又懂得洋学。② 基于以上分析，吕先生坚定地认为，促使日本进行明治维新的诸多因素中，最重要的因素是西学在日本的广泛传播并因此形成了一个以下级武士为基础的具有新思想、新才能的知识分子集团。③

第三，指出明治政权是带封建性的特权大资产阶级专政，明治维新的性质是不彻底的资产阶级革命，并阐释了对明治维新做出这种评价的历史意义。

关于明治维新的性质，存在"绝对主义""资产阶级革命""不彻底的资产阶级革命""革命和改革""民族运动"等诸多观点。吕先生通过分析明治维新后日本社会存在资本主义经济、地主经济和个体经济等三种经

---

① 详见《吕万和自选集》，第 85—87 页。
② 《明治维新的两点启示》，原载《人民日报》1986 年 10 月 6 日，后收入《吕万和自选集》，第 110—111 页。
③ 以上叙述另见吕万和『明治維新と中国』六興出版、1988 年、第 210—274 页。

济成分以及资产阶级在日本社会占据主导地位的历史现实，认为明治政权所维护的主要是资本主义经济。它虽然也维护地主经济的合法地位，并使之有所发展，其目的是通过它来剥削农民，为资本主义提供原始积累。当二者发生矛盾的时候（这是不可避免的），明治政府是使地主阶级从属于资产阶级，而不是相反。他同时又认定：明治政府用主要来自地税的国家收入，补助特权大资产阶级和支付华族的公债利息；明治维新的领导骨干主要是倾向资产阶级改革的下级武士；明治政府废除了旧藩主和武士阶层，但它并不是简单地废除，而是积极帮助旧藩主和那些有作为的武士转化为近代金融家、企业家。根据以上分析，他得出结论："经过明治维新，日本社会从封建社会转变为带封建性的资本主义社会。其经济是封建主义从属于资本主义的经济，其政治是地主阶级从属于资产阶级的政治，其政权是带封建性的特权大资产阶级专政。"①

由此，关于明治维新的性质，吕先生支持认定其为"不彻底的资产阶级革命"的主张，指出明治维新的"不彻底性"，在于不仅没有给人民民主，而且未能给一般中小资产阶级充分的民主。它不仅未能彻底解放农民，反而以沉重的地税妨碍农业中资本主义的发展，妨碍中小地主向资产阶级转化。总之，它未能为自由资本主义和自由资产阶级的发展提供充分的条件，而是凭借国家权力，发展带封建性和垄断性的国家资本与特权财阀资本。这种特权财阀资本不仅残酷剥削、压榨日本劳动人民，也使日本一般中小工商业者受到某种压抑。不仅没有人民民主，而且没有充分的资产阶级民主，他认为这是理解日本近代史的一个关键。

他强调，只有明确指出这种不彻底性，才能理解明治时期随着经济发展而发展的军事封建毒瘤；才能理解在劳动人民阶级斗争主流的侧面，存在时断时续的一般资产阶级民主主义、自由主义的潮流；才能理解民主与反民主（与之相联系则是军国主义与反军国主义、战争与和平、对华侵略与对华友好）是在日本近代史上划分进步与反动的标志。他指出，如实地承认明治维新是一次不彻底的资产阶级革命，不仅没有取消人民民主革命

---

① 吕万和：《明治维新和明治政权的性质的再探讨》，《世界历史》1981 年第 2 期，后收入《吕万和自选集》，第 163—168 页。

的任务，而且肯定了联合中小资产阶级及一切具有自由倾向的和平民主势力的可能性和必要性；对这种可能性和必要性认识不足，是近代日本未能广泛形成反对军国主义法西斯的统一战线，未能强有力地抑制军国主义法西斯势力的一个重要原因。他认为迄今为止的论著对这一点的阐述似乎很不充分，而这与对明治维新性质的认识是有关系的。①

同时，他告诫人们，明治维新存在两面性，对此应有清醒的认识。他写道："如同一切资产阶级革命一样，明治维新也具有两面性。从进步性来说，它当之无愧地与'大化改新'并列，成为日本历史发展的两大里程碑，其历史作用甚至超过了大化改新。明治维新的领导集团，在反封建斗争中是人民群众的一部分而又具有反人民的一面。在掌握政权之后一段时间内有相对的进步性而又迅速转化为人民群众的对立面。明治初年的天皇制政权，在维护民族独立和民族统一，建立近代工业、国防等方面起过重大的积极作用；在加强原始积累等方面也起过残暴而又难以代替的历史作用。但后来，日本特权大资产阶级为了它自身的利益，极力神化这个专制权力，极力利用各种封建残余，把日本推上军国主义法西斯的可悲道路。新兴的日本曾经给亚洲被压迫民族带来希望，军国主义的日本却成为侵略亚洲各民族的元凶，给亚洲各国人民造成巨大灾难。"②

第四，结合中日两国近代的发展历程开展比较研究，总结出很多中国应该从日本明治维新中吸取的经验和教训。

研究日本的明治维新，探讨总结其对日本近代发展做出的贡献乃是题中应有之义。吕先生的研究没有满足于这一点。他践行洋为中用、古为今用、以史鉴今等中国学界治史的优良传统，努力挖掘史料，进行中日比较，从中找出能为中国政治、经济、社会各方面的发展提供参考价值的经验。这方面吕先生做了不少有益的尝试。现仅举几例略加说明。

例如，他在《明治维新给中国的两点启示》中通过分析日本维新势力由"尊攘"到"倒幕"再到"维新"，从1869年到1879年的十年间，排

---

① 吕万和：《明治维新和明治政权的性质的再探讨》，《世界历史》1981年第2期，后收入《吕万和自选集》，第169—171页。

② 吕万和：《简明日本近代史》，第121页。

除阻力，有步骤、有策略地实现了"奉还版籍"、"废藩置县"、"征兵制"、改革封建身份、取消封建俸禄、改革土地制度等重大改革，从经济基础到上层建筑，否定了封建领主制，为发展资本主义开辟了道路的历史进程后提出，"只讲'攘夷'是不够的，必须搞'维新'，求富强"。

他还指出日本能够成功开展明治维新是因为有西学做思想基础。而同时期的清政府实施错误的政策，致使中国在鸦片战争前长期未能形成新知识分子集团，结果在西方入侵时失去应变能力，错过改革时机，这是严重的历史教训。①

又如，20 世纪 70 年代末 80 年代初，党和政府决定实行改革开放，在强调学习理解西方各国发展经验的重要性时，吕先生发表了《读明治维新的一则感想》（《光明日报》1978 年 11 月 7 日）、《明治维新期间日本学习西方的经验教训》（《光明日报》1982 年 10 月 7 日），主要论述近代中日两国对待西学不同态度导致两国近代化的不同结局。尤其是《读明治维新的一则感想》发表后，引起了有关部门的重视，全文入选《新华文摘》创刊号（1979 年）。

再如，党和政府在思考并讨论如何推行党政干部的革命化、知识化、年轻化，社会各界积极提出各种建议的时候，吕先生不失时机地撰写了《从明治前期一些人物的年龄看人才解放》（1980 年秋）的文章，分析明治维新时期日本政府各级领导人物的年轻化对于推动明治维新的作用，以为国内提供参考。该文最初刊于日本研究所内刊，后公开于《历史知识》（1981 年第 2 期）。

此外，诸如《漫谈近代中日两国的留学生政策》（与罗澍伟合写，《光明日报》1979 年 9 月 19 日）、《近代日本的科学》（天津社会科学院《文稿与资料》1980 年第 4 期）、《近百年日本政治体制的演变》（《天津社会科学》1982 年第 9 期）、《简论近百年日本土地制度的改革》（北京大学日本研究中心编《日本学》第 10 辑，北京大学出版社，2000）等，都可以从中看到吕先生为国家制定积极的留学政策、推动国内政治经济文化建设

---

① 吕万和：《明治维新给中国的两点启示》，原载《人民日报》1986 年 10 月 6 日，后收入《吕万和自选集》，第 104—111 页。

与改革事业提供参考的良苦用心。

五　深刻解剖日本扩张"迷梦"的形成与"悲惨坠落"

正如吕万和先生所指出，日本明治维新取得成功，由一个亚洲的弱小国家一跃进入强国行列，瞬间由"凤凰"蜕变为"鹰隼"，对亚洲近邻尤其是中韩两国实行侵略政策，最后甚至与英美对抗，妄图称霸世界。据统计，日本从 1895 年发动甲午战争后，每隔数年就要进行一次对外扩张行动，举其大者就有：伙同八国联军侵犯中国镇压义和团运动（1900 年）；发动以中国东北为战场的日俄战争（1904—1905 年）、吞并朝鲜（1911年）；提出全面控制中国的对华"二十一条"，逼迫袁世凯政府结城下之盟（1914—1915 年）；把中国追加为假想敌国，出兵西伯利亚，干涉俄国革命（1918 年），出兵山东，制造济南惨案（1927—1928 年）；制造柳条湖事件，占领中国东北，进而建立伪满洲国（1931—1932 年）；发动卢沟桥事变，全面侵华，制造南京大屠杀（1937 年）；侵略印度支那，建立日德意法西斯三国联盟，发动第二次世界大战（1940 年）；偷袭珍珠港，与美国开战（1941 年）；等等。可以说自明治维新结束直至战败投降的 50 年间，日本始终与战争、对外扩张侵略形影不离。①

对于日本破坏和平、祸害世界，许多历史学家都想搞清楚其背后的深层次原因，总结其中的教训，给世人以警醒。吕先生就是其中一位。为此他撰写了多篇论文，试图找到谜底。

《从教科书看日本的军国主义的教育》（《教育研究》1982 年第 9 期）、《法西斯主义与封建主义的历史联系》（与崔树菊合写，《历史教学》1980年第 10 期）、《"左"倾教条主义对日本人民反法西斯运动的危害》（《世界史研究动态》1981 年第 7 期）、《甲午海城之役与日本的军事冒险主义》（《近代史研究》1982 年第 2 期）、《关于大隈重信、石桥湛山及日本法西斯体制的形成》（南开大学历史所编《日本历史问题》第 5 辑，1982）、

---

① 参见《近代日本综合年表》，岩波书店编辑部，1978。

《大东亚共荣圈迷梦的形成及其破灭》（与崔树菊合写，《世界历史》1983
年第 4 期）、《山本五十六评传》（《日本风云历史人物评传》，天津人民出
版社，1989）、《应当重视战前日本对华推行鸦片烟毒政策的研究》（《中日
关系史研究》2003 年的 4 期）等论文可以说是他的代表之作。

　　阅读以上文章可以发现，吕先生在剖析日本由盛转衰、最终"坠落"
的原因与教训方面具有独到之处。我不揣浅陋，试加总结。

　　首先，揭示了日本军阀法西斯与封建主义的密切关系。

　　吕先生认为日本的军部与德国的纳粹、意大利的法西斯一样都实行法
西斯统治，指出"就第二次世界大战及其前后的历史而言，法西斯主义不
是一般帝国主义政治，而是带军事封建性的帝国主义政治；它不是一般的
金融资产阶级或垄断资产阶级统治，而是带军事封建性的垄断资产阶级统
治"。他强调"法西斯主义与封建主义有密切的历史联系，封建势力和封
建残余的严重存在是法西斯主义得以猖狂肆虐的重要历史条件。这个历史
现象十分值得注意，应当认真总结"。①

　　他通过对意大利法西斯、德国纳粹、日本军部及其他法西斯的主要人
物、思想、组织纲领以及经济基础等进行分析后，认为"法西斯主义猖狂
的社会根源是：第一，反动统治阶级在社会政治危机发展到走投无路的情
况下，集历史上一切暴政之大成。第二，凡其得逞之地，都是封建传统保
留最深之处。第三，小生产者的长期存在经常分泌出破产失业群众，形成
庞大的流氓无产阶层，他们当中的堕落分子往往成为法西斯政治军队的来
源。最后，也是最重要的，在于那里的无产阶级政党或者力量薄弱，或者
斗争路线上有严重错误，因而未能统帅广大革命群众建立反法西斯统一战
线，向法西斯势力进行斗争。缺乏无产阶级政党坚强正确的领导，这是法
西斯势力能够暂时得逞的一个重要条件"。

　　具体到日本，他剖析了北一辉的"国家社会主义"，以及受其影响并
在日本统治者特别是军部（军阀）势力的支持下成立发展起来的形形色色
的法西斯团体，从他们的指导思想、组织结构、活动方式和最终目标论证

---

　　① 崔树菊、君里：《法西斯主义与封建主义的历史联系》，《历史教学》1980 年第 10 期，后
　　　收入《吕万和自选集》，第 260 页。"君里"为吕万和笔名。

出日本军阀法西斯与封建主义的历史联系。他总结道：由于明治维新是一次不彻底的资产阶级革命，"维新"后的大资产阶级大多由封建藩主、公卿、特权商人、武士转化而来，封建的土地关系、家族制度与意识形态一直未彻底摧毁。日本统治者在政治上主要学德国，并以普鲁士宪法为蓝本制定了"明治宪法"，天皇制、华族、军部独立等均与第一次世界大战前的德国相似。"自由民权运动"被扼杀，卢梭主义在日本很少发展，东方的墨索里尼则迅速出现。

其次，揭露了日本军国主义对外扩张侵略，奉行军事冒险主义，侥幸取胜最终必败的实质。

他在《日本"大东亚共荣圈"迷梦的形成及其破灭》一文中认为，日本战前提出"大东亚共荣圈"，最早可以追溯到16世纪在菲律宾马尼拉建立的日本町。明治维新后，日本"雄飞海外"的扩张意志迅速发展，其目标首先是中国大陆，其次是南洋。甲午战争是日本侵略扩张史的一个转折点，其目标是北占朝鲜、南据中国台湾、再取中国大陆，然后向南洋扩张。第一次世界大战是日本侵略扩张史上的又一转折点。此次大战中，日本趁火打劫，不仅占领中国山东半岛，而且南下攻占德国在南洋的殖民地马里亚纳群岛等岛屿，并获得"委任统治权"。1917年，西原龟三又提出"东洋自给圈"，主张废除中日的"经济国界"，设立"日华经济区"，以此为中心，把北起西伯利亚，南至印度、澳大利亚的广大地区尽收囊中，"大东亚共荣圈"的迷梦，由此开始形成。

接着吕先生分析了日本推动建设"大东亚共荣圈"的步骤，认为促使日本下决心武力"南进"的转折点是第二次世界大战。这次大战对亚洲地区的一个重大而又直接的影响是，荷、法、英等老殖民主义国家或降或败，东南亚地区一时成为"空白"，东南亚地区乃成为日美矛盾的焦点。1940年9月6日，日本划定"大东亚共荣圈"，其范围是"以日满支为骨干，包括委任统治之原德属诸岛、法属印度支那及附属诸岛、泰国、英属马来、英属婆罗洲、荷属东印度、缅甸、澳大利亚、新西兰、印度"，把澳大利亚、印度、新西兰作为第二步目标。同年9月22日，日军进驻越南，迈出了武力"南进"的第一步。1941年12月8日，日军偷袭珍珠港，同时进攻香港、马来亚、菲律宾。加上已成殖民地的朝鲜、中国沦陷区和印度支那，日本统治了大约 5 亿人口和 700 万平方公里的土地。"大东亚共荣圈"似已梦圆。

日本在推行"大东亚共荣圈"的扩张过程中，虽然先后提出了"王道乐土""中日提携""自存自卫""稳定东亚"乃至"圣战"等口号，但始终掩盖不住其"以日本为工业国，以其他各国为资源国"的扩张侵略本质。在被日本侵略的各国人民尤其是中国人民的浴血抗战及世界反法西斯同盟的反抗和打击下，"大东亚共荣圈"最终以崩溃收场。①

在揭露日本推行侵略扩张的同时，吕先生更重视揭露日本军事冒险主义的实质。

一般认为，日本作为一个后起的资本主义国家，在政治经济尤其是工业生产和军事领域与老牌资本主义国家间存在很大差距，能在不断发动对外扩张的侵略战争中频频得手，很大程度上是因为日本军事实力强大。

对此，吕先生则有另一种判断。他认为，日本军国主义在发动的历次对外战争中大多是依靠军事冒险主义侥幸取胜，并认为这种赌徒心态无限膨胀后必然会受到历史的严惩。为此，吕先生多次撰文，剖析其军事冒险主义的实质。在对甲午战争中日本整个战争决策和战略战术方面存在的冒险主义进行细致分析后，他认为如果清政府当时坚持抗日，善用民心士气，利用国际矛盾，日本完全有可能在这场极端冒险的侵略战争中失败。②

在对 1874 年日本侵略中国领土台湾的战争、甲午海城之役中，日军尤其是山县有朋的军事冒险主义的战略战术，以及山本五十六孤注一掷挑起太平洋战争的军事冒险行动进行了一系列分析后，③ 吕先生指出日本的军事冒险主义并非偶然，而是在明治维新后不断扩大的侵略扩张战争过程中形成的，后来更发展为一种顽固的传统。他特别强调研究日本近代战史，特别是研究中日战史，必须重视揭露日本军国主义者的军事冒险主义。因

① 吕万和、崔树菊：《日本"大东亚共荣圈"迷梦的形成及其破灭》，《世界历史》1983 年第 4 期，后收入《吕万和自选集》，第 315—329 页。
② 吕万和：《简明日本近代史》，第 152—153 页。
③ 另参见《山本五十六评传》；《吕万和自选集》，第 330—344 页。

为它对日本人民、日本民族乃至亚洲和平危害极大。这种顽固的军事冒险主义传统，与日军在第二次世界大战中的最终失败是有关系的。他还对旧中国官方史料对日军多有夸张的情形提出了批评，认为这加重了我们对史料进行对比、鉴别、分析的任务。①

再次，解开了日本奉行侵略扩张政策的思想及历史根源。

近代日本侵略成性，除日本是"带军事封建性的垄断资产阶级统治"这一根本的社会政治经济原因之外，还有没有其他思想以及历史的原因呢？在这方面，吕先生也做了深入思考和研究论证。

吕先生通过对江户时期以及明治维新以后日本各种学术流派和代表人物的思想的研究，认为"神国"思想和"大日本主义"对日本后来推行的侵略扩张及殖民地建设具有密切关系，也是导致日本"悲惨坠落"的重要因素。

他认为日本国学者本居宣长（1730—1801）的《驭戎慨言》中"神国""皇神"之类的观念，显然反映了日本统治者君临万民以至万国的意图。其弟子为本居宣长撰写的《驭戎慨言》序言中所主张的"天地之中，虽有国八百上千，然唯吾皇国为万国之母国、祖国，其余诸国皆枝末之国，卑贱之国"，就是这种思想的直白体现。他指出本居之后，国学者平田笃胤等更加突出宣扬"神国"论和"日本优越"论，近代天皇制政权把神道定为"国家神道"，军国主义法西斯利用"神国"观念煽动民族狂热和侵略扩张，这就是战前日本"悲惨坠落"的重要因素。②

接着他又对"大日本主义"进行了追踪，认为其历史可以追溯到近世末期著名的思想家佐藤信渊（1769—1850）。佐藤在所著《宇内混同秘策》（1823）中就宣称，日本天皇之使命在于"安抚世界万国苍生"，主张"先取中国"，再使"全世界皆为郡县，万国君长皆为臣仆"。③可以说这是"大日本主义"之滥觞。

明治维新以后，这种扩张侵略思想以山县有朋主张的"主权线"和

---

① 吕万和：《甲午海城之役与日本的军事冒险主义》，《近代史研究》1982 年第 2 期，后收入《吕万和自选集》，第 224 页。

② 《吕万和自选集》，第 65 页。

③ 吕万和：《大日本主义乎？小日本主义乎？——战前日本立国路线的争论》，《日本学刊》1991 年第 1 期，后收入《吕万和自选集》，第 13 页。

"利益线"表现最为突出。1890 年 3 月、12 月，山县以内阁总理大臣身份在致外务大臣的《外交政略论》和在第一次帝国议会上的《施政方针》演说中，公然鼓吹不仅要防卫"主权线"而且要保护"利益线"的侵略理论。后来日本实际上就是根据山县的这一思想，把"利益线的焦点"不断推移，由朝鲜半岛而中国东北、"蒙疆"、华北、华中、华南，直至挑起全面侵华战争。后来更扩大至东南亚，挑起太平洋战争，甚至指向印度、中东，要求"三分天下"。①

在思想言论界，他着重分析了德富苏峰（1863—1952）。他认为"大日本主义"思潮与"大陆政策"相呼应，使其更形嚣张的代表人物非德富苏峰莫属。青年时代曾倡"平民主义"的德富在甲午（1894 年）前后思想一变，成为"大日本主义"的狂热鼓吹者。他在 1894 年 12 月所著《大日本扩张论》中公然宣称"扩张"乃日本"建国以来之国是"，"征清"乃日本"国是"或"国权"中所固有（"非有征清而有扩张，乃有扩张而有征清"），对于侵略中国丝毫不加掩饰。②

"大日本主义"之所以在日本大行其道，与幕末及明治初年领导维新、以吉田松阴为代表的下级武士大都具有"爱国与侵略"的双重性格有密切关系。吕先生指出，一方面，明治维新中，下级武士的推动使日本走上了独立和近代化道路；另一方面，他们的侵略扩张性格随着日本军力、财力的发展更趋畸形。在与垄断资产阶级的贪婪相结合后，"大日本主义"恶性膨胀。他认为，"大日本主义"的理论表现形式多种多样，或曰"天皇中心主义"，或曰"国家主义""超国家主义"，有时又称为"日本民族优越论"，或"日本文化（东亚文化）优越论"，不一而足。他强调，这些法西斯理论虽名称各异，但大抵都是"大日本主义"之变种。

同时，"大日本主义"与幕末维新时期下级武士思想变化和政治上的分化错综庞杂、异常激烈的背景也有很大关系。他认为，当时的日本，尊王攘夷、开港倒幕、民权国权、"兴亚""脱亚"、欧化国粹、文明开化、日本主义、自由主义、功利主义、社会主义、新村主义、右翼法西斯的侵略扩

---

① 《吕万和自选集》，第 8 页。
② 《吕万和自选集》，第 9 页。

张、军国主义论等，几乎无不出自下级武士（或士族）。各种思想，往往在同一个人身上相互交织甚或前后矛盾。而社会发展的总体趋势则是在天皇制政权主导下，自由民权思想被压抑，神道、皇道和武士道主导的右翼思潮成为主流。①

最后，吕先生认真探讨并总结了日本近代存在的两种立国思想之争，为当今日本的发展方向揭示了引以为训的坐标。

关于日本近代的发展方向，他通过分析岩仓使节团考察欧美时的言行，认为明治维新之初，日本就注意到了瑞士的治国之道。对于日本将来是走"大国"的道路还是"小国"的道路，是做"东方的普鲁士"还是"东方的瑞士"，是推行"大日本主义"还是"小日本主义"，岩仓使节团有过议论。而这两种立国路线的论争贯穿了战前日本70多年的近代史，前者为军国主义专制势力所信奉，后者则为进步人士所憧憬。② 其表现在经济方面，官方有松方正义（1835—1924）与前田正名（1850—1921）之争，民间则有福泽谕吉（1855—1901）与田口卯吉（1855—1905）之争。

吕先生认为，松方—福泽的设想与军国主义势力一致，被视为"现实的"政策而得到实施，前田—田口的设想则被视为"不现实"而被排斥。他认为田口卯吉的绝对自由主义确实带有理想乃至空想的性格，然而反对"军备第一"，强调产业立国，这种进步主张却一再为日本有识之士所继承。而且，田口卯吉所赖以发表主张的《东京经济杂志》正是以涩泽荣一（产业资本的代表人物）为中心的银行家团体"择善会"的喉舌。③

他特别重视《东洋经济新报》与《东京经济杂志》等报纸杂志，对于正当军国主义、"大日本主义"日益嚣张之时，高举自由主义旗帜，批判军国主义，主张"产业立国"，猛烈批判"大日本主义"，主张"小日本主义"的言论的存在给予了高度评价。④ 他引用《东洋经济新报》1913年4月15日至6月15日连续6期刊登的题为《大日本主义乎？小日本主义

---

① 《吕万和自选集》，第38—43页。
② 《吕万和自选集》，第2—4页。
③ 《吕万和自选集》，第4—6页。
④ 《吕万和自选集》，第10页。

乎?》的长篇论文，指出"大日本主义是依靠领土扩张和保护政策，把军事力量和武力征服放在首位的军国主义、专制主义、国家主义。小日本主义则是通过改革内政，促进个人自由和活力，立足于产业主义、个人主义，以达到国利民福之目的"。①

吕先生由此想到从 1895 年起就与日本打了 30 年交道的孙中山在昭和时代即将开始的 1924 年，于日本神户发表的演讲中向日本提出是走"霸道"还是走"王道"的历史之问，认为孙中山所说的"霸道"实为"大日本主义""军国主义""侵略扩张"的同义语，指出了明治以来日本政治的症结，为昭和时代的日本预敲了警钟。② 可惜，当时的日本不仅没有听懂这一警告，反而在"大日本主义"旗帜之下，大力推行军国主义，在侵略扩张的道路上越走越远，终至覆亡。

吕先生的这些研究对象虽然是战前的日本，但他认为对今天的日本仍有警醒意味。也许正是出于这一思虑，吕先生为自选集题写的书名就是《大日本主义乎? 小日本主义乎? ——日本近代史论丛》。

六　熟练运用马克思主义指导日本近代史研究

北京大学宋成有教授在评论吕万和的日文版著作《明治维新与中国》时指出："剖析近代中日两国兴衰原因的逻辑思维，组成全书的核心论证结构，它如同牢固的拱心石，支撑着比较论述的总体框架。……作者的上述逻辑思维，以充分的史实为依据，从分析矛盾入手，通过诸历史因素互为因果的层层深入的分析，捕捉住近代中日两国之所以历史归宿不同的发展脉络，持之有据，论之有理。马克思主义的立场、观点和方法在作者的核心论证结构中显现出强大的生命力。这块拱心石的牢固性即取决于此。"可谓五石六鹢之论。③

---

① 《吕万和自选集》，第 11 页。
② 《吕万和自选集》，第 2 页。
③ 宋成有：《构筑明治维新论述的新框架——读吕万和著〈明治维新与中国〉（日文版)》，原载中国社科院日本研究所编《日本问题》，1990。

吕先生的日本近代史研究之所以能够做到"字字如珠玑，句句是箴言"，最主要原因是他的著述都贯穿着马克思辩证唯物史观的灵魂。吕先生不愧是受党教育多年的老革命，考入北京大学后又选修过哲学，更把马克思的辩证唯物史观烂熟于心，所以能够娴熟地运用马克思、列宁等无产阶级理论家的立场和方法论，找出问题的所在，分析其间的因果关系，得出接近以至于契合历史实际的结论。

以下试以《简明日本近代史》为例，看看他是怎样灵活运用马克思、恩格斯的经典论述来探讨日本近代史的重大事件。

在分析幕末日本经济基础是否属于封建领主制经济时，《资本论》第 1 卷中的论述为其结论提供了强大的支持："日本有纯粹封建性的土地占有组织和发达的小农经济，同我们大部分充满资产阶级偏见的一切历史著作相比，它为欧洲的中世纪提供了一幅更真实得多的图画。"据此，他认为马克思指的就是江户时代的领主制，这种封建领主制自 18 世纪以后已日趋腐朽，建立在此基础上的幕藩体制已成为日本社会生产力发展的桎梏。①

在分析幕末高利贷是不是资本主义因素时，他引用马克思的话指出，商业高利贷资本"是洪水期（即资本主义社会以前）的资本形式"，它既可以依附于奴隶社会，也可以依附于封建社会，它"所以有革命的作用，只是因为它会破坏和瓦解这些所有制形式"。"只有在资本主义生产方式的其他条件已经具备的地方和时候，高利贷才表现为形成新生产方式的一种手段；这一方面是由于封建主和小生产遭到毁灭，另一方面是由于劳动条件集中为资本。"据此，他得出结论："明治维新以前，日本没有出现这种条件。大规模的商业高利贷资本没有向近代资本转化。"②

在讨论自由民权运动的性质及其社会根源时，他引用列宁论述 1907 年俄国民主革命情况时的观点加以佐证。"在资产阶级革命开始时，所有的人都为民主而斗争。有无产阶级，也有农民和城市小资产阶级分子，还有自由资产者和自由派地主。"他认为这段论述对于研究日本的自由民权运

---

① 吕万和：《简明日本近代史》，第 3—4 页。
② 吕万和：《简明日本近代史》，第 6 页。

动很有启发。基于这一论断，他对日本自由民权运动的形成、发展及其领袖人物的思想和行动进行了缜密的分析，认为所谓"自由资产者"或"自由派地主"指的是"他们要求自由地发展资本主义或者具有向自由资产者转化的倾向。明治初年的豪农豪商恰恰具有这种性格"。他由此得出结论："推动自由民权运动前进的根本动力是日本人民群众，领导这场运动的骨干分子及其社会基础则主要是豪农豪商及与之有联系的士族知识分子。"①

在讨论明治宪法所规定的日本近代天皇制时，他认为这是"是藩阀专制的延续和发展，其本质是借天皇大权之名，维护特权财阀利益，由极少数军阀、官僚、贵族实行寡头专制"，指出马克思评论普鲁士军事专制政体是一个"以议会粉饰门面、混杂着封建残余、已经受到资产阶级影响，按官僚制度组织起来，并以警察来保卫的军事专制制度的国家"的论述，完全适用于日本的天皇制。同时他又对这一政治体制做了辩证的评价，认为"这种政治体制当然很少民主，但在当时的日本，却有其必然性，在集中权力、财力、人力以维护民族独立、建立近代工业、国防、教育等方面曾经起过残暴的、但又难以代替的历史作用"。而且，明治宪法亦为当时亚洲其他封建国家的进步人士所憧憬或效法。②

为了定义明治维新的性质是否革命，他认为应该首先明确"革命"的含义。他指出，根据历史唯物主义的观点，革命应该包含两重意义：它所解决的矛盾属于社会变革；它解决矛盾时采取了起义、暴动、国内战争等武装夺取政权的手段。为了检验这种认识是否准确，他引用了列宁的论述："从马克思主义观点来看，革命究竟是什么意思呢？这就是用暴力打碎陈旧的政治上层建筑，即打碎那由于和新的生产关系发生矛盾而到一定时机就要瓦解的上层建筑。"他认为列宁这段话正是从"社会变革"和"暴力夺取政权"双重含义上来确定"革命"的定义的，明治维新符合这双重含义，因此应该把"明治维新"定义为"革命"而不是"改革"。③

从以上数例可以看出，吕万和先生对马克思、恩格斯、列宁等建立的

---

① 吕万和：《简明日本近代史》，第 85 页。
② 吕万和：《简明日本近代史》，第 111 页。
③ 吕万和：《简明日本近代史》，第 117—118 页。

唯物辩证史观并不是生搬硬套，而是通过准确描述分析历史事件，透过现象层层递进式地接近事物的本质，由此揭示历史的演进变化规律。在此过程中适时地引用马克思、恩格斯、列宁一些经典论述则起到了画龙点睛的作用。

吕万和先生研究日本近代史，其灵魂是辩证唯物史观，对其他学派理论则采取兼收并蓄的态度，为此他做了不少尝试。他尤其重视对历史资料的挖掘和整理。他曾指出："历史学是科学，史料（事实、数据）是基础，最有说服力的是事实。基础不牢，一推就倒。史料整理需要付出大量的辛劳，应当提高其地位，大力营造重视保存、出版史料的文化环境。强调史料、史实，数据、逻辑，体现了历史学的科学性。"他进而强调："但历史学不是一般科学，或者说，不仅是科学。它属于人文学科。不仅要研究史实及其相互联系、前因后果，而且要进行价值判断。不仅要启迪思考、培育人的理性和智慧，而且要震撼心灵、培育人的道德和情操。"①

七　结语——对后学的关爱与对学界的期盼

吕万和先生从 1978 年公开发表首篇关于日本近代史的文章，至 1988 年离休，真正从事日本近代史研究只有短暂的 10 年。应该说他离休之年，正是厚积薄发、研究成果不断问世的季节。因此，他虽然办理了离休手续，但仍然在继续思考日本近代史中值得关注和研究的问题。他除赴美照料儿孙的数年间研究工作有所停顿外，笔耕不辍，不断有新思考新观点问世。

2015 年，先生已然 90 高龄。可当年的 12 月，先生给我的电子邮件中竟然透露他撰写日本近现代史的宏伟计划。在他的计划里，书稿分上、中、下三卷，每卷 30 万字。上卷，明治维新史，内容包括"第一次惊人的飞跃""走向坠落的转折"（大正期）；中卷，战前昭和史——"悲惨的坠落"；下卷，战后昭和史，内容包括飞跃、停滞、再次坠落、走出兴衰

---

① 《吕万和自选集》，第 499 页。

怪圈的努力、面向全球化等。为此，先生还初步编订了各主要章节的名称。邮件中先生虽然流露出对于是否能够完成这一伟业的担忧，但他这种老骥伏枥壮心不已的胸怀确实令我震撼。据他夫人俞晓介绍，吕先生直到 2016 年 11 月入院接受治疗前夕，仍在编辑修订自选集书稿。另据先生陪伴病床前照护的亲友叙述，先生弥留之际似乎仍在惦记着自选集的出版事宜，可见先生对日本近代史研究之热爱和执着。

接触过吕先生的人大概都有同感，吕先生治史视野开阔、思维缜密，文章史料翔实、论证严密、行文优美、气势恢宏。人们阅读他的文章，往往有一种酣畅淋漓的感觉。在同代学者当中，他取得的学术成果可以说名列前茅，但从不言满足，对自己已经公开发表的著述更是反复点检，发现不足即行修正。他虽然功成名就，却一直反思警醒。在临终前编订的自选集里仍然在反思自己的不足："今日回首，实在汗颜。动乱干扰，固可浩叹。自身的浮躁、浅薄、僵化、疏懒更应反思。"① 由此我们看到了一位谦谦君子永求进取的真正学者的形象。

吕先生对己以严，待人以宽，对后学的关心和培养更是令人感动。

我 1981 年初进入天津社会科学院时，他任所长的日本研究所青年研究人员几乎占了全体研究人员的一半。这些刚刚踏入研究门槛的年轻人，虽有饱满的热情和旺盛的精力，却往往为不知从何着手研究而苦闷。为了使这些年轻人尽快成长，他除了开展有组织性和针对性的培训活动外，更是以身示范，热情指导，悉心传教。吕先生培养奖掖后学，除鼓励多看书、多思考、多实践、多积累资料外，更多的是以专题促学习，通过实践提高自己。他常常提醒年轻人，写文章犹如拍电影，先是远景，然后镜头逐渐拉近，最后进入特写。特写需要神来之笔，这样才能吸引观众、感动观众。他经常根据自己的研究心得提示值得深耕的地方。年轻学者拿出撰写的文章请他指教，他会放下手中的工作，认真阅读，指出文章存在的不足，告知如何修改才会逻辑顺畅，补充哪些史料才算立论有据，怎样分析才有理论创新，甚至会亲自动笔修改文字乃至语法错误。记得我写的第一

---

① 《吕万和自选集》，第 495 页。

篇习作，就被先生用红笔勾画得通篇赤红。至今想来，我犹感羞愧，但对先生这种培养后学的真诚铭记终生，至今感恩不尽。相信有这种感受的人在日本研究所当不在少数。

先生对青年学子耳提面命，言传身教，对日本史研究界更是寄予厚望。针对当前日本史研究的现状，他提出了一系列的研究课题与疑问，希望学者们加以关注。第一，应加强对日本社会制度的研究，搞清楚日本的幕藩体制是不是封建制（"集权的武家封建领主制"）。第二，应加强对中日两国家族制度的研究，搞清楚中日两国长子继承与诸子析产、科举官僚与身份世袭的异同及影响。第三，应研究江户时代的政治体制（幕藩与郡县）。他认为这些问题相互关联，都与社会制度有关系。日本的下级武士、地主、商人能够在资产阶级改革中起领导作用和积极作用，中国为何不能，与社会制度难道没有关系？第四，应研究"锁国"与"海禁"、两国的"漂流民"状况和海外知识。

此外，他还提出了一系列值得深入研究的具体课题，如鸦片战争与黑船来航、江户无血开城的评价、伊藤博文为佩里登陆纪念碑亲笔题词的意义、涩泽荣一与张謇、福泽谕吉与蔡元培、为何西乡隆盛败死碑立而伊藤博文功成碑倒、招商局与三菱公司、松方财政与清王朝的"官督商办"、晚清新政与日本、大正德谟克拉西与五四运动、昭和法西斯与蒋介石法西斯、"法西斯"根源究竟何在、农地改革与土地改革、如何评价战后改革、麦克阿瑟与昭和天皇、日本的"政府主导"与"中国模式"、两国城市化的比较研究、日本战后经济的发展轨迹及当前的困境，等等。① 而且，据俞晓女士告知，先生进入危重病房之前，多次嘱咐她转告日本研究所，一定要组织人力研究撰写战后日本史，认为这段历史值得中国研究和借鉴。这些希望和课题都是吕先生在编订自选集的尾章中以及临终前郑重提出来的，可以说是对我们日本近现代史研究学者的遗愿。

吕先生还把思绪拓展至历史学研究界，在一篇文章里提出了殷切希望。

第一，要大大扩展研究领域，拓宽视野，在深入一二种专史的同时，

---

① 《吕万和自选集》，第500—501页。

综合利用各种专史的成果，扩大研究领域。

第二，要努力应用多种学科的知识和研究方法。他认为统计分析（或所谓"量化史学"）、比较研究、社会学的方法等已普遍引起重视。随着研究领域的扩大，势必接触更多的学科。当然，各种学科的研究方法并不能代替历史唯物主义，必须在历史唯物主义的和阶级分析的指导下加以运用。

第三，应当加强对当代史特别是当代世界史的研究。历史学的研究对象是历史，有其自身的体系和重大课题。"厚今薄古"不应当被理解为抛弃历史。但研究历史归根结底是为了理解现实，面向未来，也就是"察古知今""鉴往知来"。[①]

吕万和先生离开我们虽然只有 5 年，世界却发生了巨大变化，百年未有之大变局正扑面而来。为了应对这一巨变，社会和国家对史学研究提出了更高的要求，政府对史学研究更是空前重视。就日本而言，中日邦交正常化 50 年后的今天，中日关系何去何从正面临历史性抉择，这就需要我们不仅关心日本的当下，更要搞清楚日本的过去，以为预测中日关系的未来走向提供借镜。应该说这是我们从事日本史，尤其是日本近代史研究者责无旁贷且光荣的任务。历史与现实对吾辈有厚望焉！

谨以此文纪念吕万和先生逝世 5 周年。

（熊达云，日本山梨学院大学教授）

---

① 　吕万和：《历史研究也要跟上时代》，《光明日报》1985 年 10 月 16 日，后收入《吕万和自选集》，第 469—470 页。

杨曾文先生的日本佛教与中日佛教交流史研究

江 静 陈 缪

　　杨曾文先生，1939 年出生于山东即墨。1959 年入北京大学历史系中国古代史专业就读，1964 年毕业后被分配至中国科学院哲学社会科学部（现中国社会科学院）世界宗教研究所从事佛教研究。曾任中国社会科学院佛教研究所佛教研究室主任、中国社会科学院研究生院博士生导师、中国佛教文化研究所所长。2006 年 8 月，获中国社会科学院荣誉学部委员终身学术称号。

　　作为中国著名的佛教学学者，杨先生常年致力于中日佛教思想、佛教交流史等专业领域研究，并多次出访海外，[①] 既收集佛学研究珍贵史料，又与国外学者积极交流。他治学严谨，历史、文献、思想三者并重，不仅开拓了国内学界日本佛教史研究的荒地，为后世日本佛教研究奠定了基础，而且积极组织对外交流活动，对中日佛教学术交流做出了巨大贡献。杨先生人格高尚，具有至真至深的家国情怀，以身作则践行"生命不息、追求不止"的精神，其人品、学品为后辈们树立了榜样。

[①]　自 1982 年起，杨先生先后任日本京都大学人文科学研究所"外国招聘学者"（1982 年 1—4 月）、日本东京大学东洋文化研究所客座研究员（1985 年 9—12 月）、美国康奈尔大学访问学者（1991 年 4 月）、日本京都大学文学部"招聘教授"（1991 年 10 月至 1992 年 10 月）、日本驹泽大学研究员（1997 年 10—12 月）。

一　研究领域及主要研究成果

杨曾文先生学术积淀深厚，研究成果斐然。目前已出版《日本佛教史》《中国佛教史》《唐五代禅宗史》《中国佛教东传日本史》《佛教与中日两国历史文化》等专著 12 部，翻译《日本佛教史纲》（村上专精著）、《印度佛教史概说》（合译）2 部，校编《敦煌新本六祖坛经》《临济录》《神会和尚禅话录》等佛典语录 5 部，主编和参编《佛教文化面面观》《日本近现代佛教史》《中日文化交流史大系·宗教卷》《中日文化交流事典》等著作 15 部，发表学术论文《中国净土宗在日本的传播和发展》《鸠摩罗什的"诸法实相"论》《〈六祖坛经〉诸本的演变和惠能的禅法思想》等284 篇，另有译文 36 篇、序跋 51 篇。据数据库的保守统计，① 其部分学术论文被引达 420 次（其中硕博学位论文 270 余次，占比约 65%），② 著作被引多达 5100 余次（其中图书引用近 2700 次，占比达 52%），③ 足见杨先生的研究成果在学界影响力之大、社会反响之高。杨先生的研究主要涉及佛教思想及中国佛教研究、日本佛教研究和中日佛教交流史研究三方面，以下对此做简要介绍。

（一）佛教思想及中国佛教研究

有关佛教思想及中国佛教的研究，细分之下又有佛教思想与佛教史研究、禅宗史研究和禅宗文献研究三者之别。

1. 佛教思想与佛教史研究

这方面的代表作有《佛教的起源》（中国建设出版社，1989；台北，

---

① 论文被引情况检索自中国知网数据库，著作被引情况则检索自读秀数据库。数据引用时间为 2022 年 10 月 12 日。

② 论文中被引用数量的前三名为《唐宋文殊菩萨信仰和五台山》（27 次）、《试论东汉时期的豪强地主》（18 次，系杨先生的北京大学毕业论文），以及《构建和谐社会与宗教的理论审视》《赵朴初人间佛教思想史论》《鸠摩罗什的"诸法实相"论》《〈六祖坛经〉诸本的演变和慧能的禅法思想》（上述四篇论文被引皆 16 次）。

③ 著作类中被引用数量的前三名为《唐五代禅宗史》（749 次）、《日本佛教史》（584 次）、《神会和尚禅话录》（505 次）。

佛光出版社，1991）、《中国佛教史论》（中国社会科学出版社，2002）、《隋唐佛教史》（中国社会科学出版社，2014）三部。其中《佛教的起源》以汉译《阿含经》等经典为主要资料，考察和论述了佛教的起源和早期发展，并介绍了原始佛教、部派佛教的教义思想及其在印度的传播概况。《中国佛教史论》是杨先生 1999—2002 年陆续发表的 20 篇学术论文总集，内容涵盖了唐五代到宋元时期的禅宗史，也包括一部分佛教学术会议专题论文。《隋唐佛教史》则是一部比较全面系统地论述隋唐佛教的断代史著作，包括隋唐社会和佛教的关系、隋唐佛教宗派的形成与发展两大部分，书中对唐代道佛之争、武宗灭佛等唐代佛教的重大问题亦有详细考辨和介绍，对于充实中国佛教史和思想文化史研究有着颇为积极的意义。

2. 禅宗史研究

杨先生自 1994 年完成《日本佛教史》《日本近现代佛教史》后，着重开始了中国禅宗史研究，1999 年出版的《唐五代禅宗史》（中国社会科学出版社）和 2006 年出版的《宋元禅宗史》（中国社会科学出版社）是该领域的代表作，其中《唐五代禅宗史》出版后颇受赞誉，先后获第四届中国社会科学院优秀成果二等奖（2002）、中国社会科学出版社优秀作者奖（2008）、汤用彤学术奖（2017），是杨先生在禅宗史研究中当之无愧的"扛鼎之作"。该书是中国第一部全面系统论述唐五代禅宗成立和发展的断代史专著，揭示了禅宗的产生和迅速兴起是佛教适应中国社会环境的民族化进程深入的表现，在为人们了解唐五代禅宗及其与当时社会文化的关系提供方便的同时，也为从事唐五代历史、哲学、宗教、文化等领域研究的学者提供了参考和借鉴。《宋元禅宗史》同样是一部断代史专著，它利用的资料十分广泛，有正史、编年体史书，还有禅宗语录、多种"灯史"，也有儒者的文集及碑铭和地方志、寺志等，全面系统地论述了两宋和元代禅宗的传播和发展，对于宋元时期禅宗各流派的重要代表人物、事件、禅法思想和著述，以及禅宗与儒、道二教的关系等均有深入研究。

3. 禅宗文献研究

早在 1982 年，杨先生利用到日本京都大学人文科学研究所研修的机会，考察了中国佛教传入日本后的传播情况，并搜集以后可能用于佛教研究的资料，将日本学者整理校勘的敦煌本《六祖坛经》和《神会语录》复制带回，这成了他以后研究禅宗的起点。在这些珍贵史料的基础上，杨先生陆续编校了《敦煌新本六祖坛经》（上海古籍出版社，1993；宗教文化出版社，2001）、《神会和尚禅话录》（中华书局，1996）和后来的《临济录》（中州古籍出版社，2001，2021 年再版），三部内典之学的编校构成了杨先生禅宗文献研究的重要组成部分。《敦煌新本六祖坛经》包括三大部分：一是以敦煌博物馆藏敦煌新本《六祖坛经》为底本，参校旧敦煌本和宋代流行的惠昕本而完成的《坛经》校勘本；二是附录，内容为发现于日本大乘寺的宋代惠昕本《坛经》及多种有关慧能与《坛经》的重要文献资料汇编；三是有关《坛经》及其思想的研究论文。《神会和尚禅话录》以敦煌博物馆收藏的写本为底本，参考胡适及日本铃木大拙校本编校而成。全书正编收有神会《南阳和上顿教解脱禅门直了性坛语》《菩提达摩南宗定是非论》《顿悟无生般若颂》《南阳和尚问答杂征义》等文，附编收录有关神会传记的 8 种文献，最后是编者所作《神会及其禅法理论》。《临济录》编校本内容有三：一是以《大正藏》本《临济录》为底本，校之以明版《四家语录》本、《古尊宿语录》本的《临济录》等，对《临济录》全文进行校订、标点和分段；二是附编（一），是从《祖堂集》等佛教史书中选录的义玄传记和有关他禅法的资料汇编；三是附编（二），系编者的研究论文《临济义玄和〈临济录〉》，其中对义玄的生平、《临济录》的编排结构、义玄的禅法思想等做了比较全面的介绍。以上三部编校本的编纂结构，呈现出"文本校勘—相关资料汇编—作者生平思想及文本研究"的共通特点，对学界佛教原典文献的整理有很好的示范作用。

除了上述三个方面，杨先生在当代佛教的现实意义、时代价值和世界佛教现状等方面的研究亦着力甚多，这里以《当代佛教与社会》（宗教文化出版社，2009）、《佛教与中国历史文化》（金城出版社，2013）和《当代佛教》（东方出版社，1993；上海科学技术文献出版社，2004）三部著作为例略加说明。《当代佛教与社会》是杨先生担任中国佛教文化研究所所长六年间参加学术会议所提交的 47 篇文章的汇总，题材各异，涉猎广泛，但皆不离当代佛教，反映了杨先生对当代佛教所面临的生存和发展问题的关心与思考。《佛教与中国历史文化》共收录论文 37 篇，内容包括对当代人间佛教基本要求的思考，对中国禅宗的传统、主要特色及其时代精神的探究，对佛教的回顾与展望，对中日佛教文化交流的考察等，观点与时俱进，具有时代精神，同时不减学术价值。《当代佛教》是一本介绍世界当代佛教的科普性著作，介绍了佛教在印度的起源及其发展，当代南亚和东南亚各国的佛教及其影响，二战后日本的佛教及朝鲜、韩国和蒙古、苏联的佛教，欧美的佛教和佛教研究，国际佛教组织和主要活动，佛教节日和纪念活动等，其中不乏涉及佛教民族主义、佛教社会主义、新兴宗教、佛教改革思潮等国内鲜有人提及的新话题，书后还附有二战后世界佛教大事件年表。该书内容翔实，举证丰富，论述客观且系统，从中可了解到当代世界佛教之概貌和发展趋势。

（二）日本佛教及中日佛教交流史研究

以上简述了杨先生在佛教思想及中国佛教研究领域的代表作，下面我们以时间为轴，介绍一下杨先生在日本佛教及中日佛教交流史领域的研究概况。我们基于相应的研究成果，将杨先生对日本佛教及中日佛教交流史的研究整理为 1964—1972 年、1980—1982 年、1990—1996 年、2013 年以后四个时间段，分别对应萌芽、开花、结果和圆熟四个时期。

1. 萌芽期（1964—1972）

如前述，杨先生从事佛学研究，可追溯至大学毕业后被分配至中国科学院哲学社会科学部世界宗教研究所的 1964 年。进所工作时，杨先生按照当时所里的学术分工开始接触日本佛教，这成为他此后佛教研究的滥觞。然而，杨先生的学术之路并非一路坦途。时值特殊时期，全国的学术工作者被迫停顿工作，杨先生也于 1969 年随哲学社会科学部全体成员到河南息县五七干校参加了三年农业劳动。不过，其间杨先生对日语的学习未有停顿——一本《毛泽东文选》日文本成为彼时杨先生学习的最佳材料。1972 年，杨先生从河南干校回京，接受了黄心川先生的建议，着手翻译日本近代佛教史学奠基人之一、佛教史研究先驱村上专精（1851—

1929）所著的《日本佛教史纲》，由此而对研究日本佛教产生了极大兴趣并怀有一种使命感。① "文革"时期研究所工作处于停顿状态，杨先生却未有丝毫懈怠，抓住时机努力学习与研究。此时期虽历经曲折困苦，却也为后来的学术研究打下了基础。

2. 开花期（1980—1982）

1980 年，杨先生参加由杜继文先生任主编的《佛教史》编写组，负责日本及朝鲜佛教部分的撰写。1982 年 1 月至 4 月，杨先生在日本京都大学人文科学研究所研修期间，搜集到日后用于佛教研究的一些资料，这次访学经历也成为杨先生研究禅宗的起点。自 1982 年起，杨先生几乎每年都抽时间研究日本佛教，并先后发表多篇论文。② 此期间的代表作有《中国净土宗及其在日本的传播和发展》（《中日文化交流史论文集》，商务印书馆，1982）、《中国佛教在日本佛教初传期的流传情况》（《世界宗教研究》，1982）等。

3. 结果期（1990—1996）

随着研究的不断积累和沉淀，杨先生迎来了日本佛教及中日佛教交流史研究的丰收期：1992 年，担任《中日文化交流事典》副主编，负责主编"中日佛教文化交流"部分并撰写词条；1995 年，出版《日本佛教史》；1996 年，《日本近现代佛教史》（与张大柘、高洪等学者合著）、《中日文化交流史大系·宗教卷》（与日本学者源了圆合编）陆续问世。此时期重中之重的成果当属《日本佛教史》，杨先生曾言该书是有生以来下功夫最大的一部著作。③ 该书自 1990 年底开始撰写到 1993 年完成，历时三年。1995 年出版后一版再版，几经脱销，广受学界好评，深受读者喜爱。《日本佛教史》是中国第一部日本佛教通史专著，以论述日本民族佛教格局的基本形成为重点，全面、系统地介绍了中国佛教传入日本 1500 年来在日本

---

① 陈熵：《持平常心，做不平常事——访中国社科院世界宗教研究所研究员杨曾文》，《中国宗教》2006 年第 7 期。
② 陈熵：《持平常心，做不平常事——访中国社科院世界宗教研究所研究员杨曾文》，《中国宗教》2006 年第 7 期。
③ 陈熵：《持平常心，做不平常事——访中国社科院世界宗教研究所研究员杨曾文》，《中国宗教》2006 年第 7 期。

传播、盛行和发展的全过程，同时揭示佛教这一文化纽带在中日两国源远流长的文化交流史上的重要地位和巨大作用。书中内容不只关乎日本佛教，也涉及中日佛教交流史。该书论述精当，旁征博引，综析详辩，是日本佛教史研究中的经典之作，是有志于研究日本佛教、中日文化交流史学者的入门书与必读书。

《日本近现代佛教史》是杨先生主编并参写的著作，书中论述了明治维新以来的日本佛教历史，在编写时将佛教置于各个历史时期加以观照。就内容来看，它对日本近现代佛教的历史、重要人物与事件，佛教在日本对外侵略战争中的表现，战后日本佛教的重新组合和适应时代的改革，当代日本佛教的宗派和组织包括新兴佛教团体，佛教与日本的政治文化关系，中日佛教文化交流，日本百年来对佛教的研究取得的成绩，日本佛教在国外的传教情况等内容都做了比较深入系统的研究，为我们了解日本近现代的佛教情况提供了方便。

《中日文化交流史大系·宗教卷》作为"中日文化交流史大系"（由浙江人民出版社与日本大修馆书店合作出版）丛书中的一卷，由杨先生和日本学者源了圆担任主编，中国学者和日本学者密切配合，分工合作撰写而成，观察角度不一而同，写作风格各有特色，书中设置了中日宗教文化交流史、道教与日本神道及民间信仰、佛教在日本的传播、日本佛教的宗派、中日佛教民族化和儒佛关系、中日两国基督教的早期传播、近现代中国与日本的佛教等专题，吸收了中日两国学术界的研究成果，对中日宗教和两国的宗教交流做了整体性概括。

4. 圆熟期（2013年至今）

《中华佛教史》是中国第一部佛教通史，由学界泰斗季羡林、汤一介两位先生担任主编。作为其中的重要组成部分，杨先生承担了《中国佛教东传日本史卷》（山西教育出版社，2013）的写作，该书论述了中国佛教东传日本的过程及中日佛教的源流关系。在该书的自序中，杨先生指出了此书与《日本佛教史》在取材与重点研究内容上的五点不同之处：其一，论述以中国佛教为主体；其二，考察以两国僧人对待中国佛教的着眼点、态度等为重点；其三，揭示中国佛教在日本佛教史不同时期的地位与影响；其四，阐述中国佛教对日本佛教乃至历史文化的整体影响；其五，以史实论述表彰为两国佛教文化交流做出贡献的重要人物。就著作的价值和贡献而言，《中国佛教东传日本史卷》一方面在学科建设上丰富了"中国佛教"外传史的内容，充实了以往中国佛教东传日本史研究的薄弱环节；另一方面对中国读者加深对两国佛教文化交流的了解、增进人民之间的理解和友谊也大有裨益。

著书立说之外，杨先生还利用日语专长翻译了多部日语专著和论文，个中佼佼者如《日本佛教史纲》（村上专精著，汪向荣校），此书从时间上来说，属于杨先生日本佛教研究的入门之作。日文原版分上下两卷，上卷出版于 1898 年，下卷出版于 1899 年，是日本佛教文化研究领域的早期代表作。原作者以提纲挈领的方式揭示了日本佛教史的纲要和主要内容，比较考察了日本各佛教宗派产生和发展的源流，对所依据的佛教理论在印度、中国和日本的差别进行比较说明，论述了佛教在日本社会和文化发展史上所做出的贡献，对日本历代佛教制度，如僧官、僧律、度牒等也做了概括性介绍。该书经杨先生译介到国内后，由商务印书馆分别于 1981 年、1992 年、2022 年推出三版，可见其影响力和重要性。杨先生的其他译文还有《日本佛教研究现况》（佐佐木教悟，《世界宗教研究》1980 年第 2 期）、《明代文化的传播者——隐元隆琦》（镰田茂雄，《世界宗教研究》1983 年第 4 期）、《日本佛教的特点》（中村元，《世界宗教研究》1988 年第 1 期）、《日本国的净土变相和敦煌》［中村兴二，《中国石窟莫高窟（三）》，文物出版社，1987］，等等。

二　研究特点与学术贡献

（一）研究特点

纵观杨先生的学术研究生涯，不管是中国佛教史研究，还是日本佛教史研究，早期经历虽有顺有逆，中间研究方向有转有变，但自始至终未离佛教研究，想必正是这种锲而不舍的精神奠定了杨先生今日的学术地位。当然，杨先生能够取得如此辉煌的研究业绩，更离不开他佛教研究方法论的支持。用杨先生本人的话来说即是"唯物史观指导下的史论结合法",①换言之,即历史、文献、思想三者并重。关于此,杨先生曾言:"研究任何一个问题,首先应理清其历史脉络,其次要最大限度获取、考辨并整理相关的第一手文献资料,最后在历史脉络清晰、文献资料可靠的基础上尝试对该问题的思想实质进行理论概括。"② 对研究者而言,开展学术研究首先要在脑海中勾勒出一副清晰的学术地图,有了地图的指引才能正确寻找到自己想要的研究目标,然而找到目标并不意味着研究到此为止,对目标进行解读才是研究者的真正终点。在杨先生的治学过程中,他始终以研究佛教史为重点,史料结合史识,扎实文献功底之下更见透彻的理论分析。具体到日本佛教研究,杨先生的这一"历史考察 + 文献运用 + 理论创新"的治学方法被展现得淋漓尽致:首先,密切结合中日两国的社会历史背景来考察佛教东传及在日本的传播和发展演变历程;其次,使用了大量第一手资料,包括佛教文献与考古资料,同时积极参考和吸收国内外的重要研究成果;最后,就佛教传入日本后的民族化过程、日本古代佛教的特点等问题提出了许多颇有见地的创新性观点。

(二)学术贡献

我们说,佛学研究在中国的宗教学研究中占据着重要地位。杨先生浸淫其间近 60 年,造诣之深常人难以望其项背。毋庸置疑,杨先生为中国的佛学研究做出了非凡的贡献,仅以日本佛教及中日佛教交流史研究而论,主要体现在以下五个方面。

其一,开拓了国内学界日本佛教史研究的荒地,为后来的日本佛教史研究奠定了基础。

北京大学佛教研究中心主任王颂就曾指出:"真正可以称得上是汉语写作的日本佛教通史只有杨曾文教授著于 20 世纪 90 年代的《日本佛教史》。杨著填补了中国学术界对日本佛教研究的空白,在学术史上占有重

① 黄奎、杨曾文:《史论结合,研究佛教历史》,《世界宗教文化》2019 年第 4 期。
② 陈熵:《持平常心·做不平常事——访中国社科院世界宗教研究所研究员杨曾文》,《中国宗教》2006 年第 7 期。

要地位。该书内容较为丰富，吸收了村上专精、辻善之助、家永三郎等人的研究成果，作为近二十年来中文写作的唯一的、真正意义上的日本佛教通史，成为与日本研究有关的各领域学者的案头必备之书。"①

其二，总结了日本古代佛教的五大特点。日本佛教虽然"移植"自中国，但它在日本社会历史环境的漫长流传和发展中形成了自己的民族特点，这些特色显然与中国佛教这个母体相异。1992 年，由国际日本文化研究中心主持的"日中文化交流——新的观点"研讨会在京都召开。杨先生出席并在会上发表了《日本古代佛教民族特色的形成》一文。文中他将日本古代佛教的特点概括为以下五点：①强烈的佛法护国的观念；②神佛同体和一致论思想；③鲜明的宗派意识；④盛行念佛和唱题；⑤显著的世俗化倾向。杨先生的观点和论述既简练又到位，在当时乃至此后，都有相当的启发性。

其三，填补了国内中日两国佛教文化交流通史类研究著作的空白。历史上，中国与日本发生过密切的佛教文化交流，这些丰富的史实本该成为我们研究的对象，产出许多专题的、综合性的研究成果，然而在杨先生之前，由于种种原因，该领域的研究成果主要集中在日本，国内长期缺乏关注，成果乏善可陈。因此，杨先生的研究具有探索性和开创性意义。不论是他倾数年之功完成的《日本佛教史》，还是他佛学研究步入圆熟境界的《中国佛教东传日本史卷》，这些成果之于该领域的学术价值、史料价值和现实意义都毋庸赘言。正是在杨先生的"学术开荒"下，国内的中日两国佛教文化交流史研究才逐渐成为研究焦点，呈现出良好的发展态势。

其四，帮助我们更好地了解汉传佛教的海外传播史及东亚佛教文化圈的建构过程。中日两国佛教文化交流是一个大课题，涉及许多内容，它与汉传佛教的海外传播、东亚佛教文化圈的构建都紧密相关，共同构成一个互有关联的有机整体。用东亚的视角看佛教的东传，或许更能看清我们所要研究的问题的本质。借助杨先生的研究成果，我们得以对这些问题有更好的理解，从中获得学术思路和研究视野方面的灵感与启发。

---

① 王颂：《世界佛教通史》第 9 卷《日本佛教（从佛教传入至公元 20 世纪）》，中国社会科学出版社，2015，第 19 页。

其五，促进了中日学界的学术交流。早在 20 世纪 80 年代，杨先生便通过翻译将日本学界的研究成果介绍到中国学界，这极大地扩充了国内学界的学术理论，激发了学者们的学术热情。从 1985 年至 2003 年，杨先生与日本东京大学的镰田茂雄、末木文美士教授合作，先后组织了 10 场两年一度的"中日佛教学术会议"。为表彰杨先生的贡献，1999 年日本东洋哲学研究所将"东洋哲学学术奖"颁发给了杨先生。此外，杨先生还与日本学者共同主编丛书、共撰论文，前述《中日文化交流史大系·宗教卷》就是其中颇具代表性的一部著作。以上种种，交流频繁，方式多样，皆是杨先生为促进中日学界学术交流所做之贡献。

三　结语：两点思考

（一）欲做事，先做人

学者在成为学者之前，首先是一个普通人，因而学习做人是步入学术生涯的第一步。杨先生在学问生涯和平常生活中，无不散发着人格的魅力，闪耀着智慧的光辉。杨老师曾就自己的人生发出感言，他说在佛学研究的路上，日本的牧田谛亮、镰田茂雄、福永光司等老一辈著名学者对其帮助不小，自己在与他们交往时，尤其注意保持国格、人格，因而得到了他们的尊重，结下了深厚的友谊。[①] 在修身养性方面，杨先生始终保持一颗平常心做"不平常事"，淡泊名利，顺乎自然，尊重他人劳动成果，反对急功近利，秉持端正的学风和高尚的学术道德。

从事学术研究还需要强烈的使命感和责任心来做催化剂。杨先生之所以下定决心撰写一部中国人自己的《日本佛教史》，即是出于对中国在这方面研究欠缺之现状的痛心疾首。这种使命感还体现在杨先生深切的现实关怀中。这一点，从其论文集《当代佛教与社会》中可以清楚地看出。其中，有结合时代对佛教义理的诠释和发挥，有对佛教应当适应时代和社会

---

① 陈嫡：《持平常心，做不平常事——访中国社科院世界宗教研究所研究员杨曾文》，《中国宗教》2006 年第 7 期。

进步进行变革的思考，还有关于新时期佛教自身建设、佛教研究和文教事业，以及佛教如何促进社会和谐、促进经济社会发展、推进生态文明建设等问题的探讨，反映了杨先生经世致用、"以天下为己任"的家国情怀。

俗语有云："生命不息、奋斗不止。"杨先生的学术生涯恰是对这句话的最好注解。年逾古稀，不改钻研之志；孜孜以求，不辍笔耕之勤。近年来，杨先生先后完成并出版了《中国佛教东传日本史卷》《佛教与中日两国历史文化》两部皇皇大作，目前仍执笔主编丛书《中国禅宗典籍丛刊》，不辞辛道苦，不止步于前；披荆斩棘，皓首穷经，不断开拓学术荒土，真吾辈学习之楷模。

（二）如何接着说

如何继承杨先生开拓的事业，将日本佛教及中日佛教交流史研究走得更远更好，是我们当下所应重点思考的问题。从杨先生的治学生涯中，我们可以得到以下四点启发。

第一，不断拓展研究视野。要从东亚甚至全球的视野来研究日本佛教与中日佛教交流史，不断挖掘新史料，提出有意义的新问题。

第二，不断充实与更新研究内容。近二十年间，在日本佛教及中日佛教交流史研究领域，皆出现了不少令人瞩目的成果，特别是 2015 年，北京大学王颂教授出版了《日本佛教》，在材料挖掘、方法运用、观点创新等方面皆有新的突破，可谓是对杨先生《日本佛教史》的继承与发扬。那么，在"中日佛教交流史"研究领域，我们是否也该在杨先生《中国佛教东传日本史卷》一书的基础上，推出吸收新成果、利用新史料、运用新典范进行深入系统研究的通史性著作呢？这显然是我们"接着说"时要考虑的问题。

第三，不断提升研究方法。如何对日本佛教或中日佛教交流史的重要问题开展深入、细致、系统的研究？要解答这些问题，需要借鉴与反思日本及欧美学界的研究范式和研究成果，更重要的，是要在继承历史语言文献学、宗教哲学研究传统的同时，借助数字化技术，通过真正意义上的跨学科研究模式，不断创新研究方法，提高研究水平。

第四，不断促进学术交流。对当下的学界来说，在促进学术交流方面可以通过以下三个途径实现。其一，如杨先生所为，将有学术价值的国外研究成果译介进来，同时，我们也要将中国学者的优秀成果介绍出去，实现中外学者的平等对话。其二，与国外的机构或个人开展合作研究，如前所述，杨先生在这方面做出了很多的努力。在今天的条件下，这样的合作更容易实现，以研究道元著称的日本郡山女子大学何燕生教授为我们做了一个很好的榜样。何教授今年申请到了京都大学人文科学研究所的一个关于禅的语言与翻译的共同研究课题，参与课题的成员有 40 余位，除了日本学者，还有来自欧美及中国的 10 余位学者，每两个月举行一场研究会，由不同国家的学者各做一次发表。我有幸参与其中，深感每次研究会都获益匪浅。其三，联合举办学术会议。杨先生曾经参与组织的"中日佛教学术会议"迄今已举办了 15 届，由中国佛教协会和中华宗教文化交流协会联合举办的"世界佛教论坛"① 至今也已召开了 5 届，在海内外学界与佛教界影响很大。除了这种大规模的学术活动，我们也可举办形式更为灵活多样的小型合作会议，不断促进海内外的学术交流。

　　最后，我们想借杨先生的话做一个简短的结语："任何学术研究都有前后学者之间的连贯继承性，横向学者之间的互补性。我在从事某项课题研究之前或过程中，尽可能搜集并参考国内外的有关成果，注意使自己的研究与国内外的研究'接轨'。借此机会，向国内外学术界的前辈，向一切在佛教研究中做出贡献的同仁深表敬意。"② 向前辈学者致以崇高的敬意！

　　（本文在写作过程中得到杨曾文先生的指正与帮助，在此谨向先生致以衷心的感谢！）

（江静，浙江工商大学东亚研究院教授；

陈缪，浙江工商大学东亚研究院博士研究生）

---

① 世界佛教论坛由海峡两岸暨香港、澳门佛教界倡议发起于 2005 年，旨在为热爱世界、关爱生命、护持佛教、慈悲为怀的有识之士搭建一个平等、多元、开放的高层次对话、交流、合作的长效平台。

② 陈娴：《持平常心，做不平常事——访中国社科院世界宗教研究所研究员杨曾文》，《中国宗教》2006 年第 7 期。

日本经济

日本二战前电话扩建政策的市场属性

云大津

内容摘要 针对藤井伸幸"大城市电话普及率低于地方"的实证研究，本文通过对"电话扩建计划"、资产家的分布情况、地方资产家与相应的电话开通之间的关联性、电话扩建计划的资金筹备特征的分析，探讨大城市、地方之间需求与供给不匹配所带来的"电话开通积压"问题。对藤井伸幸的"地方优先的政策性明显"的说明，本文进一步分析其"市场性"与"政策性"的属性，讨论随着地方传统产业、资产家等地方经济主体与组织的广泛存在，而出现的地方经济主体出资开通电话的活动，强调日本二战前电话扩建政策的地方经济主体的"市场行为"不可忽视的作用。

关键词 六大城市 电话开通积压 经济均衡发展 二重结构

日本的电信电话业，由经营体制的转变可划分为国有期（1890—1952）、公社期（1952—1985），以及 1986 年之后进入民营化和自由化时代的民营期三个阶段。如果把目光转向通信技术革新，从 19 世纪后半叶到以 1978 年消除"电话开通积压"①和 1979 年实现"全国自动化即时化"为标志的约一个世纪为第一阶段，之后为第二阶段。另外，20 世纪 90 年代后半期特别是进入 21 世纪后，网络使用的普及以及网络关联产业的勃兴

---

① "电话开通积压"，指申请开通电话但未能得到及时开通，由此造成了开通的"积压"。

等特征有别于第二阶段，因此该时期为第三阶段。从经营的具体情况看，实现消除"电话开通积压"和"全国自动化即时化"是第一阶段的经营目标和技术的到达点。第二阶段的最大特征是经营体的民营化和宽带、数码化等通信设施的敷设，以及围绕通信新技术运用的竞争。在第三阶段，网络和大数据等相关产业与新型服务兴起并渗透到社会的方方面面，其核心涉及人们生活方式的改变。再者，如果将目光转移到通信政策，以城市和地方所实施的通信政策为关注点，其政策特点可概括为，第一次电话扩建计划（1896—1902）中电话开通增加基本发生在大城市①，之后至第二次世界大战之前是"地方优先"，二战后则是"城市优先"。可是，从政策实施结果看，"电话开通积压"已成为电信电话事业最大的社会问题，其特点是：大城市的积压高于地方。

　　日本通信领域的研究无论是针对个别问题还是综合性研究，都不断在深化，比如，有藤井伸幸（省略引文作者尊称，下同）关于企业（生产者）的电话使用的研究成果；② 有石井宽治关于信息、通信技术对人们生活影响的综合性把握，③ 也可以说是从一般消费者的角度探讨网络社会变化的研究；杉山伸也从制度的形成、价格体系和通信利用的地域性等方面进行了综合探讨。④ 以上研究可概括为企业（生产者）和一般消费者需求的满足方面，以及制度、价格等，即使用与供给、服务的相关制度等方面。可是，"电话开通积压"伴随日本电信电话业的诞生而发生，是日本通信事业需要解决的最大的社会和经济问题。本文针对"电话开通积压"问题的讨论，如按上述逻辑，可归纳为对消费方和生产方间关系的关注。

　　"电话开通积压"特别是大城市电话开通积压显著的特征是，忽视了城市化过程中大城市对电话日益旺盛的需求，并过度考虑缓解大城市与地

---

① 本文称东京、横滨、名古屋、京都、大阪、神户六大城市为"大城市"，之外的地区一概称作"地方"。
② 藤井伸幸『テレコムの経済史　近代日本の電信・電話』勁草書房、1998 年。
③ 石井寛治『情報・通信の社会史　近代日本の情報化と市場化』有斐閣、1994 年。
④ 杉山伸也「情報革命」西川俊作・山本有造編集『日本経済史 4　産業の時代下』岩波書店、1990 年；杉山伸也「情報ネットワークの形成と地方経済」『年報近代日本研究14　明治維新の革新と連続』山川出版社、1992 年。

方间差距，也就是说它是电话供给向地方政策性倾斜的结果。这种"政策作用"的解释获得了一定的共识。可是，"事实"和"共识"是否相符，需要加以探讨，另外，即使两者高度吻合，也有必要从"政策性"与"市场性"的角度弄清"向地方倾斜"政策的具体内容与性质。

从产业发展史研究的角度，中村隆英指出，在截止于第一次世界大战的"经济景气"期，一方面日本从欧美诸国引进技术和制度，迅速持续地发展大规模的近代工业；另一方面，源于江户时代的"在来产业"（传统加工业）的从业人口仍占绝对比例。[①] 中村隆英的实证研究确认了一战之前日本传统加工业与近代产业均衡发展的事实。一战后，在长期不景气的背景下，大企业与中小企业间收益和生产力的差距逐渐拉开，从而出现了所谓经济"二重结构"。[②] 本文认为，日本经济的均衡发展和一战后二重结构的出现，特别是 20 世纪二三十年代的问题，与"电话开通积压"间有着必然联系。

可是，需要指出的是，"个"（企业，即在来产业、近代产业、重化学工业发展过程中涌现的企业个体的连续性与革新性）的广泛存在与"场"［企业团体、"株仲间"（入股式行会）、商工议会所和商法等商工秩序的形成，劝业、殖产兴业战后经营、"昭和恐慌"等企业外部经营环境］的持续性和稳定性，是日本社会相对稳定的经营环境的"基础"和具体内容。事实上，日本经济虽经历了 20 世纪二三十年代的动荡，两次世界大战期间，从社会的角度而言是"灰色的时代"、"悲惨的昭和恐慌"的时代，可是从经济增长指标看，经济增长实质 NDP 出现负增长率的年度有 1920—1922 年、1926—1927 年、1930—1931 年，从整体（1915—1937 年）来说，实质工业生产年增长率达 6.8%，比同期德国的 1.4%、英国的 1.5%、意大利的 2.0%、美国的 2.9%、苏联的 4.5% 都高。日本从世界经济危机中恢复过来的速度比欧美各国都快。[③] 另外，两次大战期间日本钢铁、化学、机械等材料和生产资料的制造能力逐渐确立，产业结构发生了不可逆转的

①　中村隆英『戦前期　日本経済の成長の分析』岩波書店、1995 年。
②　阿部武司・中村尚史編著『講座日本経営史 2　産業革命と企業経営（1882—1914）』ミネルヴァ書房、2010 年、12 頁。
③　中村隆英・尾高煌之助編集『日本経済史 6　二重構造』岩波書店、1989 年、32 頁。

变化。① 日本式企业经营的三大法宝也是在这一动荡的时代形成的。②

从某种意义上说，日本的近代化和工业化基础是在两次大战间的"悲惨的昭和恐慌"中形成的，其前提条件是"个"与"场"的持续相对稳定和广泛的存在。日本的近代化，在从江户向明治过渡或者说从传统加工业向近代产业和现代工业转变过程中，"传承""连续性"或熊彼特所说的"破坏性革新"发挥了根本性作用。

一　大城市与地方"电话开通积压"的状况

概观"电话开通积压"的特征，如图 1 所示，"电话开通者数与积压数"两条曲线至 1922 年前后基本重叠，之后电话开通数迅速提升而积压数逐年减少，这一倾向持续到 1945 年前后。可以说，两次大战期间的特征是积压数减少，电话开通数增加。二战后虽经历了战后复兴期的混乱，积压数也保持相当高的数量，可是电话开通数却接近 90 度角直线上升，这反映了战后电话需求的集中出现和战前"电话开通积压"的严重情况。另外，图 2 同样反映了两次大战期间和战后复兴期的"电话开通积压"都在逐渐减少。战后一时出现上升趋势，积压在 20 世纪 50 年代特别是在经济高度增长中逐步得到解决。

关于"电话开通积压"的具体内容，依据藤井伸幸的研究，从大城市和地方积压的情况看，"首先，开通数，当初占绝对比例的大城市，在日俄战争之后被地方超越，随后出现大城市和地方积压差距逐渐扩大的倾向。而积压数，甲午战争前后在大城市激增，日俄战争之后，大城市、地方都出现增加倾向，但大城市的积压数一贯高于地方的特征仍在持续。而且，到了明治末期大正初期，大城市的积压数明显增加，地方的积压数反而在减少"。③

以上引文传递两点信息：一是第一次世界大战之后，相对于电话开通

---

① 中村隆英・尾高煌之助編集『日本経済史 6　二重構造』、72 頁。
② 飯田史彦『日本的経営の論点』PHP 新書、1998 年。
③ 「図 4　電話交換加入者と積滞数（1896—1913 年度）」藤井伸幸『テレコムの経済史 近代日本の電信・電話』、72 頁。

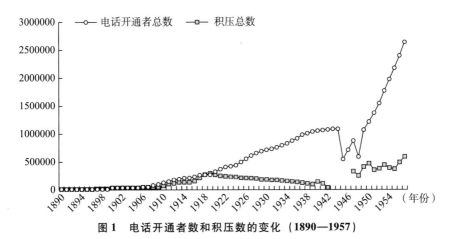

图1　电话开通者数和积压数的变化（1890—1957）

资料来源：日本電信電話公社・電信電話事業史編集委員会『電信電話事業史
（別卷）』社团法人電気通信協会、1960 年、459、460 頁。

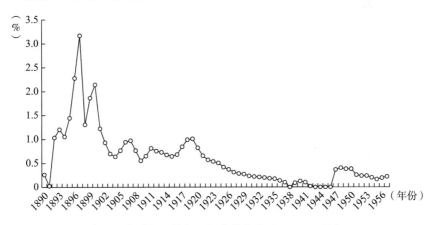

图2　电话积压数与开通者数之比（1890—1957）

资料来源：日本電信電話公社・電信電話事業史編集委員会『電信電話事業史
（別卷）』、459、460、474 頁。

者数的迅速增加（见图 1），电话开通积压数和积压率持续下降（见图 2）；
二是日俄战争前后，"地方优先"的政策明显。前者的表现是电话供给服
务能力提升，特别是一战之后，电话局的设立规模在不断扩大（见图 3）。
而后者一般认为是通信政策向地方倾斜，尤其是通信从"产业政策"走向
"社会政策"的结果。

　　关于第二点，藤井伸幸从生产与消费两方面寻找原因。首先，在需求
方面，从积压的情况可以确认大城市的电话需求比地方旺盛，甲午战争前

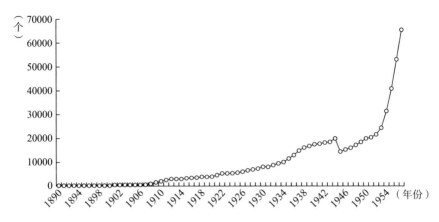

图 3　办理电话业务局所数量合计

资料来源：日本電信電話公社・電信電話事業史編集委員会『電信電話事業史（別卷）』、457、458 頁。

后出现了工商业者聚集于大城市的显著倾向，因此大城市需求膨胀是主因。其次，在供给方面，每年电话新增数中六大城市虽占绝对的高比例，但其在日俄战争中大幅度下跌。新开通电话者的地域分布重点在于地方的中小城市，其结果是，出现了大城市与地方间需求普及率的大幅差距，[1]"大城市普及率低于地方"。[2]

依据"大城市普及率低于地方"的解释可以做出以下推断，即大城市虽然需求的增长速度比地方快，但因受限于政策，电话开通积压增加。与之相反，地方的电话开通需求得到相当程度的满足，曾一时出现增加的积压数逐渐减少，电话扩建政策的"地方优先"表现明显。[3] 另外，市外通信需求增加显著，与之相比，市外线路设施配备滞后，这是因为优先分配地方的市内线路配备与开通市内电话而增加了地方预算。市外电话线路在一战结束前后出现明显的持续上升（图 4）。总之，藤井伸幸的解释是，大

---

① 藤井伸幸『テレコムの経済史　近代日本の電信・電話』、73 頁。
② 1912—1937 年度的"电话开通积压"数，大城市是地方的一半以上，大城市的需求充足率严重低于地方。同时，20 世纪 10 年代后半期大城市和地方的积压都在增加，而从 20 年代到 30 年代初，因为经济萧条和开通数增加，大城市和地方的积压数都有所减少，而两者间的差距基本不变［「図 10　電話交換加入者数と積滞数（1912—1917 年）」、藤井伸幸『テレコムの経済史　近代日本の電信・電話』、92 頁］。
③ 藤井伸幸『テレコムの経済史　近代日本の電信・電話』、74 頁。

城市与地方间存在需要与供给的矛盾，而矛盾产生的原因是受到明显的"地方优先"政策性影响。

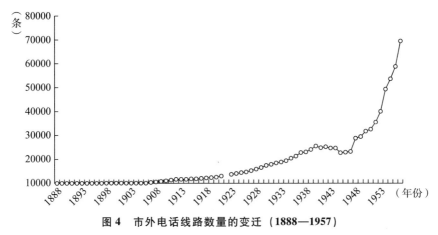

图 4　市外电话线路数量的变迁（1888—1957）

资料来源：日本電信電話公社・電信電話事業史編集委員会『電信電話事業史（別卷）』、540、541 頁。

藤井伸幸的实证研究显示，从日俄战争、明治末期和大正初期、第一次世界大战后的发展看，电话开通具有"地方优先"的政策性特征。[①] 换句话说，这几个阶段开始出现"城市化带来的电话需求增加和重视地方的政策"之间的矛盾。然而，不可忽视的是，"地方产业的发展会促进民间资金注入地方，进而使地方电话普及，这是考虑到地域间均衡发展不可缺少的策略，也是递信官员（递信省＝邮政省）的基本态度"。

可见，重视地方电话开通，是"政府行为"，同时日俄战争结束后的"战后经营"所出现的地方产业的发展，即地方企业招商引资的"市场作用"不可忽视，"大城市普及率低于地方"恐怕更需从后者寻找原因。

二　电话扩建政策与积压问题

日本于 1878 年开始使用电话。先是建立警察专用电话网，紧接着敷设

[①] 在第二次扩建计划完成年度的 1912 年或其第二年度，依据对大城市和地方的一般民众需求及商工业者电话普及率的统计，绝大部分地方城市的普及率在 50% 左右，大多数地方城市的普及率与六大城市基本没有差距，有些地方城市比六大城市的普及率还高（藤井伸幸『テレコムの経済史　近代日本の電信・電話』、78、79 頁）。

各官厅、铁道、大企业等各自的专用线，另外个人电话的使用，比如政府高官、公司要员的私宅等也陆续开通。1890 年 12 月 16 日完成了东京、横滨间电话设施敷设，东京和横滨两地设置电话交换局，开始向市民提供通话服务。经历了一番"官营"和民营的经营体制争论，1890 年，电话事业以官营体制启动，之前设置的电话属"私设"电话。日本电话业的历史，从"私设"电话开始就借用了民间的力量，这是日本电话业的特征。① 另外，1890 年日本电话业创办，随之发生了电话开通积压，于创办的第二年开始盈利，这些也是日本电话业的又一特征。②

　　明治政府能一边坚持通信业的官营体制一边引入民间资金，其主要原因在于"殖产兴业"政策和"企业勃兴"的相互作用，全国各地方出现了积极引进电信局的热潮。这也是后文所涉及的大城市与地方之间出现电话供给分配左右为难的主因之一。关于电信局招商引资运动在下节提及，本节针对甲午战争、日俄战争后电信电话业的开展，探讨作为"战后经营"一环的电话扩建计划的性质。

　　1. 第一次电话扩建计划（1896—1903）：电话开通基本在大城市

　　1890 年日本电话业创办后，"电话开通积压"随之发生，1894 年出现积压增加和电话市价（黑市价格），很快积压数超过了新增数。③ 在未设交换局的地方出现了积极招引电话交换局的活动，京都和名古屋市向政府请愿开设电话交换局。为应对需求，当局筹划了第一次电话扩建计划。其内

---

① 在松方正义即将就任大藏卿的 1881 年 8 月，不限于电信业务，利用设施建设也适用于"受益者负担的原则"，启动了"献纳置局制度"。政府试图通过这个制度，追求发展电信电话业和减轻政府财政负担的同时进行，1885 年，设立递信省，1889 年，建立电信电话业官营体制。

② 「表 9　通信事業収支状況」村松一郎・天澤不二郎編『陸運・通信』現代日本産業発展史研究会、1965 年、393 頁。

③ 日本的电话业，于明治 23 年（1890）12 月 16 日，随着在东京、横滨两市 343 名申请者的电话的开通和两市间 57 里的市外电话线路的开通而启动。之后，电话开通申请者年年增加，明治 28 年度（1895）申请者超出 7000 名，其中就有超过 4000 名申请者无法预期开通电话从而产生了电话开设积压［日本電信電話公社・電信電話事業史編集委員会『電信電話事業史（第 3 巻）』社団法人電気通信協会、1960 年、701 頁］。相关的积压数字，1890 年度末有 50 名申请者积压，1891 年度末积压数激减到 9 名，甲午战争后积压数很快超过了新开通数（藤井伸幸『テレコムの経済史　近代日本の電信・電話』、67 頁）。

容是，从 1896 年度至 1899 年度总投资额 1280 万日元，电话扩建政策持续 7 年。可是，电话需求的增加速度远远超过政府当局的预测，1898 年度虽然需要增加 300 万日元预算额度，但因财政困难政府没能立即增额，之后电话供给不足的状态一直存在。

电话扩建的主要"目的"，正像后来成为甲午战后经营计划原型的第二届伊藤博文内阁藏相渡边国武的意见书中所述，"是促进民间经济发展"。扩建费 1280 余万日元，通过事业公债条例实施。该计划实施后，东京、大阪、横滨、神户各市的电话设施得到了进一步普及，同时在京都、名古屋等全国枢纽城市，新设置了 40 处电话交换局，电话开通者新增 28800 名，此外还延长了 1500 里市外线路，完成了连接交换局的长途电话。

第一次电话扩建计划实施的"实绩"是，电话开通新增数超出预定 41%，而市外线的增设只实现了预定五分之一（见表 1）。[①] 这是因为，电话开设申请比预期更多，递信省因此对当初的计划做了修改。另外，如表 2 所示，电话开通新增基本出现在大城市。

表 1　第一次、第二次电话扩建计划和实施的实际情况

第一次电话扩建计划		预算年度计划	实施情况	实际超出计划的百分比 [（实施数 – 计划数）/ 计划数,%]
年度		1896—1899	1896—1903	
总额（万日元）		1280	1279	0%
市内电话工程	电话交换局新设（局）	40	42	5%
	开通者增加（人）	22800	32115	41%
市外电话工程	市外电话线路（里）	15000	2863	− 81%
第二次电话扩建计划		预算年度计划	实施情况	实际超出计划的百分比 [（实施数 – 计划数）/ 计划数,%]
年度		1907—1912	1907—1912	

---

① 关于市外电话，虽然明治 32 年（1899）2 月东京—大阪、东京—神户的长途市外线路开通，但市外线路架设总路程和当初的计划相去甚远（日本電信電話公社・電信電話事業史編集委员会『電信電話事業史（第 3 卷）』、703 頁）。

续表

第二次电话扩建计划		预算年度计划	实施情况	实际超出计划的百分比 [（实施数 – 计划数）/ 计划数,%]
总额（万日元）		2000	2636	32%
市内电话工程	电话交换局新设（局）	419	923	120%
	开通者增加（人）	95000	138615	46%
市外电话工程	市外电话线路（里）	12000	20157	68%

　　资料来源：日本電信電話公社・電信電話事業史編集委員会編『電信電話事業史（第 3 卷）』、702—706 頁。

表 2　第一次扩建计划实施期间电话开通者数量（都道府县各年度末）

单位：名

年份	东京	大阪	京都	北海道	神奈川	爱知 （名古屋）	兵库 （神户）	福冈	长崎
1896	2032				506				
1897					595	278			
1898					1002	358			
1899					1052	552			
1900					1190	992			
1901					1318	1233			
1902	11604	6641	1875	1594	1444	1319	1376	889	730
1903					1523	1436			

年份	山口	石川	三重	熊本	宫崎	新潟	冈山	栃木	
1896									
1897									
1898									
1899									
1900									
1901			340						
1902	414	368	359	344	312	220	169		
1903			354					30	

　　资料来源：日本電信電話公社・電信電話事業編集委員会『電信電話事業史（別卷）』、462—473 頁。

　　如上所述，第一次电话扩建计划，启动于甲午战争后的第二年，当时正是战后产业化和城市化开展之时，因此该计划具有应对大城市电话需求剧增的"市场性"，也成为"战后经营"战略的一部分。同作为军备基础材料的铁制品的生产，铁道、通信和海运等基础设施建设，资金供给制度银行的设立等一样，电话扩建计划属于国家的基本政策，具有振兴产业"政策性"的一面。然而，大城市重视政策和市场需求的高度一致，政策在执行过程中根据市场做出的修改和调整也反映了其灵活应对市场需求的特征。总之，"市场性"是第一次电话扩建计划的主要特征。

　　第一次电话扩建计划因日俄战争而终止于1903年度，1904年、1905年，出于军事上的需要，用发行战时公债筹集到的约90万日元，加上从一般年度收入支出的资金，军港和师团司令部所在地的电话得以开通，此外还开通了东京—佐世保的直通电话线，拥有了长达380余里的长途电话线路。之后的两年间电话开通人数达1681名，开设市外线1808里。①

　　随着重归和平和产业界复苏，开通电话的需求增加，各地方频繁举行电话开通的招商引资活动，比如出现各地方政府及商业会议所②等连续的请愿，以及接连不断的各自提供材料或土地、建筑物等以促进电话开通的情况。1907年度，鉴于以上需求，政府从一般年度收入支出资金200万日元，开通电话6572部，架设市外线909里。③ 可见，电话的开通即使在政策性倾斜于军事设施期间，也没有脱离市场需求的影响。

　　2. 第二次电话扩建计划（1907—1912）：从大城市扩大到地方

　　市场需求加速了第二次电话扩建计划的实施。1907年到1912年持续六年的第二次电话扩建计划以发行公债④作为资金来源，投资总额是第一

---

① 递信省编纂『通信事业史（第四卷）』财团法人通信协会、1940年、554页。
② 1878年，东京与大阪分别成立了商法会议所。1882年，在政府的主导下，商业会议所在全国范围内成立。1890年9月，商业会议所条例公布。商业会议所的会员多为小工商业者，商人组合为"在来产业"的组织（J. ヒルシュマイヤー・由井常彦『日本の経営発展：近代化と企業経営』東洋経済新報社、1994年、164页）。
③ 递信省编纂『通信事业史（第四卷）』、554页。
④ 因经济不景气，1908年度后公债政策不得不终止，财政整顿政策的强制实施造成既定事业计划的拖延，电话扩建费的来源也被纳入一般年度收入支出，其结果是1909年度发生了巨额电话扩建款的递延。可是，旺盛的需求催生了"火急开通费"以及"建设捐献金"征收等一系列用心良苦的方案，以用于解决扩建资金缺口［递信省编纂『通信事业史（第四卷）』、556页］。

次扩建计划的 1.6 倍，即是 2000 万日元的大规模计划。最终投资总额达 2636 万日元，电话交换局设置 923 个，是当初预定数的 2 倍以上，电话开通新增数约为预定数的 1.3 倍，不仅市内电话大规模扩张，市外电话的增加数也接近预定的 2 倍（详见表 1）。

第二次电话扩建计划和第一次电话扩建计划都是"战后经营"的一部分，同样属于增加战后大城市电话供给的政策。可是，市外电话工事是预定值的近 2 倍，和第一次电话扩建计划相比，日俄战争之后的扩建计划的特征是，不单单在大城市，在地方中小城市，电话普及也收到了显著效果。通过第二次电话扩建计划，实现了全国范围的电话开通（详见表 3）。

表 3　第二次扩建计划实施期间电话开通者数量（都道府县各年度末）

单位：名

年份	东京	大阪	京都	兵库	爱知	北海道	神奈川	新潟	福冈	长野	静冈	广岛
1907					2362		2519			843		
1908					3792		3010			1593		
1909	23392	10542	6704	5043	4504	5105	3362	2548	3113	2078	2457	2259
1910	27779	13147	7641	6374	5797	6104	4011	3479	3648	2936	3174	2720
1911	33264	15926	9963	7708	6922	7263	4908	4472	4342	3847	3919	3132
1912	37629	19551	11828	8589	8045	8029	5738	5360	4673	4484	4427	3488

年份	冈山	栃木	石川	和歌山	三重	福岛	福山	山口	长崎	岐阜	群马	山形
1907		633			578					442		
1908		1287			1050					649		
1909	1758	1887	1401	982	1472	1144	1574	1490	1549	1044	1484	1191
1910	2475	2142	1754	1831	1911	1734	1964	1838	1850	1617	1798	1450
1911	2717	2478	2363	2407	2255	2414	2256	2190	2215	2053	2074	1904
1912	3235	2812	2779	2694	2595	2555	2454	2454	2398	2301	2278	2239

年份	埼玉	宫城	滋贺	福井	爱媛	奈良	熊本	茨城	鹿儿岛	千叶	秋田	佐贺
1907												
1908					168							
1909	709	861	698	1031	426	713	839	1050	871	405	917	834
1910	1225	1080	1001	1199	914	1082	1103	1175	1120	688	1124	1038

续表

年份	埼玉	宫城	滋贺	福井	爱媛	奈良	熊本	茨城	鹿儿岛	千叶	秋田	佐贺
1911	1703	1355	1414	1430	1338	1360	1208	1335	1262	989	1249	1204
1912	2027	1964	1871	1777	1775	1611	1519	1447	1411	1341	1344	1318

年份	青森	岛根	大分	鸟取	山梨	香川	高知	德岛	岩手	宫崎	冲绳	
1907					304	144	153	239				
1908					489	–	337	315				
1909	801	721	390	504	485	479	456	569	363	264	157	
1910	907	876	546	731	578	651	587	649	483	325	246	
1911	1050	1000	927	852	823	808	725	753	670	446	274	
1912	1224	1118	1185	1005	977	940	867	844	812	568	301	

资料来源：日本電信電話公社・電信電話事業編集委員会『電信電話事業史（別卷）』、462—473 頁。

第一次及第二次电话扩建计划实施的结果是，到 1912 年末，新开通电话者约 182000 名，开设市外线路约 26000 里。可是，电话积压数量年年增加，到 1912 年度末高达 119337 台。[1] 六大城市的申请人数超出预定的开通数至少三四倍，多者达十倍以上。[2] 为此，1913 年至 1915 年的三年间，每年再从普通财政支出 300 万日元，以应对临时需求。基于以上情况，1911 年 5 月，递信省内设立电话扩建调查会，于 1914 年中期确定方案。方案递交第 37 次议会审议通过，第三次电话扩建计划由此产生。

3. 第三次电话扩建计划（1916—1937）：全国一律均一

一战前后急速的城市化和工业化，特别是大城市重化工业的集中出现，令其电话需求进一步膨胀。当时，迫切期待开通电话的诉求逐年增加，如大正六年（1917）积压数高达 20 万余台，[3] 在这样的背景下，第三

① 「電話需給状態」日本電信電話公社・電信電話事業史編集委員会『電信電話事業史（別卷）』、474 頁。
② 逓信省編纂『逓信事業史（第四卷）』、560 頁。
③ 电话开通的积压数，大正元年为 12 万台，大正二、三、四年每年均超过 13 万台，大正五年超过 15 万台［「電話需給状態」日本電信電話公社・電信電話事業史編集委員会『電信電話事業史（別卷）』、474 頁］。

次电话扩建计划于 1916 年启动。可是，20 世纪 20 年代受政府财政困难的影响，到向特别会计过渡的前一年 1933 年为止，该计划实际上修改了十次。即使如此频繁地修改，第三次电话扩建计划也远远超过了第二次电话扩建计划的规模，反映了一战之后快速发展的日本经济。[①]

第三次电话扩建计划的目标，即 1917 年递信次官在"本省长年的悬案"中所描述的申请开通电话的"积压消除"及"充实市外线路"。当时大城市的电话普及率和第二次电话扩建时期一样，均不及地方。[②] 其原因是两次大战期间，伴随急速的城市化，大城市圈电话需求剧增，民间资金的利用在大城市受限，并受到政府推行"电话供给的全国一律"均一政策的影响等。其结果是，其间大城市的电话供给严重不足，以解决供给不足为目的的民营化问题也逐渐被提上议事日程。

表 4　第三次扩建计划实施期间电话开通者数量（都道府县各年度末）

单位：名

年份	东京	大阪	京都	爱知	兵库	北海道	神奈川	福冈	静冈	广岛	长野	新潟
1916	47544	26174	12999	10935	12335	10538	7469	6509	5188	4487	5661	6509
1917	52587	28309	13451	11850	13780	12294	8137	7109	5368	4852	6131	6907
1918	58265	31613	14285	13002	15244	13311	8615	8038	5579	5177	6282	7081
1919	59604	32128	14400	13268	15689	14422	9063	8341	5651	5275	6363	7223
︙												
1931	125333	80209	37017	41077	44013	30766	24093	25043	19007	15939	18067	15804
1932	132502	84668	38550	43245	45864	31184	25016	26778	20119	17240	18275	16170
1933	139802	89208	48300	45698	40019	31517	26006	25589	21014	18334	18056	16538

---

① 大正五年度（1916）至昭和元年度（1926）为第三次电话扩建计划的前期，这是一个跨度长达 10 年的计划。政府一开始并没有制定长期计划的意图，打算从大正五年开始实行五年计划。之后，因社会、财政等方面变革，至昭和七年度（1932），计划一经历了 10 次反复修改，一边被积极推进。在此期间电话扩建投入的金额达 4.6 亿日元以上 ［日本电信电话公社·电信电话事业史编集委员会『電信電話事業史（別卷）』、716—717 頁］。

② 在 1896—1913 年度，六大城市的电话需求普及率通常低于地方（藤井伸幸『テレコムの経済史　近代日本の電信・電話』、図6、74 頁）。从 1898 年前后到 1900 年，六大城市与地方的电话需求普及率差距急速缩小，而 1904 年以后，差距再次扩大。

话工事是预定的近两倍，即开始把范围扩大到全国。其结果是，电话开通积压数年年增加，六大城市的积压状况尤为严重（大城市的积压数一直超过地方）。也就是说，第二次计划"大城市电话开通"目的的"市场性"和实施所出现的市外电话工事是预定的近两倍的"偏差"需要界定其"市场性"和"政策性"问题。第三次计划的目的是"消除积压"和"充实市外线路"。可是，大城市的电话普及率和第二次计划实施期间一样，不及地方的普及率。"消除积压"和"充实市外线路"具有兼顾大城市与地方的"电话供给的全国一律"的特征，而计划的实施是"充实市外线路"和"全国一律"优先于"积压消除"。总之，电话扩建计划中，第一次计划基本只限于应对大城市的"市场需求"，第二次计划同样以满足"大城市电话需求"为目的，这反映了"市场的作用"，同时开始顾及地方，而兼顾地方政策的"政策性"与"市场性"问题需要界定。第三次计划则企图一举解决大城市与地方的积压问题。

可是，反观三次的电话扩建计划实施期间的经济环境，"殖产兴业"政策之下兴起"第一次企业勃兴"，甲午战争、日俄战争"战后经营"的"第二次企业勃兴"，第一次大战前后重化工业和城市化正式启动等，大城市电话需求增加、经济体量增大等与电话扩建的内容相呼应。也就是说，电话扩建计划的实施与快速发展的日本经济不可分割。以下针对第二、三次电话扩建计划向地方倾斜的"产业政策"的"社会政策"化问题，进一步探讨地方需求的特征。①

三　资产家与电话开通的分布情况

（一）资产家的分布

佐藤正广的"资产家府县分布"显示，"1916 年 50 万日元以上的资产

---

① 藤井伸幸『テレコムの経済史　近代日本の電信・電話』研究了特定商人与近代企业电话利用的关系。本文从都道府县全区域的电话开通状况入手，受资料的局限，通过确认资产家的分布与各都道府县的电话开通数的关系，间接推测地方政府、资产家和经济团体等对电话开通的招商引资的态度。

家"在全国有 2188 人。① 各地资产家②数量，从高到低依次是东京（582
人），大阪（382 人），神奈川、新潟、京都、兵库（都在 100 人左右），北
海道、爱知、滋贺、福冈等（约 40 人），之下有奈良、和歌山、山口等。另
外，资产在 1000 万日元以上的只有东京、大阪、兵库，如果加上资产 500 万
日元以上资产家的所在地，则有北海道、宫城、山形、神奈川、新潟、富
士、福井、山梨、岐阜、三重、滋贺、奈良、冈山、山口、福冈和长崎。同
样是"资产家的府县分布"，依据农商务省农务局《大正十三年六月调查
　全国五〇町步以上的大地主》所反映的资产家一般的土地所有情况，
"1924 年五〇町步以上地主数"府县的分布，为北海道、青森、宫城、秋
田、山形、茨城、东京、新潟、熊本的九道府县超过 100 人。③ 资产家
"西高东低"，地主数量"东高西低"，二者呈相反的相关关系特征。④

　　另外，关于"资产家的关联企业"，与上市公司无关的资产家数从在
府县的分布看，除东京、大阪、兵库外，府县间的差异不太明显。与上市
公司相关的"资产 50 万日元以上的资产家"，除了像在东京、大阪这样的
经济中心以及类似于神奈川紧挨在中心地旁边，又或者出现了甲州财阀的
山梨那样的特殊例子，关联企业多数是地方企业，而且各地域间的差异不
太大。⑤ 佐藤正广的研究显示，从全国范围看，一战前后资产家在各地区
的分布情况，可以说是非常均一的。这与中村隆英关于一战"经济景气"
前后的日本传统加工业和近代工业均衡发展的结论相一致。

　　再者，除了在东京、大阪以及其紧邻周边居住的极其少数的大资产

---

① 佐藤正広「資産家と地主」の「表 10（4）－1」、参照西川俊作・山本有造编集『日本経済史 5　産業化の時代下』岩波書店、1997 年、321、322 頁。
② 资产家有别于资本家，同时两者的经营行为又多有重合。本文延续资料中的用词。
③ 西川俊作・山本有造编集『日本経済史 5　産業化の時代下』、323 頁。
④ 佐藤正広「資産家と地主」西川俊作・山本有造编集『日本経済史 5　産業化の時代下』、324 頁。
⑤ 各府县与拥有 50 万日元资产以上资产家相关的上市公司的合计情况，首先东京及大阪二府，就占全国总数 617 社中的 420 社，接近 70%。其次，以资产 50 万日元以上资产家数分别除以各府县相关上市公司总数，得到的结果是东京 0.49、神奈川 0.77、新潟 0.26、富山 0.27、山梨 0.67、静冈 0.22、爱知 0.20、京都 0.22、大阪 0.35、高知 0.25 等。山梨的数值较高是因为同县 50 万日元以上的资产家数为 9 人，较少（佐藤正広「資産家と地主」西川俊作・山本有造编集『日本経済史 5 産業化の時代下』、328 頁）。

家，各地区存在大量的只限与区域内企业间相关联的资产家。关于二者的关系以及后者内部的状况，佐藤正广以新潟、爱知和和歌山县为例，进行了深入探讨。

新潟市从德川时代开始是北前船寄港地，同时也是阿贺川、信浓川船运的起点，从全国范围看也是商人资本积累数较多的地方，其在明治之后与太平洋沿岸相比地位下降。伊藤武夫的研究表明，1899 年新潟市内有五银行董事 39 名、回船问屋（运输船行）及船运业 8 名、房贷 9 名、地主 8 名，[①] 地主的作用和明治初期相比显然降低。日俄战争后，市内"有实力的商人和与其相关的工商业者、地主"，形成了资产家的一大社会团体。比如发展铁道、电力等需要大规模资金的产业时，便通过由市内有实力的资产家组成的三四个地方资产家联合组织中的一方，引进东京、大阪的资本，并以企业联合（"系列化"）的方式参与投资。

爱知县的情况，在明治 10 年（1877），名古屋最上层的资产家基本都是和旧御用商人群（"系列"）有关的"旧实力商人"，之后，新产业成立的主体基本以"旧实力商人"之外的人群为中心。比如，明治 20 年（1887）之后企业的设立，主要以"与旧实力商人不同谱系的名古屋商人"同东京、大阪、横滨等资本联合的形式进行。[②]

与新潟和爱知两县相比，高岛雅明的研究显示，经济发展相对较落后的和歌山县也于明治 10 年代（20 世纪 70 年代）由士族和旧御用商人设立银行，可是到明治 20 年或 30 年前后，新兴资产家阶层（以地主为主）取代了士族和御用商人。[③] 然而以新潟地主和爱知御用商人为中心的资产家及地方新兴资产家都没有得到很好的发展，该县的主要企业从成立之时就引入了京阪资本。

这里值得关注的是，"地方财阀"和地方"旧实力商人"的存在，以

---

① 伊藤武夫「産業資本の確立期地方資本の存在構造——明治后期新潟市の事例」『立命館産業社会論集』第 35 号、1983 年 7 月。

② 村上はつ「明治・大正期における名古屋有力旧商人の企業者活動」『経営史学』第 14 巻 3 号、1980 年。

③ 高嶋雅明「和歌山県域の経済発展と有力資産家」『紀州経済史文化史研究紀要』第 1 号、1981 年。

及替代旧势力的新兴资产家的出现，再者地方新兴资产家①以及地方资产家联合组织，从明治 30 年代后半期开始到大正年间（1912—1925），在开办超出自己资金实力的大规模企业之时，在联合东京和大阪的资产家方面，起到了引入中央资金的桥梁作用。总之，包括相对落后的和歌山县在内，日本各地方广泛存在资产家和资产家间的联合组织。②

（二）电话开通的分布

电话开通的分布情况，经过三次电话扩建计划的实施，依据“电话开通者数（都道府县）”的汇总和整理，③各都道府县在三次电话扩建计划中各个最终年度末的电话开通数从高到低排列如下。

首先，在第一次扩建计划实施期间，电话的开通除了六大城市，只限于北海道、福冈、长崎、山口、石川、三重、熊本、宫崎、新潟、冈山、栃木等地区。

而第二次扩建计划实施期间的电话开通，覆盖全国。1912 年度末与第一次扩建计划时期的电话开通相同，都是东京、大阪遥遥领先（1 万至 3 万台），京都也高达 1 万台，兵库（神户）、爱知（名古屋）、北海道为 8000 台，神奈川（横滨）、新潟、福冈、长野、静冈·广岛、冈山为 3000—5000 台，栃木、石川、和歌山、三重、福岛、富山、山口、长崎、岐阜、群马、山形、埼玉为 2000 台，宫城、滋贺、福井、爱媛、奈良、熊

---

① 参与新产业的阶层，多为地方商人和地主。关于这一点，青沼吉松在其第 11 表中有巧妙展现。首先，从 1900 年时的族籍来看，占全部人口四分之一以上的华士族中有 26% 是官吏，11% 是从金融机构转职者，10% 为终身雇佣者；而接近全部人口四分之三的平民中有 44% 为商人（佐藤正广「資産家と地主」西川俊作·山本有造編集『日本経済史 5 産業化の時代下』、90 頁）。

② 以上分析显示，资产家在全国范围广泛分布，同产业分布所呈现的“在来产业的广泛存在”是相呼应的（「第 15 表　農林業、近代産業、在来産業の人口構造」中村隆英『日本経済』東京大学出版社、1978 年、35 頁）。中村隆英的描述是“从明治中期至第一次世界大战结束的约 30 年间，农业和在来产业扎扎实实地发展，使其与近代产业发展基本实现了均衡的所得增长。均衡发展瓦解，‘二重结构’经济出现是在第一次世界大战之后”（同书，73 頁）。此外，城市化进一步发展，比如 1913 年人口在 1 万人以下的市町村占 74.2%，到 1920 年缩小到 62%，与此同时，人口达 10 万人以上的城市占比从 12.5% 增长到 19.5%（同书，99 頁）。

③ 日本電信電話公社·電信電話事業史編集委員会『電信電話事業史（別巻）』。

本、茨城、鹿儿岛、千叶、秋田、佐贺、青森、岛根、大分、鸟取为 1000
台，其他地区如山梨、香川、高知、德岛、岩手、宫崎、冲绳为 300—
900 台。

再看第三次电话扩建计划的实施，比如 1933 年度的电话开设数，东京
接近 14 万台、大阪接近 9 万台。此外，京都、爱知、兵库、北海道、神奈
川、福冈、静冈达 2 万至 4 万台。而达 1 万台的地区有广岛、长野、新潟、
冈山、山口、岐阜、三重、千叶、和歌山、埼玉。达 7000—9000 台的地区有
石川、长崎、福岛、群马、宫城、熊本、栃木、爱媛、富山、茨木、大分、
福井、滋贺、鹿儿岛。奈良、山形、香川、秋田、青森、山梨、岛根、佐
贺、岩手、德岛、高知、宫崎·鸟取达 4000—6000 台。冲绳的电话开通数仅
有 814 台，和其他地区拉开了距离。

（三）资产家与电话开通分布的正比例关系

对于各都道府县电话开通数与资产家分布关系，本文虽没有掌握各地
区人口、工厂的分布情况，但是各地的资产家是地方电话开通招商引资和
需求的主体，以此为依据推测两者相关关系应在合理范围。

依据本节"资产家的分布"与"电话开通的分布"的数据排列顺序的
分析，即按以上思路两者呈正比例关系表示市场性特征，反之为政策性作
用。据对 1912 年电话开通数和 1916 年资产 50 万日元以上资产家分布关系
的分析，北海道、新潟、福冈、广岛、冈山、和歌山、三重、山口、长
崎、岐阜、宫城、鹿儿岛、千叶、青森、山梨、岩手、宫崎、冲绳基本呈
正比例关系，其他地方呈负比例关系。而据对 1933 年电话开通数和 1916
年资产 50 万日元以上资产家分布关系的分析，除六大城市外，还有北海
道、福冈、广岛、新潟、冈山、山口、岐阜、三重、千叶、和歌山、长崎、
宫城、鹿儿岛、青森、山梨、岩手、宫崎、冲绳呈正比例关系，其他地方
呈负比例关系。另外，1912 年和 1933 年各地的电话开通数和资产家人数，
变化特征基本一致。①

---

① 因没有 1933 年资产家数字，本文利用 1912 年资产家的数据做比较。

电话开通数与资产家分布的正比例关系，表示电话供给与市场需求一致；负比例关系，则说明该地区电话供给政策性强。依此可知，对于 1912 年和 1933 年的电话开通，地方经济主体资产家的市场需求发挥着不可忽视的作用。

四 资金筹备与"电话开通积压"问题

关于电话扩建计划的资金筹备情况，第一次电话扩建计划所需资金来自甲午战争的赔款、增税和公债增发，从第二次电话扩建计划开始积极利用民间资金。

民间资金的利用，先是从小城市开始，紧接着是未设电话局地区的中等规模城市，之后是按设有电话局中等规模城市到六大城市的顺序，逐步推向全区域。民间资金的利用逐步扩大，表 5 显示，1910—1914 年扩建费用总额中民间资金占 30%，1925—1929 年则高达近 60%。

表 5 电信电话业的收益与扩建费用

单位：千日元，%

时间	电信电话收支差额（a）	扩充费（b）	受益者负担额（c）	c/b	(b-c)/a	政府收入源功能 [(a+c)-b]
1890—1994 年	1483	2107	136	7	133	-488
1895—1999 年	4710	9157	n.a	n.a	n.a	n.a
1900—1904 年	7345	12777	n.a	n.a	n.a	n.a
1905—1909 年	27568	13608	n.a	n.a	n.a	n.a
1910—1914 年	63282	27007	8103	30	30	44378
1915—1919 年	148065	50924	13421	26	25	110562
1920—1924 年	98119	175684	31331	18	147	-46234
1925—1929 年	218609	217138	126476	58	42	127947
1930—1933 年	233737	83541	36051	43	20	186247

资料来源：高橋達男『日本資本主義と電信電話産業』みすず出版センター、1978 年、94—98 頁。

由表 5 可见，从第二次电话扩建计划开始，电信电话业维持高水准的民间资金利用，开始顾及地方需求，并逐步加强地方投资，其过程前文已有说明。

首先，1902 年度开始实施只限于小城市的电话施设费的一部分由受益者负担的"特别电话制度"，第二次电话扩建计划实施的第一年即 1907 年开始适用于未开设电话局的中等规模城市。因已存在电话局的中等规模城市被排除在外，1907 年 6 月制定了收益者负担的电话开通也适用于普通电话开通的"捐助开通制度"。总之，除原有的"顺序开通制度"，六大城市外的地方适用于"捐助开通制度"。紧接着 1909 年，六大城市也设立了有偿开通的"火急开通制度"。可见，第二次电话扩建计划之后，除"顺序开通制度"外，推进了收益者经费的部分负担优先开通的"火急·捐助开通两制度"。然而，两制度的实施虽然增加了电话开通者数量，但也必然增加电话扩建总费用。另外，第三次电话扩建计划从 1916 年开始实施，其间的"米骚动"（1918 年）、关东大地震（1923 年）、战后恐慌（1920 年）、金融恐慌（1927 年）等引发了 20 年代的财政问题，电话扩建的资金筹备也因此遇到了困难。为此，1925 年 5 月废除了六大城市和地方有所区别的"火急·捐助开通两制度"，取而代之的是所有城市的电话开通者全额费用负担的"特别开通制度"。该制度设计的特征是，越是大城市开通者负担额越高，其结果是六大城市的电话开通者负担额是地方的 2 倍左右。[①]

此外，为了缓解资金筹备难问题，1930 年 2 月出台《日本电信电话株式会社法案》，该法案规定对限定电信电话设备建设以及修补工程事业实施民营化，并成立日本电信电话株式会社。1933 年 3 月颁布《通信事业特别会计法案》，[②] 以加强通信业的财务独立性。另外，从 1937 年开始了新的十年计划，可是战时统制经济政策实施后电话供给受限，被认为是"不紧要的需求"，其预算受到极大的限制。

---

① 通信省编纂『通信事业史（第四卷）』、180—193 页。

② 电信电话业的收益，虽然明治前期存在赤字，但之后盈余一直扩大，包括受益者部分负担在内的收益到明治末期以后基本高出电话扩建总额。换言之，收益的大半作为政府一般财政收入被吸收。1910—1933 年（1920—1924 年除外）电信电话业收益的一半以上上交了财政（参考表 5）。

　　这样，电话扩建资金筹备的"1910—1914 年扩建费用总额中民间资金占 30%，1925—1929 年则高达近 60%"，反映了日本通信业发展过程中市场作用重要性的一面。另外，从民间资金利用的制度设计看，从小城市开始，逐渐扩大到中等规模城市乃至大城市的顺序，具有政策性的一面。换言之，日本电话扩建的资金筹备具有"市场性"和"政策性"的多重特征。1930 年的《日本电信电话株式会社法案》和 1933 年的《通信事业特别会计法案》，更是明确了日本通信事业的市场性和财务独立性的方向，然而，地方的传统产业（在来产业）和地方经济团体的广泛存在是基础。也就是说，电话扩建政策依据地方需求的市场作用改变了向大城市倾斜的市场需求，在某种意义上加强地方供给和向大城市倾斜都是市场作用的结果。即加强地方电话供给，本文强调其"市场作用"的本质性，同时在民间资金利用的制度设计方面兼顾了"地方优先"的政策性考虑。

　　可见，日本的电信电话政策在"政策性"和"市场性"的相互作用下，呈现了"从城市到地方，再到全国均一"的演变特征，是大城市和地方的市场的相互作用，以及政策性考虑相结合多重作用的结果。不可忽视的是，"政策性"和"市场性"是在"在来产业的广泛存在"和"地方资产家、地方经济团体"密如网眼般存在的基础上发挥作用，即日本的电信电话业在国营体制下施行的通信政策，"市场性"特征是根本属性。

结语　通信政策的市场属性与经营环境的"基础"

　　第一次电话扩建计划的"促进民间经济发展"和第二次电话扩建计划的加强对大城市的供给，目标重点放在应对大城市即设有电话局地区的申请者剧增的需求方面。第二次电话扩建计划其成果之一的"市外电话工事是预定值的近 2 倍"反映了电话开通扩大到地方的力度。关于第二次电话扩建计划和实施间的"偏差"，本文重视市场即地方工商业者及经济团体等的招商引资作用。藤井伸幸依据实证研究成果的"当初电话开通者数占绝对比例的大城市，在日俄战争后电话开通者数大跌，大城市的电话需求普及率被地方超过，之后大城市的'积压'一直高于地方"指出，这是明白的"地方优先"政策的结果。可是，其对"地方优先"政策如何形成及其性质没有做过多说明。

关于"地方优先"政策的形成过程，从资金筹备方面看，按小城市（1902 年度"特别电话制度"）、1907 年适用于未设电话局的中等规模城市、1907 年 6 月设有电话局的中等规模城市适用于普通电话开通的"捐助开通制度"、1909 年"火急开通制度"适用于大城市的顺序逐步扩大民间资金利用的制度设计，反映了向地方倾斜的政策特征。可是，对"资产家分布"的分析，间接见证了地方企业的广泛存在和地方经济团体在引入外部资金（东京和大阪等大城市）过程中具有桥梁作用，是地方开通电话时招商引资的主体存在。同时本文统计整理"电话开通数与资产家分布"的排列的正相关关系，也间接证明了"地方优先"政策的市场性的界定。

1916 年开始的第三次电话扩建计划目标的"消除积压"兼顾"充实市外线路"，及实施"电话供给的全国一律"的特征，同样存在与实施间的"偏差"，第三次电话扩建计划具有"充实市外线路""全国一律"优先于"消除积压"的均一政策特征。"全国一律"的均一政策同两次大战间农村的萧条和"悲惨的昭和恐慌"所实施的一系列政策密不可分，"充实市外线路""全国一律"优先于"消除积压"遵循了两次大战间绥靖政策的基调。可是，"1910—1914 年扩建费用总额中民间资金占 30%，1925—1929 年则高达近 60%"的民间资金利用，1930 年制定《日本电信电话株式会社法案》对限定电信电话设备建设以及修补工程事业实行民营化，1933 年制定《通信事业特别会计法案》保证其财政的独立性，确定了日本通信事业市场性质的方向等，所有这些和第一、二次电话扩建计划的市场性的定性一样，都建立在地方企业和地方企业团体的市场部门乃至商工会议所等民间经济组织与政府的相应部门广泛的存在和密如网眼般相互作用的基础之上。也就是说，即使在两次大战间绥靖政策所代表的时代约束和国营体制之下，日本通信政策的基本属性仍然是市场性，其基础是"个"与"场"，即企业和企业外部组织的广泛存在是日本通信业经营环境的"基础"和具体内容。

两次大战间"悲惨的昭和恐慌"和 20 世纪 30 年代后半期军部势力抬

头，特别是 1936 年之后经济的军事化政策的实施，使日本经济从第一次世界大战之前的"均衡发展"走向"二重结构"，在"悲惨的农村"与重化工业发展的"资本主义的矛盾"中，实现从"在来产业"向近代产业和重化工业的不可逆转的产业结构转型。两次大战间日本的通信政策在加强受益者负担制度的市场作用下实施"地方优先"，在混乱中没有纠正大城市高于地方的"电话开通积压"问题。之后的战争时期，电话供给被视为"不紧要的需求"，预算受到极大的限制。而且，加上战争损坏，战争刚结束之时，大城市陷入电话严重不足的境地。从两次世界大战间开始日益加剧的大城市"电话开通积压"的一般需求问题，成为二战结束后日本通信业最大的社会和经济问题。

（云大津，海南大学人文学院、社会科学研究中心副研究员）

《日本国民所得倍增计划》的重读和启示

郑建成　王　卓　贾保华

内容摘要　日本国民所得（收入）倍增计划是中国学界和政经界长期讨论的话题之一。不过由于某些国情与时代的差异，也存在若干误解与政策偏差。我们认为，现在应当从法律、政策与计划的相互关系以及这三者的演变过程角度，重新认识和评价该计划的承上启下作用，以及它对战后日本社会发展阶段的提升意义；同时，对其实施导致的日本社会经济矛盾激化及其对策和改革以及结果等给予更多的关注和研究。

关键词　《日本国民所得倍增计划》　中国经济　日本经济

引　言

1. 日本国民收入倍增计划概要

二战以后，战败国日本一切"从零开始"，受"朝鲜战争特需"、美国支持等因素的影响，并通过实施《国民经济复兴计划》和《国民经济自立五年计划》等，到 1955 年前后经济已基本恢复到战前水平。日本自此进入了以实现国民经济现代化为中心的高速增长时期。在此期间，经过"神武景气"（1955—1957）和"岩户景气"（1958—1960）的高速经济发展，基本上实现了国家的富裕，但同时也暴露了日本经济社会发展不平衡和不可持续等突出问题。① 具体表现为产能过剩，内需不足；居民收入低，收入差距大；失业率高，劳资关系紧张；等等。② 对此，日本经济界人士对如何正确看待日本经济增长展开了大规模的反思与探讨。当时主流的声音有两种：一种是"稳增长理论"，代表人物为主流经济学家后藤誉之助；另一种是"高速增长论"，代表人物是著名经济评论家下村治。③ 而政治、经济、社会等层面战败以来最激烈的转型，也导致了岸信介内阁于 1960 年7 月黯然下台。

之后上台的池田勇人内阁于 1960 年 12 月 27 日通过了长期经济计划——"国民所得倍增计划"，提出到 1970 年日本国民生产总值（GNP）翻倍到26 万亿日元（按照 1958 年价格），即年均增长率 7.2% 的目标。该计划的起草者是经济学家下村治。④ 计划的主要内容包括：通过扩大就业解决失业问题，使国民收入增加一倍，大幅提高国民生活水平；在经济增长过程中修正地区和产业间的收入差距，实现农业现代化、中小企业现代化并开发经济落后地区，实现国民经济和国民生活的均衡发展；培养人才、发展科学技术，引导产业结构走向现代化，鼓励第二、第三产业发展，鼓励重化工业发展；促进贸易和国际合作，将增加出口获得外汇作为主要手段，以出口为中心的外汇收入需要扩大；建立国民健康保险（1961年）、养老金制度（1961 年 4 月开始实施《国民年金法》）等各种福利制度等。⑤

从此，日本进入"黄金十年"的经济高速增长阶段。1967 年该计划不但提前完成（国民人均收入用 7 年时间就实现了倍增），基本实现了"一亿总中流"（即全民中产），日本还在 1968 年一跃成为仅次于美国的世界第

---

① 转引自朱根《日本战后的经济计划和经济变迁》，《现代外国哲学社会科学文摘》1980 年1 月 31 日。

② 刘瑞：《我国五年中期规划的绩效与理念》，《社会科学研究》2017 年第 1 期。

③ 魏斯华：《从〈国民收入倍增计划〉看日本经济高速发展时期的几个问题》，《世界经济》1980 年第 3 期。

④ 升味准之辅：《1955 年的政治体制》，《思想》（东京）1964 年 6 月，第 759—776 页。

⑤ 林明星：《日本提高国民收入水平的主要做法与启示》，《当代世界》2011 年第 11 期；《日本"国民收入倍增计划"启示录》，虎嗅 APP，2018 年 7 月 22 日。

二大经济体①并保持到 2010 年才被中国超越，该计划也对日本社会的方方面面带来了深刻而巨大的影响。其中很多经验，值得借鉴。

正如日本人对中国历史抱有浓厚的兴趣一样，中国人对日本历史也兴趣不减。特别是改革开放以来，战后日本经济发展史成为新的热点，引起国内众多专家学者和普通民众的高度关注，并且出版了大量的研究成果。其中，《日本国民所得倍增计划》（1961—1970）不仅在当时，在近些年也一再引起国内学界和政策界的讨论。②

2. 中国版"收入倍增计划"

事实上，中国早已几次提出了与日本类似的国民收入倍增计划，比如 1981 年开始的 20 年内工农总产值翻两番，1991 年开始的 10 年内国民生产总值翻两番，2000 年开始的 10 年内国民生产总值增加一倍等。③ 2012 年，胡锦涛同志在十八大报告中提出，"到 2020 年，实现国内生产总值和城乡居民人均收入比 2010 年翻一番"。这是中国首次明确提出居民收入倍增目标。这一目标被社会冠名为中国版的"收入倍增计划"，受到热议。因为中国居民收入在国民收入分配中的比重下降、收入差距扩大等问题仍然比较严重。第一，城乡差距是导致中国收入分配差距扩大的第一大因素，在各项原因中占比 40% 以上。第二，垄断是加剧收入分配不公的另一大原因。第三，灰色收入是民众最为反感的现象之一，也是收入分配不公的主要体现等。④ 所以人们在为目标感到鼓舞的同时，也提出了各种各样的疑

---

① 刘纪鲁：《试论日本的〈国民收入倍增计划〉》，《河北大学学报》（哲学社会科学版）1980 年第 9 期。

② 国内学者对《日本国民收入倍增计划》做了大量的分析和研究，如郭士信（1986）认为，《日本国民收入倍增计划》动员了国民劳动热情，加强了生产和消费的联系，并明确区分出政府对公共部门和私人部门的不同政策，有助于解决双重结构问题，适应了经济的发展；张车伟、蔡翼飞（2010）通过研究日本实施计划过程中企业间和区域间的工资差距、主要行业的平均工资增长率等相关数据，认为需要从改革工会制度提高劳动者在劳资对话中话语权、促进劳动力流动、壮大中小企业等方面来发展中国的经济；李长安、庄芳（2010）认为，中国应当以迅速扩大中等收入阶级作为计划的核心，辅以加快城市化进程以及建立完善的社会保障制度为重点实施中国的倍增计划。转引自刘瑞《我国五年中期规划的绩效与理念》，《社会科学研究》2017 年第 1 期。

③ 杨姝琴：《中国实现居民收入倍增目标的路径选择——以日本"国民收入倍增计划"为借鉴》，《社科纵横》（新理论版）2013 年第 12 期。

④ 郑京平：《如何理解"收入倍增计划"》，《学习时报》2013 年 1 月 14 日。

问：目标能实现吗？收入上涨后会不会被价格上涨吃掉？事实证明我们圆满达成了这一目标。

党的十八大报告指出："实现发展成果由人民共享，必须深化收入分配制度改革，努力实现居民收入增长和经济发展同步、劳动报酬增长和劳动生产率提高同步，提高居民收入在国民收入分配中的比重，提高劳动报酬在初次分配中的比重。""初次分配和再分配都要兼顾效率和公平，再分配更加注重公平。多渠道增加居民财产性收入。规范收入分配秩序，保护合法收入，增加低收入者收入，调节过高收入，取缔非法收入。"2013 年，国家发展和改革委员会牵头组织相关部门，制定出台合理提高劳动报酬的配套方案以及实施细则并实施。[1] 因此"收入倍增"是一个积极而又稳妥的目标，可以助力中国式现代化的实现。历史经验证明，国强不等于民富，但民富则几乎没有国不强之理。[2] 中国努力实现"收入倍增计划"后，国家更强，人民更富。而这也正是真正意义上的"国民收入倍增计划"之精髓所在。

一　重读《日本国民所得倍增计划》的现实意义

当然，由于两国政治、经济和文化体制的差异，国内对日本的国民所得倍增计划尚有若干误读与误解之处，如不指正，有可能反过来影响我们相关政策的正确制定与实施。因此需要通过对战后日本经济发展史的重读，对有关问题进行新的探讨。

自改革开放以来，我们很多人都听到过一个看似正确实则误解的观点：战后日本经济成功的秘诀之一，是政府有关部门通过制定和实施国民所得倍增计划，强有力地推动了经济发展，大幅度提高了国民收入，从而使日本一跃成为仅次于美国的经济大国。这种误解是有合理的根据的。因

---

① 国家发改委社会展研究所课题组：《应对新常态以来收入分配问题的国际经验借鉴——"十三五"时期收入分配格局的变化及其对经济社会的影响》（2017 年 6 月），国家发改委中国宏观经济研究院，www.ndrc.gov.cn。

② 李红岩、于新状、包玉香：《中国"国民收入倍增计划"前夕的国民收入分配格局研究》，《全国商情》（理论研究）2013 年第 8 期。

为从 1961—1970 年日本 GDP 的增长结果来看，国民所得倍增计划的确发挥了重要作用，说它好比日本经济腾飞的起爆剂，也不为过。

但是，这种简单化理解或者误解，很容易导致对《日本国民所得倍增计划》的作用的夸大，并可能把中国经济发展引领到错误的方向。因为它把日本经济成功与 GDP 增长之间画了一个等号，又在 GDP 增长与国民所得倍增计划之间画了一个等号。这就很容易助长中国多年来非常流行的"GDP 第一"等观点，以此制定我们的经济政策，或指导我们的地区发展，很有可能导致社会经济矛盾激化，从而背离邓小平等老一代领导人实施改革开放的初衷。

另一方面，如果我们的专家学者数十年如一日地给学生讲课或研究课题，都坚持和重复这个观点的话，它对我们的学生或学界的研究水平的提高，也是没有多大帮助的，甚至可能起到负面影响。因为我们的观点还停留在日本战后初期一度盛行的"GDP 第一"或"经济增长中心论"的陈旧的理论框架内，既不能全面准确地说明日本经济成功的原因，也不能解释为何中国在经济高速增长过程中出现了很多新问题且难以解决。

日本战后高速增长时期，曾出现我们现在遇到的很多问题，也曾出现对经济发展的片面理解，并导致了诸多问题的出现与社会矛盾的激化，因此，重读《日本国民所得倍增计划》，特别是重估它历史的正反两方面经验教训，是有必要的，也是有现实意义的。

二　从《经济白皮书》看法律、政策与计划的相互关系

1. 高速增长中的法律、政策与计划的关系

研究战后日本经济高速增长时期的相关法律、政策与计划，有三种常见的方法。第一种是逐一分解研究，然后合在一起，做综合研究，即由点到面，由个别到一般，由个体到整体。第二种是先综合研究，然后逐一细分研究，即由面到点，由一般到个别，由整体到个体。第三种是不做特意分割，对点和面、个别和一般、个体和整体同时研究，即在把握它们两者相互关系的基础上，把两者进行比照，展开研究。就好比，我们研究森

林，不需要把一棵树砍下来、拖出去，去研究，而是让它在那里生长，从它与其他树木或与森林的关系中，观察和研究它。

　　从这一观点出发，我们发现日本政府每年发表一本的《经济白皮书》系列，就好比森林，它同时包含了法律、政策与计划，正适合作为我们重新研究和评估国民所得倍增计划的材料。下面，为了展开说明，我们把战后日本经济恢复与高速增长以及转折时期（1946—1979）主要的经济白皮书的副标题与相关法律法规、经济政策和计划，以及重要事件等列表如下（见表 1）。

表 1　1946—1979 年日本重要法律、社会经济政策、计划及重要事件概要

年份	《经济白皮书》副标题	相关法律法规、经济政策、计划及重要事件
1946	经济紧急对策	农地改革，物价统制令，劳动关系调整法，企业再建整备法 "倾斜生产方式" 劳动基准法（1947），独占禁止法（反垄断法，1947） 人均 GNP 156 美元（以 1980 年美元为基准）
1949	经济稳定的原则	日元汇率：1 美元 = 360 日元 朝鲜战争与"特需景气"（1950—1951）
1953	实现自立经济的条件	农地法公布 加入 IMF
1956	日本经济增长与近代化	加入联合国 "神武景气"（1955—1957） "春斗"
1960	日本经济增长力与竞争力	对美国出口激增，摩擦激化（1959） 发表贸易与外汇自由化方针（1959） 人均 GNP 378 美元（时价美元） ［实施国民所得倍增计划（1961—1970）］ 农业基本法（1961） 实施国民年金制度和全民参保
1963	走向发达国家之路	实施中小企业基本法
1964	开放体制下的日本经济	东京奥运会召开 新干线开通 成为符合 IMF 第八条款的国家 成为 OECD 成员国 "大型景气"与大众消费热潮（1965—1970）

续表

年份	《经济白皮书》副标题	相关法律法规、经济政策、计划及重要事件
1966	走向持续增长的道路	美国提出直接投资自由化要求 日本批准国际劳工组织（ILO）1948 年第 87 号条约
1967	效率与福祉的提高	实施经济社会发展计划 公害（环境污染、雾霾天气、水质恶劣等，下同）对策基本法 制定资本交易自由化方针
1968	国际化中的日本经济	美国发表"保卫美元"白皮书 日本 GNP 超过西德，仅次于美国；人均 GNP 1515 美元（时价美元），接近西欧水准 成立环境厅
1969	向富裕社会的挑战	新全国综合开发计划 日美纺织品谈判开始（1969 年 11 月）
1970	日本经济的新次元	实施新经济社会发展计划 日美纺织品谈判破裂（1970 年 6 月） 第三次资本自由化（1970 年 8 月）开放 323 个行业 水俣病等四大公害，以及大气和水质、农药和食品、废弃的包装材料等的污染达到最严重地步
1971	走向实现内外均衡的道路	美国发表新经济政策 日美贸易摩擦激化 日元实施浮动汇率制度 1 美元＝308 日元 日美签署纺织品出口备忘（1971 年 10 月） 日本国内公害（含食品等）问题继续严重化
1972	建设新的福祉社会	日美签署纺织品协议 日本列岛改造论（田中首相） 地价以及批发和零售物价暴涨 投机防止法出台 东京"垃圾战争"激化，并出现"光化学雾"现象 四日市公害裁定患者胜诉
1973	追求没有通胀的福祉社会	制定经济社会基本计划 第一次石油危机 足尾铜矿等公害企业关闭 水俣病裁定日本大企业败诉
1974	超越（偏重）增长的经济	首次出现战后以来的经济负增长（－1.2%） 出口额首次减少，但出现最大贸易顺差（1975） 欧美要求日本强化出口自主限制（1975） 除农林水产等四行业，资本自由化完成（1975） PCB、水银及 AF2 等引起的公害问题继续恶化

续表

年份	《经济白皮书》副标题	相关法律法规、经济政策、计划及重要事件
1978	正在进行结构转换的日本经济	外汇市场：1 美元 = 200 日元
1979	出色的适应力与新的出发	第二次石油危机 吸取第一次石油危机的教训，通胀率较为温和 自第一次石油危机后，日本实行经济结构调整，企业实行"减量经营"；高速增长宣告结束，进入了安定成长时期；同时，由于贸易摩擦激化，扩大内需的重要性增加

资料来源：根据日本内阁府历年《经济白皮书》整理。

2. 值得注意的几个特点

从上述内容中，我们可以看到这样几个特点。

首先，国民所得倍增计划促进了法制建设与国内各经济主体的利益调整。

战后初期，日本主要目标是经济恢复，其国内政治经济问题是法制建设，如劳动基准法（1947）、独占禁止法（反垄断法，1947）、农地法（1953）等，它们铲除了战前军国主义的政治法律基础，对战前的大资本集团和地主所有制也做出了相应的法律限制和改革。

正是在这一法律制度的基础上，日本的经济恢复和后来的高速增长才没有重蹈战前军国主义的覆辙，而与国民生活水平和社会福祉的提高产生了直接的联系。

此后，随着经济发展和矛盾激化，相关的法律建设也得到推进。在国民所得倍增计划实施期间，日本通过了农业基本法（1961）、中小企业基本法（1963）、公害对策基本法（1967）、投机防止法（1972）等。同时，1968 年设立了环境厅。进入 70 年代以后，关闭了足尾铜矿等公害企业，并且在四日市公害和水俣病的裁定中，判决大企业败诉（1972—1973）。[①]

从这个角度，我们可以看出，为了实施国民所得倍增计划，日本制定了相应的法律法规；同样，为了解决国民所得倍增计划造成的问题，日本

---

① 藤井信幸「高度成長期の経済政策構想——システム選択としての所得倍増計画」『経済論集』第 28 巻第 2 号、2003 年 2 月。

又制定和强化了相应的法律法规。正是在这些法律法规的框架下，在当时国内外各种因素的相互影响与国内各个阶级和集团之间利益的反复冲突、妥协、调整的过程中，国民所得倍增计划得以制定、实施和完善。

由于国民所得倍增计划的目标是经济规模的快速扩大，而不直接涉及经济成果的分配问题，因此，如果相应的法律不健全的话，它势必导致两极分化和社会秩序动荡。因此，法律既是国民所得倍增计划得以顺利实施的必要条件，也是解决或缓解该计划实施而导致的各种矛盾的必要手段，还是维护和改善社会经济秩序、推动日本经过高速增长而进入"福祉国家"（1972 年《经济白皮书》副标题）的必要途径。

其次，国民所得倍增计划引发了国内新矛盾，激化了旧矛盾。

1956 年《经济白皮书》的副标题是"日本经济增长与近代化"，这说明经济恢复期已经基本结束，高速增长已经进入启动期。请注意，此时日本著名的"春斗"① 也掀开了序幕。1960 年的《经济白皮书》，则指出了与经济高速增长相伴而生的问题：对外有贸易摩擦激化，对内则有国民年金制度和全民参保等。当时美元计价的人均 GDP 为 378 美元。同年，日本政府发表了国民所得倍增计划，旨在一方面维持经济高速增长，另一方面对各种伴生问题做出"一揽子"的综合性解决。这些问题主要有产业公害、农村和农业的衰落、人口分布的过密和过疏、劳资关系对立激烈、通货膨胀严重等。不过，正如我们前文指出的那样，如果没有相应的法律制约，而仅仅依靠经济高速增长的话，那么，不仅不能解决这些问题，甚至可能使问题更加激化。

1967 年的《经济白皮书》首次强调了经济效率与提高社会福利的关系，并实施了《经济社会发展计划》。这说明日本政府已经意识到国民所得倍增计划的缺陷，即过于关注经济总量的增长，而未能对国民福祉做出可行的计划。因为该计划只列出了前五年具体产业部门的预定目标和 10 年

---

① 春斗（春闘，しゅんとう），又称"春季生活斗争""春季工资斗争"，是日本工会每年春季组织的为提高工人工资而进行的斗争。1954 年，合化工人联合会委员长太田薰提出此案，1955 年开始第一次春季斗争。此后，每年都有各大工会联合组成"春斗共斗委员会"，领导春斗。现在已成为日本劳工运动的固定形式之一。春斗一般采取谈判的方式进行。

间 GDP 总量的增长规模，而有很多细节没有列出。这说明，这个计划属于长期的国民社会经济发展的宏观展望。

1970 年的白皮书宣布日本经济进入新阶段，同年开始实施《新经济社会发展计划》，旨在全面纠正过去 10 年高速增长而产生和激化的各种社会经济问题。这里特别值得注意的是对于日本国家发展目标的表述的变化。1963 年《经济白皮书》的副标题是"走向发达国家之路"，但是，1972—1974 年分别为"建设新的福祉社会""追求没有通胀的福祉社会""超越（偏重）增长的经济"等。这些都标志着 10 年的高速增长，以及对其伴生的诸多问题的认识和对策，已经把日本经济社会带入了一个新的发展阶段。而这个阶段的特点与目标，与前一个经济高速增长的 10 年相比，已经有了许多根本的不同。

再次，国民所得倍增计划也引发了和激化了对外经贸矛盾。

经济规模的迅速扩大，强化了出口导向型经济模式的弊病，即对外（主要是对美）贸易摩擦激化和长期化。为了寻求解决之道，日本的白皮书提示了答案，如"开放体制下的日本经济"（1964）、"国际化中的日本经济"（1968）、"走向实现内外均衡的道路"（1971）、"正在进行结构转换的日本经济"（1978）、"出色的适应力与新的出发"（1979）等。

同时，日本也采取了很多具体对策，比如，发表了贸易与外汇自由化方针（1959）、实施 IMF 第八条款、批准国际劳工组织（ILO）1948 年第 87 号条约（1966）、制定资本交易自由化方针（1967）、日美纺织品谈判及自主限制措施（1970—1972）、日元采取浮动汇率制度（1971）等。

此外，美日贸易谈判从 1955 年起，几乎用了 50 年时间，最终在 80 年代延续，到 1997 结束，以日本妥协告终。其间，日美两国的经贸关系跌宕起伏，比如，与美国发生贸易摩擦及进行谈判，陆续通过自主限制出口、货币升值，以及达成纺织品协定、MOSS、日美结构协议、综合经济协议和规制缓和协议等，虽然是经历了"失去的三十年"，但日本是美国盟友，保持了 GDP 世界第二直到 2010 年，并保持第三至今。2018—2019 年，美日继续进行货物贸易谈判并达成了协议。

另外，在 1979 年第二次石油危机中，日本由于吸取了第一次石油危机的经验教训，因此，通胀较为温和，经济结构继续调整，进入了以内需为主的稳定增长时期，逐步告别了国民所得倍增计划的成果和影响，从此经济社会和对外经贸关系也步入了新的发展阶段。

三　国内对《日本国民所得倍增计划》的误解

如果说，前述对日本国民倍增计划的误解，主要是由国情不同和发展阶段不同造成的话，那么，下面的误解的产生，则主要来自两国文字表述的不同。

1. 国民所得

日本和中国的不少专家学者都指出过一个术语的问题，即日文的"国民所得"，对应的中文其实有三个：一个是原文照搬的国民所得，另一个是便于理解的国民收入，还有一个是我们现在不大常用的国民生产总值（GNP）。

根据中国国家统计局定义，国民生产总值（Gross National Product，GNP）指一个国家（或地区）所有国民在一定时期内新生产的产品和服务价值的总和，为最重要的宏观经济指标。国民生产总值是一国所拥有生产要素所生产的最终产品价值，为一个国家（地区）所有常驻机构单位在一定时期内（年或季）收入初次分配的最终成果。国民生产总值是按国民原则核算的，只要是本国（或地区）居民，无论是否在本国境内（或地区内）居住，其生产和经营活动新创造的增加值都应该计算在内。

而根据日本学者斋藤的解释，一国的生产物可以从三个方面把握，这就是国民所得的三面等价体。第一，从需求者方面看生产物的合计，叫作国民总支出；第二，从供给者的方面看，叫作国民总生产；第三，从所得分配的方面看，叫作国民总所得。[①]

$$总支出 \equiv 总生产 \equiv 总分配$$

当然，上述恒等式中的每一项都是高度概括的内容，而没有细分和扩展。同样，上述恒等式还假定所有的生产物都被完全消费了，没有任何库存。

---

① 斎藤光雄『国民経済計算』創文社、1991 年。

2. 计划

计划，日文的原文是"計画"。它与我们的计划的不同之处，主要在于性质的不同。

按照日本学者的解释，战后日本的经济计划的制定，主要来自三个方面：一是吸取了明治维新之后日本实施的国家主导的近代化政策的经验教训；二是参照了欧美政府在一战和二战之后干预市场和纠正市场弊端的措施；三是对凯恩斯关于扩大内需和实现充分就业的理论的应用。

虽然当时的社会主义国家都实行了经济计划，但是，日本学者指出，欧美和日本的计划与其最大的不同，在于前者是资本主义市场经济框架内的计划或展望，而后者则属于社会主义国家所有制框架内的计划或命令。因此，前者的计划要求国有企业和单位必须执行，而后者的计划对民间企业只有参考作用。

众所周知，尽管改革开放以来，我们已经基本上完成了从社会主义计划经济向市场经济的转变，但是，我们的经济计划与欧美、日本等国依然有较大的不同。

3. 国民收入计划

由于有上述几个方面的不同，所以，尽管我们可以把"日本国民所得倍增计划"翻译成"日本国民收入倍增计划"，但是，它确实容易使我们遗漏或忽视如上所述的一些重要内容。

与日本不同，中国自 1952 年开始，学习苏联等国家的经验，实行每五年为一期的计划管理。但是苏联等在短暂成功之后又失败，唯有中国坚持到了今天。五年计划变为五年规划，已从单纯的经济计划转型为公共事务治理规划，涵盖了经济社会运行的主要领域，使得中国与其他东亚开发型国家有了本质区别。①

政府规划在当前中国特色社会主义市场经济中客观存在并发挥作用。到 2021 年正式实施最新一期的五年规划，中国已经编制和实施了 14 个五年中期规划，今后也将继续编制五年规划。这种连续编制和实施中期规

---

① 邵文波、匡霞、刘健：《经济增长的国际经验及对中国的启示——以美国和日本为例》，《国际金融》2017 年第 8 期。

划，时间长达半个世纪以上，而且其间跨越了计划经济和市场经济两种不同的运行机制并延续至今。这种周期性规划管理将一个世界经济弱国转变为世界经济第二大国。有观点认为，比较中国规划与日本国民收入倍增计划，总体上，中国的规划绩效比日本的规划绩效要好得多，① 当然也有相反的观点。

四　重读《日本国民所得倍增计划》的留意点

根据熟悉当时该计划制定过程的日本学者介绍，国民所得倍增计划包含了当时富有先见性的诸多卓见。以下列举几个早先可能未被高度关注，但现在依然对我们具有现实意义的需要留意的地方。

1. 在提出计划目标的同时，指出该计划的副作用

之所以把它列为第一个留意点，是因为我们看到很多政府、企业或单位的各种计划，虽然制定了目标或方法，但是，没有同时列出该计划实施和完成后可能产生的负面影响或不良后果。也可以说，很多计划都是"报喜不报忧"。

比如，这些年来环境问题已经成为我们各级政府、企业和市民关注的焦点，并且有了很大的改善和进步。然而，在过去一个较长时期，我们却对此重视不够，有一种较为形象的说法是"只要金山银山，不要绿水青山"。日本也遭遇了这样的经历。那么，很多读者可能想知道，在制定国民所得倍增计划的时候，日本政府和专家学者是否意识到了公害（环境）问题，或提出了哪些对策呢？

让我们根据该计划的影印件原文，看看它是如何说明的：

噪音、臭气、建筑物的密集、（楼房）高层化导致的下视问题和阳光遮蔽，以及随着产业发展而出现的大气污染、水质污浊、地基沉降等各种公害，预计今后会日益严重。对此解决方案，必须实施法律

① 肖海晶：《中日收入倍增计划的差异与启示》，《黑龙江社会科学》2014 年第 9 期。

法规的限制……同时，期待公众道德特别是企业道德的提高。

首先，解释一下什么是楼房"高层化导致的下视问题"。这个在 60 多年前使用的词语已经成为历史，我们没有查到准确的解释。根据当时的有关文章和报道，它主要是指的是这样一种情况：由于当时的民宅多为低矮的木结构房屋，因此，站在现代化的高层建筑上向下望去，矮小破旧的民居一览无遗。说得直白点，就是临街的高楼大厦令人赏心悦目，但是在楼顶往下一看，后面都是"老破小"，大煞风景；而且，高楼还遮挡了阳光，并引出了一些涉及所谓"日照权"的法律纠纷。

其次，关于公害问题，我们都比较熟悉。从上面的叙述中，我们可以得知，该计划的制定者从一开始就非常清楚该计划会带来的副作用，也清醒地认识到，随着经济高速增长，业已严重的公害问题将变得更加严重。就是说，该计划的预期成果，不仅包含国民所得的倍增，同时包含而且实际上确实包含公害的数量与危害的倍增。但是，在两害权衡取其轻的原则下，首选国民所得倍增，因为它涉及实现充分就业以及把国民生活水平提高到西欧国家人民生活水平这两个更高层次且更为紧迫的大目标。

当然，我们也许应当给予公正评价的是，该计划对于公害严重化的预测，并没有停止在"先污染后治理"这种思维模式，而是提出了三个对策：①制定相关法律法规加以限制；②提高公众道德水平；③特别是提高企业道德水平。

不过，现在我们知道，尽管该计划制定者提出了上述对策，但是，实际上日本的公害问题得到较为彻底的解决，还是国民所得倍增计划成功之后的 20 世纪 70 年代的事情。就是说，公害问题，作为经济增长的副产品或该倍增计划的预期对象，随着 GNP 的增加而增加，只是经过了一定的发展阶段，达到了一定的富裕程度，特别是强化了相关法律法规的实施之后，日本政府和国民才有可能对此问题给予解决。就是说，在认识问题与解决问题之间，有一个时间的滞后。

2. 关于缩短劳动时间和提高生活质量的问题

由于当时日本劳动力充裕，所以低工资一直是很多企业，特别是在所谓"二元结构"中占很大比重的中小企业的经营方针。^① 不过,当时日本工会的力量也很强大,从 1956 年开始了每年春季和秋季的提高工资的活动(包括罢工、游行、集会、集体谈判等),即著名的"春斗"和"秋斗"^②。这不仅有利于提高大企业工人的工资,对中小企业工人工资的提高也有示范作用。但是,站在企业经营者的立场,却是有喜有忧:喜的是,参与经济高速增长,可以扩大利润和生产规模;忧的是,它势必导致工资提高和工时缩短,从而使企业利润下降。针对企业家的这种担忧,国民所得倍增计划做了如下解释:

> 从长期来看,可以预料,依靠低工资的经营方式的继续存在将变得困难……今后应当建立近代化的劳资关系,改善劳动条件,提高技术水平,增进工人福祉。为此,需要政府和民间企业一起推进。

关于个人收入提高的好处,国民所得倍增计划指出:

> 劳动时间的缩短,如果从劳动生产率提高的成果的适当分配、余暇利用的增加、健康的保持等角度来看,是值得鼓励的……为了实现健康的和文化的生活的提高,必须将作为其基础的余暇,进行有效的积极的活用,并充实国民的教养、文化和厚生(医疗保健)等方面的生活。

换句话说,就是告诉企业家,高工资可以使职工身体更健康、生活更文化(此处也可视为文明)、更有教养,这不仅对其本人和家庭是值得鼓励的,对企业的长期利益也是有利的。

此外,虽然日本总人口在不断减少,但就业人数在持续增长,2018 年增长了 1.7%。虽然 2020 年因为疫情影响,日本的失业率有所反弹,但对比其他发达国家,如美国从疫情之前的 3.5% 左右上升至最高 14.7%,英

---

① 刘绮霞、李盼盼:《战后日本中小企业的转型与现代化发展研究》,《世界近现代史研究》第 14 辑,社会科学文献出版社,2017,第 61—77 页。
② "秋斗"指每年秋季民营企业劳动者为提高工资而进行的斗争。

国也从疫情之前的 3.8% 升至 5.1%。而日本，仅仅从 2.4% 上升至最高 3.1%，失业率升高不到 0.7%。日本越来越少人失业，源于越来越多的女性和老年人、外籍劳动者参与劳动。这让日本的劳动力人口从 2015 年的 6625 万上升至 2019 年的 6886 万，四年间增加了 261 万。据日本内务府的调查数据，2019 年，日本 60—64 岁的老年人就业率达到了 70.3%，65—69 岁的老年人就业率达到了 48.4%。日本的老年人劳动人口约占总劳动人口的 25%，这个比例大大高于美国（18%）和英国（10%）。

我们知道，在中国改革开放以后，低工资也是很多企业采用的经营模式。即便在今天的很多高科技企业里，这一模式依然受到一些企业者甚至从业者的青睐。其结果固然可以降低生产成本，有利于开辟市场和扩大市场占有率，但是，长时间的劳动和不良的工作环境，对劳动者健康与家庭生活的影响，是不可否认的。而这些不良结果，最终也必然影响企业的扩大和发展。由此可见，尽管国情不同，但是，当年日本国民所得倍增计划的上述分析，对于我们今天的企业家还是有现实的参考意义的。

3. 进出口均衡与黑字问题

由于日本需要的各种资源主要依赖国际市场，因此，如何扩大出口赚取外汇，就成了国民所得倍增计划能否成功的关键之一。过去有些日本专家学者，甚至非常形象地把外贸出口比喻成带动国民经济发展的"火车头"。过去国内学界或政策界的一个普遍共识是，日本凭借战后初期的低成本劳动力和技术革新，大力出口，长期维持了贸易黑字（贸易盈余），从而得以大量进口资源和原材料以及先进技术，而这也是日本战后经济高速发展的诀窍之一。

这种观点因为有事实依据，所以，我们不能说它不对。但是，如果仔细阅读国民所得倍增计划原文的话，我们发现，该计划的制定者虽然强调了出口和黑字的重要性，却没有把它作为主要目标：在计划完成年份，"输出（出口）目标为 93.2 亿美元，年增长率为 10.5%……输入（进口）目标为 98.9 亿美元，年增长率为 9.3%"。另外，针对当时日本各厂家竞相压价出口的问题，"必须改善贸易体制，强化商社的机能，纠正我国出口的过度竞争。为此，必须采取进出口交易法规定的法律措施与各有关省厅的行政措施"。

这里值得留意的有几点。

首先，由于国民所得倍增计划整体的年均增长率预定为 10%，所以，出口的增长率预定为 10.5%，还是比较适当的。我们由此可知，所谓"出口导向型"经济的日本，并没有把难以掌控和危机四伏的国外市场当作经济高速发展的"法宝"，而是把扩大国内市场和提高国民收入，确定为经济发展的根本目标与评估该计划成败的关键。

这一点对于我们的经济管理者与计划者，今天依然具有非常重要的启示作用。当然，实际上由于日本技术革新和产品质量提高，加上当时发达国家进出口贸易兴旺，日本的出口增长率大大超过了该计划——这是后话。

其次，虽然日本重视出口和贸易黑字，但是，该计划进口和出口金额的计算结果，却是进口比出口多 4.3 亿美元，即国民所得倍增计划当时设定的目标，依然是进口大于出口。

由此可知，进口多并不表示经济发展水平不高，反之亦然。这两点对于我们正确地理解经济发展与外贸的关系，以及外贸中进口和出口的关系，特别是出口的角色与作用，应当说还是很有启示的。

而且，近些年，我们似乎更加看清了一个问题，即出口多固然体现了一个国家的经济实力，但是，进口多同样也是国家实力——购买力或内需力的体现。而且，在某些商品供大于求的市场中，进口国的地位甚至比出口国更有利；有时大量进口商品的国家，甚至可以左右某些出口国的经贸政策。

最后，国内厂家彼此压价出口竞争的问题，当年在日本也很严重。国民所得倍增计划提出改善贸易体制和强化商社作用，以及采取法律和行政两方面的措施的建议，不仅对日本，对我们也是可以作为参考的。如据报道，2011 年中国服装企业杉杉集团更换标识为杉杉中国商社，似乎也说明该计划里还有一些值得重读和借鉴之处。

五　若干启示

中国于 2021 年开始实施"十四五"规划，党中央组织制定了"十四五"时期经济社会发展规划。习近平总书记多次提出中国经济要"加快形成以中国国内大循环为主体、国内国际双循环相互促进的新发展格局"，①为中国经济走向定调。参考上述日本经验和中国发展的现实，我们认为应尽快增加 GNI（国民收入）和重估城镇化率等。

1. 增加宏观经济指标 GNI

如何科学把握国内经济运行同比和环比态势，深入分析新情况新问题，及时实施政策预调微调至关重要。但与往常一样，2021 年报告继续使用了 GDP 的指标。特别是《政府工作报告》设定 2021 年的 GDP 增长为 6% 以上，《十四五规划与 2035 愿景目标》虽然没有具体设定经济增长的量化指标，但是达到社会主义现代化水平一般预估也要年均 4.7% 左右。建议及时增加 GNI 和人均 GNI 的指标，这样可以与国家统计局发表的国民经济统计公报的指标保持一致，也可以与联合国《2008SNA》的指标接轨。另外，从理论渊源上，也符合亚当·斯密的《国富论》的本义。亚当·斯密的原话概括起来，就是一国国民每年的劳动，是供给他们每年消费的一切生活必需品和便利品的源泉。这些产物与国民人数，体现出或大或小的比例，并由此决定了国民财富之多少。这些叙述，为后来的 GNP 的出现奠定了基础。而这个 GNP，现在根据联合国的建议，已经逐步被 GNI 取代。

2. GDP 与 GNP 的差额值得重视和研究

GDP 的含义是：在中国境内的所有中国国民与外国国民，在一年内创造的产值。而 GNP 的含义是：在中国境内和境外的所有中国国民，在一年内创造的产值。中国 GDP 大于 GNP 的现象，已经持续多年，并引起了国外专家学者的重视和研究。因为美欧、日本等国，未出现过这一现象。据他们的估算，我们的 GDP 比 GNP 每年多出 3000 亿美元左右（约 2 万亿元人民币）。其原因，可能是我们的统计方法有待改进，也可能是国有资产流失或民营企业对外投资失败，也可能是外资在中国的获利，等等。有些可能不合法，有些可能是合法的市场行为。但是，国内这方面的研究成果

---

① 《习近平对十四五规划编制工作作出重要指示》，新华网，2020 年 8 月 7 日。

似乎不多。建议有关部门和专家学者对此进行深入的研究，并找出原因，采取对策，填补制度和法律等方面的漏洞。

3. 关于城镇化率的重估

《第十四个五年规划和2035年远景目标纲要》提出，"十四五"时期经济社会发展主要目标之一是"深入推进以人为核心的新型城镇化战略，加快农业转移人口市民化"；"城乡区域发展协调性明显增强，常住人口城镇化率提高到65%，现代化经济体系建设取得重大进展"。与往常一样，2021年报告继续采用了很多专家学者估算的城镇化比例（60%），其理由是现有城市户口约8.5亿人，农村户口约5.5亿人，城市化比例约为60%。由于美欧、日本等国的城镇化率为80%左右，因此，很多专家学者认为我们的城镇化还有很大潜力。

这种估算方法比较简便，但是很不准确。因为我们还有约3亿农民工，他们每年有6个月时间，或者在外地工作，或者在本地从事非农产业。就本质而言，他们已经不是从事农业的农业户口居民了。这些人如果计入城镇人口，则我们城市人口将增加到11.5亿人，城镇化率则提升为82%，与美欧、日本等发达国家持平。根据这一估算，我们的城镇化已经进入尾声，城市继续扩大的潜力基本释放完毕。所以需要重估城镇化率，避免在宏观政策上出现误判。

4. 中国兼有发展中国家和发达国家的身份

从日本的经验和今年的发展看，我们遇到了一个新问题：中国是发展中国家还是发达国家？问题的由来主要有以下几点。第一，中国经济规模进一步扩大，世界第二大经济体的地位得到了更加广泛的认可。第二，在很多传统工业领域，中国依然保持世界工厂的地位；同时，在一些高新技术领域，中国也缩小了与美欧、日本等发达国家的差距，甚至有的技术已经领先。第三，2023年美国国会通过决议，认定中国为发达国家。这不仅引发了新的限制，计划了原有的矛盾，也引起中国国内政策界和学术界以及媒体的热烈讨论。目前普遍的舆论和观点是：如果"中国还是发展中国家"对的，则对于"中国是发达国家"的判断就是错的，反之亦然；非此即彼，二者选一。

我们得出的一个与众不同的结论是：这两个判断都是真的和对的，但同时，也都包含假的和错的因素。更明确地说，中国既是一个发展中国家，也是一个发达国家。因为地大物博和人口众多，以及各地区和产业之间的重大差异，中国既具有发展中国家的某些基本特点，也具有发达国家的某些显著特征。

因此，做好今后经济工作，要基于中国兼有发展中国家和发达国家的身份，正确认识到：从经济发展阶段的若干主要发展指标、经济政策和社会心理来看，当前的中国已经与很多发展中国家有了显著的不同，而与 20 世纪 70—90 年代的美欧、日本等发达国家有了更多的共同点。中国是一个正在大步走向发达国家的发展中国家。

六　结语

通过重读《日本国民所得倍增计划》，我们发现了一个有趣的现象，就是这个计划本身没有变化，白纸黑字，依然如故，但是我们读它的心境与得到的启示却发生了变化。

当我们年轻时初次接触到这个计划的时候，望文生义，把它仅仅当成了一个提高国民收入的计划，并认为只要有几个这样的计划，而且顺利实施和完成的话，中国所有重大的社会经济问题就会迎刃而解。而对于这样的计划可能产生且必然产生的副作用，则几乎全然不知，或者即便知道若干，也往往认为它们的出现另有原因，而与此类计划没有什么关联。

然而，随着岁月流逝和阅历增长，我们逐渐意识到了过去忽视的问题：当年日本的国民所得倍增计划，虽然成功地实现了高速增长和充分就业的目标，但是，也产生了很多负面结果。尽管该计划也预见到可能出现的经济与社会等领域的副作用，并提出了若干对策，但是，这些问题较为彻底地解决，主要还是 20 世纪 70 年代以后法律强化、政策实施以及国民意识提高的结果。

回顾中国经济的发展历程，众所周知的是，我们的经济高速增长完全可以与日本媲美，而引发的各种问题恐怕还要多于日本。那么，今天我们重读《日本国民所得倍增计划》的最大收获就是，在经济高速增长时期结束之后，经济规划的重点应当从大数量的增加转变为高质量的发展，从生产规模的扩大转变为国民福祉的提高，从生产大国或贸易大国转变为生活大国、消费大国、文化大国、福祉大国、绿色环保大国。在这些方面，战后日本（以及欧美等工业化先行国家）的经济发展史，依然有许多宝贵经验有待我们发掘。

（郑建成：对外经济贸易大学国际经济研究院副研究员；

王卓：国家发展和改革委员会国际合作中心、

华夏研究院国际合作处处长、博士、研究员；

贾保华：对外经济贸易大学国际经济研究院研究员）

日本在 RCEP 谈判中构建制度性话语权的动因、路径与效用[*]

高文胜　安一婷

内容摘要　日本在 RCEP 谈判中构建制度性话语权的动因与其综合外交战略规划紧密相关，涉及经济、政治、外交的不同层面。路径包括规则性话语权和关系性话语权两个方面，前者突出体现在建章立制上采取的措施，而后者重点在拉近与印度及东盟国家关系上所做的努力。日本在 RCEP 谈判中构建制度性话语权的行动取得了一定效果，有助于其提升国际影响力和构建符合日本利益的地区经贸秩序，但同时日本也做出了一系列让步，体现出其构建制度性话语权的限度。日本在 RCEP 谈判中制度性话语权的构建对思考和提升中国在国际经贸秩序中的制度性话语权具有一定的启示和借鉴作用。

关键词　RCEP　经贸谈判　制度性话语权　关系性话语权　日本

2022 年 1 月 1 日，《区域全面经济伙伴关系协定》（以下简称 RCEP）正式生效，文莱、柬埔寨、老挝、新加坡、泰国、越南 6 个东盟成员国和中国、日本、新西兰、澳大利亚 4 个非东盟成员国率先开始生效协定，韩国也于 2 月 1 日起正式加入实施。RCEP 的生效实施，标志着全球拥有人

---

* 本文系国家社科基金项目"'主体的综合外交战略'下的日本对南太平洋岛国外交研究"（项目号：20BGJ071）阶段性成果。

口最多、经贸规模最大、最具发展潜力的自由贸易区落地生根，必将为区域乃至全球贸易投资增长、经济复苏和繁荣发展做出重要贡献。同时，随着国际规则的普遍增多和覆盖范围的扩大，提高制度性话语权日渐成为各国竞争的重要目标之一。聚焦到 RCEP 上，日本拥有追求区域主导地位的强烈意愿和遏制中国在区域经贸秩序中威望增加的决心，并在一定程度上达到了其预期目标。因此，探究日本在 RCEP 谈判中构建制度性话语权的动因、路径与效度具有实时性和必要性，不仅有助于了解日本方面的政策考量，对加强中国制度性话语权建设也具有一定的启示和借鉴作用。

一　制度性话语权与日本话语建构研究评述

西方国际政治理论界很早就对"制度性权力"概念有所涉及，不论是新自由制度主义还是新现实主义都承认"大国创设制度"这一前提，现实主义更是把秩序视为权力的外在体现，将制度视为凸显权力的工具。在旧有研究的基础上，中国学界将"话语"概念融入"制度"与"权力"形成"三派合流"，提出了"制度性话语权"这一术语。2014 年，中国国家主席习近平在对巴西进行访问时首次对这一概念进行公开表述，倡导发展中国家凝聚力量，积极参与全球治理，争取更多的制度性话语权。在"十三五"规划中更是明确提出提高中国在全球经济治理中的制度性话语权，认为这是提升中国全球治理能力的体现。学界对这一议题的探讨也在不断深入。首先，从定义上来说，"制度性话语权"是指一个国家在国际组织运行、国际规则制定、国际道义维护、国际秩序组织四个方面的影响力和决策权，[①] 它与强制性或道义性话语权不同，具有结构和进程的双重属性，其中，"制度"是手段也是途径，"话语权"是目的也是结果，"语言方式与非暴力的形式"是其根本性特征。其次，从重要性上来说，基于"制度非中性"理论，不同行为体在制度中获得利益的程度不同，拥有更多制度性话语权的国家将成为规则的主导者，通过制度所具有的正当性和稳定性

---

① 苏长和：《探索提高我国制度性话语权的有效路径》，《党建》2016 年第 4 期。

特征获得制度红利，在全球治理中形成合法性权威。然而长期以来，国际制度体系中的话语权一直由西方国家掌控，给中国的发展进步及形象塑造带来极大阻力，因此，在国际舞台上提升制度性话语权成为中华民族走向伟大复兴的重要一环。最后，从路径上来说，制度性话语权的构建具有双重维度：在全球维度的行动包括抵御西方国家以其世俗力量为优势，将"自由民主"作为"普世价值观"强加于中国；抵御西方国家以其媒介力量为优势，将"中国威胁论"等污名话语进行跨文化传播和全球性渗透；抵御西方国家以其政治经济力量为优势，将发展中国家排除出全球治理规则制定和政策协商的舞台。在本土维度的改良包括将源于中国关系理性思维的传统意象"人类命运共同体"引申为全球治理的新价值共识，在这一观念获得国际社会广泛认同与接纳的过程中，其本身也内化为构建国际制度性话语权的绝佳工具；将作为国家重要经济发展规划的"一带一路"倡议高质量实施，"一带一路"机制是创建和传播中国话语的重要平台，也是中国在西方话语背景下获得发言权与参与权的大好机遇；将体现中国作为规则创建者和主导者角色的"亚投行"机制不断向外推广，中国积极建制的努力展现了自身负责任的大国形象，也为今后在国际舞台上获得更多国家的信任和支持奠基。

综上所述，现有的研究对象大都局限于本土，聚焦于中国构建制度性话语权的意义和路径，并常常将其同中国既有的政策及话语概念联系起来进行拓展评析，而那些少量研究当前占据制度话语优势地位发达国家的文章，也往往是立足于批判而非借鉴和吸收他国经验。这样做的不足有两个方面。第一，用一个目标诠释另一个目标很容易陷入一种相互解释的困境。以"人类命运共同体"为例，大多数学者都指出这一观念的推广有利于提升中国制度性话语能力，但结合现实来看，这一观念如何推广并为"异文化"的国家所接受仍然是一个值得深入研究的话题，而不是一个既有前提，因此，这种宽泛性的路径仍需进一步拓展与细化。第二，不分析发达国家获得制度性话语权的经验，就无法对具体的某一制度或领域提出针对性建议。以经贸领域为例，美国作为国际货币基金组织、世界银行和关贸总协定的"设计师"，其拥有的制度性话语权无可比拟，中国不论是创制还是改制的行动都必将牵扯到美国的"传统利益"并与之展开交锋。因此，探求美国既有制度话语的优势和建构过程同样是中国当前必须关注的重点，在 RCEP 中对日本的关注也正基于此。然而，尽管学界已经认识到日本的对外宣传能力和其同中国在地区制度框架下频繁进行的话语权竞争，对其话语建构展开研究的文献数量仍然较少，内容的涵盖范围也较窄，至今尚未出现对日本在某一组织或制度中提升话语路径的相关研究，因此，探究日本在 RCEP 谈判中构建制度性话语权的具体路径及其效果，对于思考和提升中国在国际组织中的制度性话语权具有一定的参考价值。

二　日本在 RCEP 谈判中构建制度性话语权的动因

提高自身在世界舞台上的话语权与影响力，是每一个国家都力图争取的目标，而自由贸易协定中的话语权之争实质上是经济、政治、安全、法律、秩序与规则设定的全方位竞争。为了提升国家总体实力、实现全面繁荣，日本在其《综合战略大纲》中有针对性地规划了未来对外战略的主要方向，其中"加大与亚太国家的紧密合作、确保与生存相关的能源资源粮食供应链稳定、维护和发展自由贸易体系、积极主动地参与地区事务并发挥主导力量"等被纳入日本 2001 年至 2030 年的长期发展纲要，也成为日本重塑国家和社会形象的重要举措。[1] 因此，对于日本而言，谋求在 RCEP 中的制度性话语权与其综合外交战略规划紧密相关。

第一，从经济利益角度来说，掌握地区话语权是日本实施"经济再兴战略"的重要一环。"日本再兴战略"是第二届安倍政府时期制定的长期经济发展规划。因为制度性话语权也包括在协定的议程设置、规范塑造、规则实施等多项环节的影响力，[2] 所以拥有更多或更高的话语权就能更好地为自身经济利益服务，如果建成日本理想中的覆盖整个东亚的高水平

---

① 「日本の総合戦略大綱」中曾根平和研究所、2001 年 4 月 1 日、https：//npi. or. jp/resea-rch/data/js2001. pdf［2021 – 12 – 10］。

② 陈伟光、王燕：《全球经济治理制度博弈——基于制度性话语权的分析》，《经济学家》2019 年第 9 期。

FTA（自由贸易协定），就有助于日本构筑稳定的海外市场，弥补内销不足带来的经济萎缩，以及缓解日本作为岛国资源稀缺造成的不稳定。所以，在 RCEP 谈判中构建制度性话语权不仅能够帮助日本重新获得在产业结构上的优势地位，甚至可能使日本在某些领域回归"雁型模式"，引领亚洲潮流。日本发布的《RCEP 概要报告书》明确指出："RCEP 将促进地区内的贸易投资、提高供应链效率、改善市场准入，这必将有助于日本的经济增长。"① 日本智库瑞穗综合研究所认为："RCEP 是日本与中韩两国的第一个 EPA，填补了亚太地区供应链的空缺，并有望成为后疫情时代推动经济复苏的引爆点。"② 美国退出 TPP（跨太平洋伙伴关系协定）后，日本成为 CPTPP（全面与进步跨太平洋伙伴关系协定）的旗手，若 RCEP 与 CPTPP 在规则设置和强度上相差太多，其交叉的国家和企业将不得不在亚太区域同时适用两套内容迥异的政策标准，这不利于日本未来的商业发展。因此，日本将"先构建 RCEP，后与 TPP 合并，建立同 APEC 三者组合而成的 FTAAP（亚太自由贸易区）"视为最佳经贸战略,③ 将"获得地区经贸秩序中的主导地位"视为首要任务。当前，世界贸易面临保护主义和单边主义抬头的挑战，日本因为制定并推行了美国和中国都没有加入的大型自由贸易协定（CPTPP），认为自己有能力也有责任在世界经济舞台特别是规则制定方面发挥领导作用。日本前外务大臣茂木敏充在强调构建制度性话语权过程中日本应当发挥的主导性作用时指出："RCEP 是改善商品市场准入规则的一大步，也是在本地区形成包括知识产权和电子商务在内的以自由公正为基础秩序的一大步，日本在协定商讨、国内审批、协定生效后的操作及争端解决过程中发挥主导作用都是十分必要的，此后，日本还将

---

① 「外務省、財務省など地域的な包括的経済連携（RCEP）協定に関するファクトシート」外務省、2020 年 11 月 5 日、https://www.mofa.go.jp/mofaj/files/100115475.pdf［2021 - 12 - 10］。

② 「『成長』が課題のRCEP TPP 未満 WTO 以上のメガEPA」みずほ総合研究所、2020 年 11 月 30 日、https://www.mizuho-ir.co.jp/publication/mhri/research/pdf/insight/pl201130.pdf［2021 - 12 - 10］。

③ 「第 183 回国会参議院予算委員会第 12 号」『国会会議録検索システム』2013 年 4 月 25 日、https://kokkai.ndl.go.jp/#/detail?minId = 118315261X01220130425&current = 1［2021 - 12 - 09］。

继续担当规则引领者的角色，推动自由公正的经贸圈不断扩大。"①

　　第二，从政治军事角度来说，掌握地区话语权有助于日本推行其"普通国家化"战略。狭义的"普通国家化"战略聚焦于修改《日本国宪法》第九条，打破战后体制的约束进而提高日本的军事实力；而广义的"普通国家化"战略则更加强调日本作为一个地区性大国在国际社会中承担责任的身份构建。因此，日本追求在经贸秩序中的话语地位实际上是"普通国家化"战略在外交领域的延伸。当前日本的国家实力难以同其萌生的大国意识与预设的国际威望地位相匹配，在不平衡发展带来的压力下，日本政府进行了战略调整，从包括经济在内的多角度入手，谋求构建符合日本意愿的东亚地区秩序、亚太地区秩序乃至世界秩序。在日本的传统地缘政治观念中，东亚是日本的"战略后庭"，② RCEP 作为由东盟提出、韩国参与、中国积极助推的经贸协定触动了日本的政治敏感神经，使其加大了对协议主导权的争夺。在日本看来，经济外交"不仅是一种追求经济利益的手段，更是追求政治与安全目标的利器"。③ 日本前首相安倍晋三指出："加强与东盟的关系是日本的国家利益所在，在亚太地区，我国不仅要在经济领域，更要在安保、文化与人员交流等多个领域作为引领者做出贡献。"④ 表达了日本想要通过拥有亚太经贸话语权获得更高意义上的政治领导地位的意愿。与此同时，安倍政权之所以能够长期执政，一个重要的原因是其经济成果，"以经济推政改"成为安倍政府调控其起伏不定支持率的法宝，⑤ 而"安倍经济学"成功的要素之一即推行"巨型 FTA"战略和争取在其中的制度性话语权力。未来，日本迂回推进"普通国家化"的目

---

① 「第 204 回国会参議院外交防衛委員会第 9 号」『国会会議録検索システム』2021 年 4 月 22 日、https：//kokkai. ndl. go. jp/#/detail？ minId = 119604080X00320180330&current = 23 ［2022 - 01 - 09］。

② 杨伯江、陈腾瀚：《日本国家战略转型：认知重构与路径选择》，《东北亚学刊》2017 年第 1 期。

③ 高文胜、张永涛：《日本"巨型 FTA"战略：演变、特征、评估及对中国的影响》，《日本学刊》2021 年第 5 期。

④ 「第百八十三回国会における安倍内閣総理大臣所信表明演説」首相官邸、2013 年 4 月 22 日、https：//www. kantei. go. jp/jp/headline/183shoshinhyomei. html ［2021 - 12 - 10］。

⑤ 张玉来：《日本安保战略转型及其对策》，《国别和区域研究》2018 年第 1 期。

标与志向不会改变，在亚太地区经贸秩序中获得更高话语地位的意愿与企图也会更加明确。

第三，从安全防卫角度来说，掌握地区话语权是日本奉行"软制衡"战略的重要前提。在中美战略竞争不断加剧的背景下，围绕各项制度和话语权的争夺成为大国竞争的重要内容。当然，制度性话语权的获取并非与国家实力完全一致，小国灵活运用"对冲战略"也能拥有一定的制度性权力。日本就是充分意识到小国在地区制度建构中的重要性及以自身实力同中国直接抗衡的困难后，试图以"小国非正式联合、经济上集体施压等手段约束中国"。① 因为"软制衡战略"的实质是逼迫大国按小国所提倡的"国际规则和制度"行事，所以这一制度必须具有合法性基础，日本也就因此迫切需要构筑在 RCEP 中的话语领导地位。日本认为，如果中国实力在十年、十五年内取得压倒性增长，RCEP 模式将会不断拓展，这会在地缘政治上给日本带来不便。因此，为进一步提升在经贸领域的话语权进而牵制中国，日本政府一方面试图把东南亚各国特别是泰国、印度尼西亚等对日本来说具有重要投资价值的国家率先引入 TPP；另一方面统筹利用 RCEP 和 TPP，极力谋求与日本"价值观相同"的国家联合，以牵制中国。时任经济产业大臣世耕弘成认为，"虽然泰国有能力加入较高标准的制度，柬埔寨、老挝等国却相差甚远，日本推进 RCEP 可以借此加大与这些国家的全面合作，为最终将其纳入 TPP 奠基"，"此外，更为重要的是作为亚洲地区自由贸易的旗手，利用 TPP 和 RCEP 掌握地区主动权"。② 时任外务大臣茂木敏充更为直接地表示："RCEP 不是一个由中国主导的框架，而是在东盟推动下进行谈判和达成的协议，日本希望与同属 CPTPP 成员的澳大利亚和新西兰紧密合作，通过 RCEP 在区域经济秩序中发挥主导作用。"③ 日本通

① 孟晓旭：《软制衡：日本"印太战略"下的小国外交》，《日本学刊》2020 年第 6 期。
② 「第 196 回国会衆議院経済産業委員会第 3 号」『国会会議録検索システム』2016 年 3 月 30 日、https://kokkai.ndl.go.jp/#/detail？minId＝120413950X00920210422&current＝13 ［2022-01-09］。
③ 「第 204 回国会衆議院本会議第 17 号」『国会会議録検索システム』2021 年 4 月 2 日、https://kokkai.ndl.go.jp/#/detail？minId＝120405254X01720210402&current＝26 ［2022-01-09］。

过与"价值观相似"的澳新等国"结盟",稀释中国在地区机制中的影响,防止自身在地区影响力的下降。

三　日本在 RCEP 谈判中构建制度性话语权的路径

在 RCEP 的谈判过程中,日本构建制度性话语权的路径不仅涉及与制度相关的话语构建,更聚焦于地区治理中权力运作的方式与影响,以及更为抽象的与他国良性关系的构建,因此,必须从"规则"和"关系"两个层面加以分析。全球治理中的规则治理是指将清晰的权益条款作为基本分析单位并借助严格程序加以实施的治理模式;而关系治理是指将复杂的关系作为基本分析单位和将基于道德的社会信任作为核心理念的治理模式。因此,将"规则"和"关系"两个层面投射到日本在 RCEP 谈判中构建制度性话语权的路径上,前者是指日本在建章立制过程中采取的战略与措施,而后者是指日本与其他制度参与方在拉近关系上所做的努力。

(一)日本构建规则话语权的路径

第一,日本提出"10 + 6"构想,同中国积极推进的"10 + 3"机制相抗衡。中国在 2004 年就提议建立以东盟十国及中、日、韩三国为基底的东亚自由贸易机制。但日本始终消极对待,其行为是出于政治层面的考量,即担心中国在这一制度中威望过大而使日本主导权旁落。因此,日本在 2006 年提议将具有"相同价值观"的印度、澳大利亚和新西兰三国引入 RCEP 谈判,试图以此限制中国的影响,这种影响既包括安全层面(担忧中国在地区机制中拥有优势性的话语权力),也包括经济层面(担忧日本在推行利于发达国家的规章制度时处于不利地位)。而中国对"10 + 3"机制的坚持则更多地聚焦于经济层面,从效率的角度来说,这个框架能使合作更快地达成与运转,推动中国改革开放政策的进一步深化。[①] 由于中日两国在成员参与问题上迟迟不能达成一致,东亚自贸协定谈判陷入僵局。

---

① 王玉主:《中日之争与东亚合作——以"10 + 3"、"10 + 6"为主的分析》,《创新》2010 年第 3 期。

2010 年 10 月，日本首相菅直人在国会施政演说中表示日本要参加 TPP 谈判，其继任首相野田佳彦在 APEC 会议上也表明了相同的态度，这成为促使中国在成员国问题上做出让步的"引爆点"。[①]一方面，TPP 含有美国同中国在亚太区域开展制度竞争的意涵，在美国的操纵下，中国很难参与 TPP 之中，若不加速达成 RCEP，就会在经贸合作中处于被动地位，甚至落入日美等国离间中国与周边国家关系的陷阱。另一方面，随着中国经济实力的不断提升，对外贸易所遭遇的摩擦与壁垒也越来越多，RCEP 最初成员国中的日本、印度都是中国最主要的施压方，推动 RCEP 签署就能有效消除贸易壁垒、提升经贸合作水平。在这样的情形下，推动东亚区域一体化持续扩展、实现更稳健的经济增长，以及在确保"10＋3"机制应有合作尽数展开的基础上放下对潜在收益可能更大的"10＋6"机制的抵触，成为中国的必然选择。2011 年 8 月，在印度尼西亚举行的东亚贸易部长会议上，中日两国宣布同意开始谈判，并建立一个以"10＋6"为基底的亚洲自由贸易区。尽管中国在 RCEP 的成员参与问题上做出让步是为推动东亚合作的顺利展开，但也为日本在 RCEP 谈判中构建其制度性话语权提供了便利。

第二，日本利用其国际经贸战略影响 RCEP 的谈判进程。日本跨越两大洋深度合作的国际经贸战略也被称为"巨型 FTA"战略，具体表现为先TPP，后 RCEP，并积极落实日欧 EPA（日本与欧盟经济伙伴协定）等细则。日本前经济产业大臣世耕弘成在国会答辩时表示："政府一直致力于先达成 TPP，再就 RCEP 展开谈判，并且哪怕在规则领域遭受孤立，也应将高标准作为谈判目标。"[②] 因此，在 TPP 稳定进行期间，日本对 RCEP 的关注程度并不高，且要求非常严苛，难以妥协，这一方面是因为东亚地区自由贸易协定的"面条碗"效应，使得日本同东盟等国的经济合作已经有所保障，哪怕其经济效益预期不如 RCEP，背后蕴含的政治因素也使得

---

① 菊池努・神谷万丈等「『インド太平洋時代』の日本外交：Secondary Powers/Swing States への対応」（平成 25 年度）、『研究報告』2014 年第 1 期、119 頁。

② 「第 196 回国会衆議院経済産業委員会第 3 号」『国会会議録検索システム』2016 年 3 月 30 日、https://kokkai. ndl. go. jp/#/detail? minId＝120413950X00920210422&current＝13 ［2021－12－09］。

日本政策甘愿偏移；另一方面是由于日本在 RCEP 的重要考量之一是配合美国，遏制中国的影响，[①] 因而更倾向于将 RCEP 变成日本经济治理模式的翻版，在多方难以达成统一的前提下，不如优先同其他区域（如欧盟）展开经贸谈判，在 FTA 覆盖率达到一定程度时再筹备 RCEP 的谈判计划。因此，从 2013 年到 2018 年，RCEP 虽然进行了多轮技术谈判、部长级会议和领导人会议，但都成效不高，难以消除在相关条款上的分歧和差异，在《RCEP 谈判的指导原则和目标》中约定的 2015 年内结束谈判的目标也一再被推迟。2018 年 7 月，RCEP 部长级会议在日本东京举行，时任日本首相安倍晋三发言称："我国领导的 CPTPP 谈判日前已获得国会批准，去年与欧洲进行的 EPA 谈判也达成了妥协，接下来就是 RCEP，日本希望与各成员国齐心协力地在本地区建立以自由公正为基础的 21 世纪新经济秩序。"[②] 至 2018 年末，RCEP 的谈判任务完成度从 2017 年的不到 50% 迅速提升至接近 80%，[③] 虽然这同中国、东盟等其他成员国在 RCEP 中加快工作节奏、协调一致的积极努力密切相关，但也不能忽视日本对 RCEP 谈判进程的影响。日本将试图达成的目标按优先性进行排序并根据国际经贸战略逐步推进的做法，成为其构建制度性话语权路径的关键一环。

第三，日本依托其技术实力和新兴技术战略，在 RCEP 谈判中主导议价规则。长期以来，日本在基础科学领域，特别是半导体材料、电子元件等产业领域都处于国际领先水平，其对科技创新的投入力度也始终保持在世界前列。[④] 在 RCEP 谈判中，为实现主导亚太经贸规则和升级版高质量 FTA 的目标，日本充分利用其经济结构和技术优势同中国展开竞争。[⑤] 以

---

① 山田博文・王雪初「東アジア経済共同体と日中経済関係」『群馬大学教育学部紀要　人文・社会科学編』2010 年第 59 期、44 頁。

② 「第 5 回 RCEP 中間閣僚会合安倍総理スピーチ」首相官邸、2016 年 7 月 1 日、https://www.kantei.go.jp/jp/98_abe/statement/2018/0701speech.html［2021 - 09 - 11］。

③ 《李克强出席第二次"区域全面经济伙伴关系协定"领导人会议》（2018 年 11 月 14 日），中国政府网，http://www.gov.cn/guowuyuan/2018 - 11/14/content_5340462.htm，2021 年 12 月 10 日。

④ 卢昊：《日本强化高科技战略竞争能力》，《世界知识》2020 年第 15 期。

⑤ 蔡亮：《安倍政府区域一体化政策的战略意图剖析——基于机会窗口与规则收益的视角》，《日本学刊》2019 年第 1 期。

"电子商务"为例，作为一种现代日常生活必不可少的数字平台，日美等发达国家拥有着一定的先发优势，在电子签名、电子账单等嵌入跨国商务的技术和数字平台上，许多发展中国家更倾向和习惯于使用由日美等国开发的平台。[①] 尽管中国已经成为使用电子商务平台的第一大国，[②] 但在数据资源和数字平台上仍处于不利境地，中国的数字企业被迫依赖于发达国家数字平台主导下的价值链运行，[③] 且受到国外一些媒体在"价值观"指引下的恶意宣传，难以快速有效地进行国际推广。针对这一状况，日本在RCEP 谈判过程中积极推动电子商务工作组成立，率先向工作组提交同TPP 相差无几的讨论文本，并要求设立有关电子商务法律框架的研讨会，为维护和巩固在该领域制定标准及彰显声誉的领导地位奠基。在 2017 年于越南河内举行的 RCEP 部长级会议上，世耕弘成提交了一份有关数字规则建议的草案，尽管中国方面表示反对，但在越南、新加坡等国的支持下，草案最终在大会上通过。该草案之所以能顺利通过，主要是因为世耕弘成对东盟各国进行了大量公关和游说活动。在会议召开前一个月，世耕弘成邀请东盟各国部长到他所在选区的和歌山城堡进行访问，并就日本试图达成的会议目标展开协商，在 5 月会议正式开始前夕，他又邀请了东盟代表共聚晚宴，以确认他们的支持。[④] 日本在制定符合自身利益、凸显自身优势的电子商务规则上所做的努力由此可见一斑。这种依托原有优势提升议价能力的方法也成为日本构建制度性话语权路径的主要基调。

第四，日本力求以较为完备的法律制度成为管控 RCEP 新兴领域的中枢国。从自由贸易协定的法律角度出发，WTO 中存在许多尚未明确的规

---

① R. Y. Wardani, "The Interests of China, India, and Japan in the Negotiations of the Regional Comprehensive Economic Partnership: Theoretical Perspectives," *International Social Science Journal* (2021), p. 11.

② 严蓉：《RCEP 背景下电子商务及数字贸易规则的模式与经验——RCEP 成员国的比较研究》，《中国商论》2021 年第 15 期。

③ 郭周明、裘莹：《数字经济时代全球价值链的重构：典型事实、理论机制与中国策略》，《改革》2020 年第 10 期。

④ "Japan Teams with RCEP Allies to Push China on Data Free Flow," *Nikkei Asia*, December 30, 2020, https://asia.nikkei.com/Economy/Trade/Japan-teams-with-RCEP-allies-to-push-China-on-data-free-flow [2021 – 09 – 11].

则，如投资保护和竞争政策、劳工和环境标准等，这些"新"问题的出现，为处于一定领先地位的国家提供了争取制度性话语权的活动空间。在这种情况下，最初的合作谈判就成为一个重要的先例，那些在标准制定上捷足先登的国家，因为立法所具有的固定性效应而长期占据有利地位。正因为如此，安倍强调："TPP 构建的经济秩序将成为 RCEP 制定规则时的蓝本。"① 日本利用其在专门知识和法律制度方面的优势，主导区域经贸合作规则的制定权与先决权，达到在话语上遏制中国的目的。首先，在知识产权法规设定上，日本于 2014 年 10 月草拟了《RCEP 知识产权报告》，将"TRIPS"（《与贸易有关的知识产权协定》）拔高到与 TPP 最终文本类似的程度，特别是在扩大专利性范围、专利期限扩展和数据排他性等方面。② 此外，受到开发制药、医疗设备和再生医疗产品等方面巨大出口优势的驱使，日本尤为注重药品知识产权，而近年来东南亚及印度的仿制药蔓延则严重损害了日本的国内利益，因此，通过 RCEP，日本试图在地区知识产权特别是药品出口规则设定中发挥主导作用。其次，在投资保护和竞争法规上，日本希望能在 RCEP 中建立更为严苛的投资与争端解决机制（IS-DS），因为一方面日本认为中国存在"政府干涉下对本地公司的补贴和与外国企业不正当竞争的现象，必须在 RCEP 中推进更高水平的投资和服务贸易章节"，③ 另一方面日本现有的主要投资贸易协定大都已经包含了 ISDS 条款，日本认为赋予企业直接起诉东道国，由仲裁庭进行审判的权利，从日本的国家利益而言利大于弊。除对自身国内法与国际法的衔接充满自信外，对于其构建的关系网络及仲裁程序也较为自信。时任日本行政改革担当大臣的河野太郎在国会答辩中强调："日本当然始终认为 ISDS 条款是必要的，因此无论是在 RCEP 还是日中韩 FTA 谈判中都会积极争取，但在这一过程中，如果让对方国家知道日本什么时候可以让步或者重视什么东西，就会丧失谈判的主导权而使自身陷入不利，而政府会尽量避免这种情

---

① 刘均胜：《RCEP 谈判进程及挑战：从区域视角的评估》，《国际经济合作》2017 年第 8 期。

② B. Townsend, "Japan's Emerging Role in the Global Pharmaceutical Intellectual Property Regime: A Tale of Two Trade Agreements," *The Journal of World Intellectual Property*, 2018 (21), p. 93.

③ 「投資関連協定に関する提言」日本経済団体連合会、2019 年 10 月 15 日、https://www.keidanren.or.jp/policy/2019/082_honbun.html［2021 - 12 - 10］。

况的发生。"① 这种对新兴领域规则设定的重视，也凸显出拥有规则"先决权"在日本构建制度性话语权路径中的首要地位。

第五，日本通过保护传统弱势领域，在 RCEP 谈判中占据有利地位。农林渔业等产品的贸易一直是日本发展的薄弱环节，其每个 FTA 机制的签署都充斥着与他国在农业保护政策上的博弈。如果说在 RCEP 的电子商务、知识产权领域日本显示出的是一种积极进攻态势的话，在农业贸易问题上则体现出鲜明的被动防守情形。"中国—东盟自贸区协定"要求在三年内将大部分农产品的税率降至 0—5%，而"日本—东盟自贸区协定"却将农产品列为敏感商品，不再享受延迟或减免关税福利，这注定了在 RCEP 的谈判过程中围绕农产品关税问题的矛盾凸显。尽管日本有意加速农业政策改革，以适应更加开放的双多边自贸协定，② 但这是一个长期的过程。在 RCEP 协定中，日本不仅将五类最为敏感的农产品（大米、牛肉和猪肉、小麦、乳制品、糖）排除在议程之外，③ 更将关税减免率和商品取消范围设定得远低于 CPTPP 和日欧 EPA，以保护其传统农业利益。从谈判策略的角度来说，日本认为："中韩两国在 RCEP 签署前出口日本市场的工业品免税项目率已高达 50%，因而在协议中对工业产品的关注程度并不会很高，而是会聚焦于农林渔业产品方面。"④ 因此，日本在农产品贸易谈判中格外谨慎，一方面想要最大限度地消解日本痛苦，在底线思维上弥合短板；另一方面想要争取到谈判的相对优势地位，在有利的环境中提升制度性话语权。这种在相对弱势领域构筑安全防线的做法，成为日本构建制度性话语权路径的核心战术之一。

① 「TPP 協定における ISDS 条項」外務委員会、2018 年 5 月 16 日、http：//www.katsuya.net/topics/article - 7608. html［2021 - 09 - 11］。

② H. Lee and K. Itakura, "TPP, RCEP, and Japan's Agricultural Policy Reforms," *OSIPP Discussion Paper：Osaka School of International Public Policy*, 2014（03），p. 13.

③ "Japan Joins Regional Comprehensive Economic Partnership," *Global Agricultural Information Network*（November 19, 2020），https：//apps. fas. usda. gov/newgainapi/api/Report/DownloadReportByFileName? fileName = Japan Joins Regional Comprehensive Economic Partnership_ Tokyo_ Japan_11 - 13 - 2020［2021 - 09 - 11］.

④ 増川智咲「アジアにとって RCEP は何を意味するか——日本に期待されているのは、TPP の水準維持と RCEP による地域底上げ」『大和総研』2020 年 12 月 9 日、8 頁。

（二）日本构建关系话语权的路径

日本在关系话语层面行进的第一步实质上是区分何者为最主要且合适的"话语对象"的问题。"'话语对象'是指谈判国要谨慎选择与哪些国家缔结话语联盟，能够为集体行动提供观念与认同支持，并增进治理的有效性。"[1] 在 RCEP 谈判的成员中，日本最重要的"话语对象"是东盟和印度。除上文提及的日本外交软制衡考量、东盟在地区经贸一体化中所具有的中心地位外，日本的"印太战略"也对选择起着重要的指引作用。尽管"自由开放的印度太平洋"概念在 2016 年才被正式提出，但日本此前的外交风格已经颇具其中意涵。在 2013 年即 RCEP 谈判开启次年，日本将东盟定义为"对日本至关重要的地区"，安倍在印度尼西亚发表了"对东盟外交五原则"，旨在将东盟塑造为"价值观"盟友。日本更将印度定义为"地缘政治上的关键国家"、"经济互补性国家"和"共享战略利益的伙伴"，突出强调印度同日本基于"共同价值观"下维护地区秩序的责任。[2]东盟和印度对日本也抱有高度期待：对于东盟来说，日本是重要的经济伙伴和实施"大国平衡战略"必不可少的一环；对于印度来说，日本是友好的合作方和推行"东向政策"的关键助力。日本与东盟或印度在外交战略上的共通性使双边关系发展得迅速而密切，这也成为日本优先选择其作为话语对象的前提。此外，日本关注这两个地区的原因还在于东盟和印度的发展中国家属性。日本认为，中国将自身称为规则制定的"旗手"是打着发展中国家代表的"幌子"，是在"有目的"地引导发展中国家支持改写由欧美发达国家主导的国际经贸规则，而拉拢更多的发展中国家就能从内部消解中国建章立制的道义合法性，提升日本在规则制定中的威望地位。因此，日本将东盟与印度视为 RCEP 谈判中最为重要的话语对象，并从三个方面入手全面构建制度性话语权力。

---

[1]　陈伟光、王燕：《全球经济治理制度性话语权：一个基本的理论分析框架》，《社会科学》2016 年第 10 期。

[2]　「平成 25 年版外交青書」外務省、2013 年 4 月 22 日、https：//www.mofa.go.jp/mofaj/gai-ko/bluebook/2013/pdf/pdfs/1.pdf［2021－12－10］。

第一，日本进行大量的发展援助，强化与东盟及印度的关系。日本对东盟及印度的"援助战略"包含四个方面的特征。一是日本的援助金额在其总支出中占比较高且具有长期性。RCEP 谈判开始后不久，安倍政府即宣布实施"日本—东盟一体化升级版计划"（JAIF 2.0），承诺五年内向东盟提供 2 万亿日元的援助和 1 亿美元的基金，用来加强双方的交流协作。① 长期以来，东南亚也一直是接受日本政府开发援助的主要地区。2014 年，安倍政府同样宣布加大对印度的援助力度，在五年内向印度提供 3.5 万亿日元，以推进双方的经济交流和技术合作。② 二是日本进行援助的项目多样且层级广泛。项目多样体现在 JAIF 2.0 不仅被用来推进经济建设，还被用于支持灾害防御、地区反恐、青年交流等多个领域，③ 日本国际协力机构（JICA）也常年对印度的高速铁路修建、私营部门发展等展开针对性援助。层级广泛则体现在援助计划还涉及次区域的经济区和国家内部的区域开发。2018 年，日本将与湄公河五国的关系提升为"战略伙伴关系"，进一步增加了三年为期的"一揽子"援助金额，并大大拓宽了援助项目的类别；日本对印度的开发援助更是"以点带面"地深入地区内部，参与投资及援助了印度"德里—孟买间产业大动脉构想""金奈—班加罗尔产业走廊构想"等多个项目，加强对印度经济产业布局的全面参与。援助的类别与层次更广，产业针对性更高，一方面可以帮助日本更为详细地了解受援国的经济发展状况，在 RCEP 中制定更为合理和切实的谈判策略；另一方面可以全面提升日本与受援国政府、企业及群众的交流密度，便于友好关系的建立。三是日本通过援助与投资政策在地区内培育非对称依赖性权力。相互依赖的不对称性可视为权力的直接来源，日本之前构建起的"雁型模式"为其当今提升制度性话语权奠基。举例来看，日本通过援助和投资在泰国拥有众多的合资企业，④ 这些

---

① 于海龙：《安倍政府对东南亚外交的层次性分析》，《世界经济与政治论坛》2020 年第 2 期。
② 张磊、崔岩：《日本 ODA - ADB 框架下的开发援助及其启示——以南亚地区为例》，《日本问题研究》2018 年第 1 期。
③ 「ASEAN（東南アジア諸国連合）概況」外務省、2021 年 10 月 7 日、https：∥www. mofa. go. jp/mofaj/area/asean/page25_001325. html［2022 - 03 - 15］。
④ 张彦：《日本与东盟的经济相互依赖分析——基于贸易与 FDI 的实证分析》，《东南亚纵横》2013 年第 7 期。

合资企业的增加不仅能够巩固日本与泰国的经贸关系，更能保证日本对泰国经济发展的深度参与。当前，日本通过"贸易—投资—援助"三位一体构建起的产业分工格局依然较为稳固，通过合资企业对当地国家施以影响的作用仍然存在，这就构成了日本在 RCEP 谈判中拥有一定的关系性助力的契机。四是日本的援助分配逐渐向军事和战略性意涵倾斜。日本在"积极和平主义"的指引下，对外援助政策有了明显的转向，即在援助目的上更加注重对日本政治战略的支持，在援助领域上解除了部分对军事援助的限制。具体表现日本在向越南、菲律宾、印度等国提供援助的同时，会要求受援国发表声明以强调对南海问题的关切，借由经济援助的形式提供海上巡逻艇，并对军队提供人才培育方面的支持。一方面，军事比经济援助更能塑造善意认知，培育国家间的良好关系；另一方面，日本通过援助在地区政治热点上发挥作用，能够有效提升自己的威望地位，也能从侧面为在经贸领域构建制度性话语权助力。

　　第二，日本通过"价值观"联络盟友，渲染共同"威胁"防范中国。第一届安倍政府时期提出的"价值观外交"构成了日本外交政策的准绳。安倍首相在同东南亚各国进行高层首脑互访时，常常要求在共同声明里强调"自由民主"等概念，如 2013 年对泰国、缅甸、新加坡的访问，以及2015 年对印度的访问。"防范和牵制中国"影响着日本的对外援助，尽管其声称援助标准是加强对拥有"自由、民主、法治、人权和市场经济"等属性国家的帮助，但长期排在日本援助总额前十的东盟国家分别是越南、菲律宾、印度尼西亚和缅甸，这几个国家或者与中国存在领土领海纠纷，或者地缘战略地位重要，由此可见，牵制中国才是日本强调的"共同价值"与对外援助政策的重要考量。日本在"价值观"指引下对 RCEP 谈判也释放了清晰的信号，即希望与"志同道合"的国家合作，主导区域经贸规则的制定。此外，日本试图通过渲染所谓"中国威胁"、介入中国和部分东盟国家间的"南海规则问题"，拉拢东盟国家、印度和澳大利亚，谋求在区域经贸秩序中的话语权和优势地位。例如，在 2013 年同菲律宾搭建起"3＋3"海上安全合作框架，并鼎力支持菲律宾递交"南海仲裁案"；在2015 年派遣海上自卫队两架巡逻机飞抵越南岘港，与越南达成日本海上自卫队停靠金兰湾的共识；日本和印度在南海问题上更是形成了一种以"平衡中国影响"为核心的战略互动关系，在军事上配合美国展开联合演习，在舆论上遥相呼应表达对东盟国家的支持。因此，"南海问题"成为日本离间中国与东盟国家关系的"楔子"，日本试图通过强化地区紧张局势提升政治影响力；同时，与拥有"共同价值观"的亚太盟友合作，削弱中国在区域秩序构建中的影响。

第三，日本多渠道宣扬自身文化，谋求进行跨国渗透。从影响公众认知来说，日本的"文化外宣战略"体现在四个方面。一是加大对各国的日语宣传力度。2014 年，日本推行"日语合作伙伴事业"，有 100 多人被派驻前往东盟各国进行日语教学，① 促进日本同东盟的双向文化交流。二是加强对留学生的宣传教育。日本投入大量的人力、物力、财力宣扬日本教育，在东南亚留学生到日本以后，也会每年召开文化交流活动，展示日本的亲善形象和文化魅力。三是吸引更多的游客赴日旅行。2013 年，日本国土交通省观光厅出台"东南亚访日 100 万人计划"，② 旨在通过多种渠道加大宣传，促进东南亚民众赴日旅行。四是同各大学开展教育合作。2013 年，日本文部科学省在东京举行了"关于 10 + 3 高等教育流动性质量保证工作组"第一次会议，并决议在今后五年内每年举行一次，③ 以促成更多的东盟学生拥有赴日留学的机会。在上述四个方向的努力下，有东南亚学者指出："至 2013 年，日本在东南亚地区的'文化威望'已达到较高水平……目前，东南亚群众对日本重新回归'军国主义'的担忧已经慢慢消退，相反，对日本作为一个可以信赖的'友邦形象'认知正在逐步加强。"④ 此外，从影响政府决策来说，日本对东盟国家上层的公关外交活动包括以下三个方面。一是频繁开展首脑外交。安倍晋三在 2013 年内访遍东盟十国，

---

① 「『日本語パートナーズ』を知っていますか?」外務省、2015 年 12 月 14 日、https：//www. mofa. go. jp/mofaj/press/pr/wakaru/topics/vol136/index. html［2021 - 09 - 11］。

② 「平成 25 年度観光庁関係予算概算要求概要」国土交通省、2012 年 9 月 7 日、https：//www. mlit. go. jp/common/000223289. pdf［2021 - 09 - 11］。

③ 〔日〕玉置充子、司书：《日本的对外语言政策、留学生政策与东南亚》，《南洋资料译丛》2014 年第 3 期。

④ 井原伸浩「ラム・ペン・アー編『日本の対東南アジア関係：福田ドクトリンおよびその後』」『境界研究』2013 年第 4 期、125 頁。

输出日本的"和平价值构想",开创了日本首相出访频次、速度和广度的新高峰,其继任者菅义伟也将首次出访地选在了东南亚地区。二是同东盟官员展开接触。日本文科部学省积极推进了"青年领导者计划",将东盟访问学者、政府官员和有三年左右政府工作经历的人培养成为"知日派",[①]在年轻官员中培育亲日氛围。三是参与东盟士兵的培养。2020 年 1 月,茂木敏充在东盟秘书处发表演讲,表明今后日本将同东盟"一起培养人民、一起建立机构以及共同积累智慧"。[②] 其中"培养人民"也包含对东盟士兵的培养,日本通过与东盟签署"人才能力建设协议",推进了对有关国家士兵的联合培养制度。通过三项政府层面的紧密互动,日本希望向东盟展示其为建立友好关系所做的努力,让东盟认可日本为"负责任的地区大国"。在日本争取地区主导地位(包括国际经贸规则的话语权)时,能够引导东盟提供一定程度的支持与助力。

四　日本在 RCEP 中构建制度性话语权的效用

从 RCEP 达成的结果来看,日本在一定程度上实现了其构建制度性话语权的目标,但也在某些领域做出了让步与妥协。只有把握日本在 RCEP 中构建制度性话语权的效用及产生这一结果的原因,才能从整体层次更为全面地审视 RCEP 规章和日本的经济战略。具体来说,日本谋求构建制度性话语权的努力取得的成果包括两个方面。

第一,在新领域建立新规则,推动地区经济模式朝着日本企求的方向演进。如果把地区性的贸易谈判作为中日之间规则设置的交锋来考察,就可以很清楚地理解获得建章立制"先手权"对日本来说的重要意义。首先,RCEP 的电子商务规则最终涵盖了此领域的大部分传统议题,如无纸化贸易、电子监管等,在 WTO 数字贸易谈判陷入僵持、亚太地区合作受阻的背景下,日本成功组建了一个地区初期的电子商务联盟,形成了一定

---

① 甘子鹤:《公共外交视域下日本的东盟留学生政策浅析》,《国际公关》2021 年第 2 期。

② 「日本の对 ASEAN 政策に关する茂木外务大臣スピーチ」外务省、2020 年 1 月 10 日、ht-tps:∥www. mofa. go. jp/mofaj/s_sa/sea2/id/page4_005548. html [2021 – 09 – 11]。

程度的多边共识，为日本领导更广域的亚太跨境数据流动、制定未来的商业企划和将中国与数字商务规则联系起来以控制进出中国的数据奠定了基础。日本认为 RCEP 的电子商务一章包括的"禁止限制信息越境转移"等规定确保了电子商务的可靠性，也确保了以后可以根据需要利用这些条款。尽管其相比于 TPP，在某些议题（如禁止数据本地化、电子方式的跨境信息传播和源代码）上有所放宽，① 但在一个未覆盖规则的地区设置条款，特别是将中国引入电子商务规则，本身就极大程度地实现了日本的预期目标。其次，RCEP 的知识产权章节是包括中国在内大部分发展中成员国现存自贸协定中覆盖范围最广的一个，它不仅细化了《商标保护法》中旧有议题的具体内涵（如禁止仅因知名商标未在本国注册而将知识产权排除在保护范围之外），还拓展了 WTO 的相关规定（如授予当局拒绝恶意申请商标或撤销注册的权力），更在日本等发达成员国的要求下将"著作权与执法规定"向 TPP 极大靠拢，在部分细则中构建起 TRIPS 与 TPP 之间的"超 TRIPS"桥梁，提高了日本与他国在知识产权标准上的适配度。因此，"从规则角度评价 RCEP，在知识产权和电子商务领域，日本取得了一定程度的制度优势"。②

第二，在日本关注的大部分传统贸易领域实现了攻守平衡。所谓的防守主要是指在农产品贸易上，除前述日本将五类重要的农产品全部排除出关税谈判外，还将与东盟的农产品关税取消率控制在了 61%（低于 TPP 的 82%），将中国和韩国的关税取消率控制在比"日本—东盟协定"更低的水平。③ 曾任日本农林水产大臣的野上浩太郎在谈到 RCEP 中日本取得的关税成果时表示："排除的范围不仅包括与日本有竞争关系的产品，还包括生产团体想要重新振兴的产品，因此，我们预期 RCEP 不会对国内农林

---

① 宋志勇、蔡桂全：《RCEP 签署对中日经贸关系的影响》，《东北亚论坛》2021 年第 5 期。

② 「第 204 回国会衆議院外務委員会第 8 号」『国会会議録検索』2021 年 4 月 14 日、https：//kokkai. ndl. go. jp/#/detail? minId = 120403968X00820210414&current = 1 ［2021 - 09 - 11］。

③ 「外務省、財務省など. 地域的な包括的経済連携（RCEP）協定に関するファクトシート」外務省、2020 年 11 月 5 日、https：//www. mofa. go. jp/mofaj/files/100115475. pdf ［2021 - 12 - 09］。

渔业产生较大的影响与冲击。"① 由于日本一直以来都奉行高度的农业保护政策，所以此次在农产品关税问题上取得的较好结果也可以被视为日本在谈判过程中取得的成就。所谓的进攻则主要体现在日本感兴趣的工业产品进口及农林水产品出口上，在进口汽车零部件和钢铁制品方面，日本实现了 92% 的商品免关税，② 且大都集中于核心组成部分（如汽油车发动机、电动汽车电机及管线钢管等），得到了日本经济界的高度好评。汽车产业是日本的主导产业，也是对外贸易和投资的重要商品，长期以来，日本汽车的产量及销量在世界名列前茅，并成功带动了国内汽车及零部件的出口。此次零部件及钢铁关税的大幅度降低，必将进一步提升日本有关产业的国际竞争力。日本汽车零部件工业协会指出："RCEP 成功签署后，日本在这一领域稳定的全球供应链正在建立，并将持续为国内生产及就业带来红利。"③ 在出口农林渔业产品到他国方面，日本取消了对中国出口包装米饭、扇贝、酱油，对韩国出口点心，以及对印度尼西亚出口牛肉等的关税，这在很大程度上实现了其在 2020 年出台的《扩大农林水产品和食品出口战略》中设定的目标（在关税类别上包含了众多主要出口项目，在成员国上也与这些项目的目标国大量重合），④ 因此，RCEP 将成为日本实施农产品出口战略的绝佳渠道与扩大农业市场的重要机遇。

与成果相对应的是，日本在 RCEP 谈判中做出了两个巨大的妥协，体现出日本争取区域主导地位的制约和在国际经贸领域构建制度性话语权的限度。

第一，在高规则上有所妥协，根据东南亚国情适当放宽。首先，在日

---

① 「第 204 回国会参議院農林水産委員会第 10 号」『国会会議録検索』2021 年 4 月 27 日、https：//kokkai. ndl. go. jp/#/detail? minId = 120415007X01020210427&current = 1［2021 – 12 – 09］。

② 「第 204 回国会参議院外交防衛委員会第 10 号」『国会会議録検索』2021 年 4 月 27 日、https：//kokkai. ndl. go. jp/#/detail? minId = 120413950X01020210427&current = 1［2021 – 12 – 09］。

③ 「地域的な包括的経済連携（RCEP）協定の署名について」日本自動車部品工業会、2020 年 11 月 16 日、https：//www. japia. or. jp/topics_ detail1/id = 2477［2021 – 12 – 09］。

④ 「農林水産物・食品の輸出拡大実行戦略の進捗」農林水産省、2020 年 11 月 30 日、https：//www. maff. go. jp/j/shokusan/export/progress/attach/pdf/index – 11. pdf［2021 – 12 – 10］。

本所重点关注的医药知识产权方面，其预期是作为药品专利输出国和拥有雄厚医药产业背景的国家长期拥有数据独占权，但在中国、东盟、印度等国的坚决反对下，RCEP 协定最终以对医药知识产权涉及较少（内容不仅较 TPP 有了极大压缩，甚至略低于世贸组织旧有的 TRIPS）、相关规定偏原则化、相关制度偏表面化的形式达成。其次，在投资争端解决机制的设定上，RCEP 最终没有涵盖 ISDS 所要求的独立执行和监督机制。尽管在协议末尾声明"在生效之日起两年内就此议题开始重新讨论"给日后这一机制的加入提供了机会窗口，但在现阶段，日本始终坚持的"日本公司在外国投资由于东道国政策变化而无法取得预期效果时，公司有向东道国政府索要赔偿的权利"目标并没有达成。① 在将来，RCEP 争端解决机制的构建也必然面临成员国发展水平差异、国际关系大环境等要素的牵制，在全体一致同意原则和中国作为"规则制定者"意识觉醒的背景下，围绕这一机制的博弈在适用范围、磋商机制和时效上能否按照日本所期待的模式运行，也仍然是一个值得怀疑的问题。

日本在高规则上有所妥协的主要原因包括三个方面。一是成员国的国内制度和经济发展状况差异大，难以形成统一的经贸标准与秩序。RCEP 既包括澳大利亚、新西兰等发达国家，也包括柬埔寨、老挝等最不发达国家。在 WTO 多哈回合谈判停滞、经贸往来频繁的当代，日本明确知晓推行"经济一体化"满足地区刚需，而建立与 TPP 规格完全相同的自贸协定是一个无法达成的目标。且对于日本来说，RCEP 在规则和关税上都是至关重要的，如果在关税方面略有优势，可能会在规则方面有所损失，因此，日本选择在某些规则上有所取舍，通过谈判策略在其他领域获得更大的利益。二是日本做出部分妥协是想将印度留在 RCEP 谈判中。日本和印度实际上在许多规则上截然对立，但为了实现牵制中国和顺利进入印度市场的目标，日本率先在部分规则上进行了妥协，这也使得在印度退出RCEP 后，日本政府和相关企业认为这是一场重大的战略失误，并竭力邀请印度重回 RCEP。三是日本自身面临经济结构方面的困境，对于加入

---

① 浜中慎太郎「RCEP 署名は何を意味するか：地経学的見方」『IDE スクエア——世界を見る眼』2020 年第 1 期、4 頁。

RCEP 也具有必要性和紧迫性。为摆脱日本自"泡沫经济"后长期的萧条局面，安倍在第二届政府时期推行了"安倍经济学"，内容包括量化宽松货币、积极的财政政策和以结构改革为核心的复兴战略，其中建立"巨型 FTA"制度正属于第三项中的关键举措。在 RCEP 签订后，日本的 FTA 覆盖率将达到 64%，接近其在 2015 年《日本再兴战略修订版》中提出的70% 目标值。① 而且，在新冠疫情的影响下，全球经济下行压力明显，日本选择适当的妥协以尽快推进国家经济回稳与正增长，是其重要的战略考量。

第二，在印度参与问题上进行妥协，根据协议进程主动让步。2019 年11 月，印度总理莫迪在 RCEP 第三次领导人会议召开前夕表示，当前的协议无法解决印度所关切的重点问题，因而无法同其他国家一起推动协议达成。印度的突然退出给日本以强烈冲击，日本在 RCEP 的首席谈判官牧原秀树更是直接发表声明称："将不考虑在没有印度的情况下签署 RCEP。"② 可以推断，这一时期日本坚持印度对 RCEP 的参与一方面是想顺利进入印度市场，避免之前在"规则妥协"上的策略落空；另一方面是想"联印制中"，避免中国在地区经贸合作中一家独大，阻碍日本制度性话语权的构建。

然而，日本最终在印度参与问题上做出妥协，也是出于多个方面的考虑。一是日本开始重新审视印度参与的可能性。印度退出 RCEP 的深层原因在于同当前各国制定的标准差异巨大，在其国内经济状况和对外经贸政策没有根本性改变的背景下，很难重回 RCEP，这就使得日本必须立足现实，灵活选择替代性的应对方案。二是日本想要维护与东盟各国的友好关系。东盟对中日在 RCEP 中的话语竞争怀有不满和忧惧心理，若日本执意坚持导致谈判停滞，恐阻碍日本与东盟关系的深化。随着各方势力加大对东亚的关注并提出了多个满足自己国家利益的"印太构想"，东盟国家想要维持"中心地位"的战略焦虑进一步加剧。日本认为："必须重新审视

---

① 刘瑞：《日本的广域经济合作战略：新动向新课题》，《国外理论动态》2019 年第 8 期。

② 沈铭辉、李天国：《区域全面经济伙伴关系：进展、影响及展望》，《东北亚论坛》2020 年第 3 期。

'东盟中心性'这一概念，推动 RCEP 以'东盟－X'的形式尽快达成。"①三是日本在中美战略竞争背景下对美国反复无常的政策有所戒备。美国退出 TPP 给日本的贸易战略和亚太经济一体化构想造成巨大打击，因此，日本认为可以通过向 RCEP 妥协刺激美国重返 TPP："一味地拖延谈判不再是上策，适时地平衡压力成为日本的最佳选择。"② 这一选择也将日本留在了 RCEP 谈判和与参会各方较为友好的关系中，促使协议最终加速达成。四是日本竭力避免出现谈判的最坏结局。在中国主导亚太 RCEP 规则制定、美国退出 TPP 的背景下，以东盟为核心的众多发展中国家正在经济上逐步向中国靠拢，如果日本一味拖延谈判，可能会面临与印度相同的"单独退出"选项，这样对日本的长期筹谋来说百害而无一利，并可能将 RCEP 完全推向由中国"操纵"，引发下一个亚投行的"扩张危机"。在综合考量多重因素影响的基础上，日本适时调整政策，联合其他参与方在保留印度随时加入权力的背景下推动 RCEP 尽快达成，维护了自身作为规则制定者的角色参与和作为制度性话语权竞争者的威望地位。

五　结语

日本在 RCEP 谈判中构建制度性话语权的缘由与其综合外交战略紧密相关，包括经济上成为规则的引领者，政治上推行"普通国家化"战略，外交上奉行"软制衡"战略。日本构建制度性话语权的路径也包含两个层面："规则"和"关系"，前者是指在规则谈判中采取的战略与措施，而后者是指与其他制度参与方在拉进关系上所做的努力。就 RCEP 达成的结果来看，日本在一定程度上实现了其预期目标：一是在新领域建立了新规则；二是在日本谈判所强调的关税领域基本实现了攻守平衡。但也存在不小的让步：一是出于谈判策略等因素在旧有高标准上有所妥协；二是出于

---

① 川島哲「RCEP 署名にみる ASEAN 経済統合の変貌と今後の課題」『金沢星稜大学論集』2021 年第 2 期、8 頁。
② 馬田啓一「暴走するトランプ政権と日本の通商戦略」『経済学論纂』2019 年第 1 期、9 頁。

印度国情、与东盟的关系等因素在印度参与问题上做出让步。

日本在 RCEP 谈判中构建制度性话语权的路径及其效用，对于思考中国未来在经贸领域构建制度性话语权具有一定的启示和借鉴作用。

第一，中国要坚决维护东盟在 RCEP 的主导地位。"东盟中心地位"是 RCEP 最核心的特征，当前以美日为首的国家总在试图削弱东盟中心地位，打破亚太地区存续多年的"小马拉大车"现象。中国一方面要大力支持东盟的经济一体化建设，同东盟各国务实合作，依据"东盟方式"寻求共识；另一方面要主动协调同日本在地区经贸规则上的博弈，分担东盟压力，在与各方充分沟通的前提下推动 RCEP 适时地升级与扩容。

第二，中国要借鉴日本构建制度性话语权的部分经验。一是对制度谈判进行整体规划。中国应该将制度合作的视野放至全球与全区域，同时明确当前对外合作的首要目标仍是周边国家，首要目的仍是推动"一带一路"倡议辐射下区域合作的不断深化，加强与沿线国家的经贸合作，打破日美等国的"封锁链"。二是深化对重点领域的科技创新。中国需要尽快提升自己的科技实力，生产出拥有技术的等级性和垄断性产品，在制度竞争中获得更多的话语禀赋，促使高科技制度合作领域回暖。三是善于利用援助战略。中国应该对援助战略制定切实的计划，在援助对象上向存有制度合作的国家倾斜；在援助领域上向资源互补和长期合作的行业倾斜；在援助存续上向援助效果更高的地区倾斜。四是加强文化外宣建设。中国一方面要增强文化外宣的世俗性，在世界各地推广中国优秀传统文化和价值观；另一方面要加强宣传的专业性，尽最大可能将中国想要展现的内容融入宣传载体，提升国家软实力。

第三，中国要同日本共享规则制定权，深化经贸合作。RCEP 在亚太地区的落地生根表明，中日两国在亚太区域秩序中并不是"零和博弈"，而是存有一定的共同利益与合作意愿。在 RCEP 的项目构成中，中日两国的经济互补性很强，产业链结合得也较为密切。中国要积极把握同日本在各领域交流协作的机会，为亚洲构建起真正基于规则的多边主义和自由贸易的关系网络，抵御世界贸易保护主义的复兴。RCEP 的发展经验证实东盟国家的凝聚力不够，区域经济一体化缺乏强有力的合作轴心，只有中日

（或中日韩）形成类似于法德在欧盟中拥有的互动关系，才能推动东亚地区合作进一步深化。因此，中国应审慎地在部分领域做出让步，尽可能消解日本对中国的战略误判，力求将中日之间在国家层面的制度性话语权之争转化为在全球层面为亚洲争取话语权和贸易规则制定权的现实。

（高文胜，天津师范大学政治与行政学院教授；

安一婷，天津师范大学政治与行政学院博士研究生）

日本政治与外交

论政官关系与小泉内阁特殊法人改革

胡卓林

内容摘要　特殊法人制度曾在日本战后的经济发展中起到重要作用。20世纪80年代，随着"族议员"、利益集团与省厅官僚的相互勾结，特殊法人不仅经营亏损，更成为政官财利益政治的据点，改革特殊法人也成为政治改革的迫切需求。21世纪初，小泉内阁选择道路公团和邮政团体作为对象，开始进行特殊法人改革。但在利益政治影响下，特殊法人改革受到了来自相关省厅和"族议员"的激烈抵制。经过与既得利益者的漫长拉锯战，最终改革取得了一定的成效，利益政治格局被打破，形成了首相官邸主导型决策模式。

关键词　小泉内阁　利益政治　政官关系　特殊法人改革　官邸主导

特殊法人改革是后自民党时代日本政党政治的重要课题之一。实现政治主导是日本政府推行特殊法人改革的政治性背景，它既需要改变权力过度集中于行政官僚的状况，清除由政、官、财"铁三角"统治构成的利益政治，又需要探讨如何避免自民党与内阁在决策过程中可能产生的对立，强化首相统治。范围广泛的特殊法人改革触动了社会各方的切身利益，各政治行为体在推进改革的进程中，通常采取"总论赞成，分论反对"的态度，导致改革举步维艰。

一　特殊法人与利益政治的形成

　　根据日本总务省的定义，特殊法人指当政府认为有必要兴办某项事业，而该事业的业务性质又适合企业化经营，且如果由政府直接承办将受到各种制度上的制约而无法有效运营时，政府根据特别法律而设立的独立法人。特殊法人制度曾在日本战后经济发展中发挥重大作用，然而到了 20 世纪 80 年代，由于特殊法人经营的低效和不透明，与主管省厅的利益勾结等弊端显现，日本涌现出对特殊法人进行民营化改革的迫切呼求。但改革特殊法人、实现民营化面临重重困难，主要表现在各主管省厅的官僚极力阻止民营化的进程。由于特殊法人是省厅官僚退休后再就业的理想去处，因此官僚在任职期间，动用巨额公共资金维持特殊法人的运转，退休后便能顺理成章地担任特殊法人的高级职务。据总务省调查，1996 年日本 91 个特殊法人中，官僚再就业比例过半者就有 42 个。[①] 此外，特殊法人掌握的权限和资金，一向是自民党政治家青睐的对象。自民党内有专门维护特殊法人利益的"族议员"，因此可以说，特殊法人是日本"官僚多元主义"体制下政、官、财勾结的结合点。[②]

　　"日本道路公团"成立于 1956 年 4 月，由建设省（现国土交通省）主管，主要负责计划实施日本高速公路的发展、建设和管理，由日本道路公团、首都高速道路公团、阪神高速道路公团和本州四国联络桥公团四个特殊法人组成。小泉将道路四公团作为特殊法人改革的首要对象，原因是道路公团的规模最大，涉及利益政治的程度最深。道路政策也是自民党利益政治的典型，为党内最大派阀桥本派的专属利益。公团的资金来源为"道路特定财源"，即从汽车使用者课征的税收，全部充当道路整备资金。当"道路特定财源"资金入不敷出时，则向财政投融资借贷。由于资金主要靠政府补贴，因此地方政府兴建高速道路并不会造成财政负担。而且道路的建设不仅象征着地方经济的繁荣，也有利于建设业界，更能够替政治家争取选票。"道路

---

① 张玉国：《简论 90 年代日本的行政机构改革》，《东北亚论坛》1998 年第 3 期。
② 刘润：《日本财政重建的政治经济学研究》，博士学位论文，辽宁大学，2007，第 88 页。

公团"覆盖的范围几乎遍及全日本，掌握资金雄厚，其决定在何地修建何等规格的公路，直接影响到所经地方和区域的发展。因此，由地方选举产生的国会议员力求和"道路公团"建立良好关系，以谋取关于新建道路走向的发言权，为选举争取道路建设及公团提供的巨额政治捐款。作为回报，国会议员会在审议预算或有关法案时为"道路公团"提供方便，并向业界提供减税、补助金等优惠措施。另一方面，官僚向业界提供行政指导与专利认可，业界则安排官僚退休后的职位。公团的总裁一直由建设省高级官僚"下凡"担任，成为官僚腐败的温床。其附属企业和公司的领导层又基本受"下凡"官僚控制，企业间交叉持股，构成牢固的利润共同体，垄断高速公路相关业务。在政、官、财三者的紧密联系下，构成独特的内部分肥体系。因此道路公团往往无视道路利用率问题，盲目扩大规模，没有成本意识，导致经营效率低下，亏损率高。在公团实施改革前，政府每年投入公团的财政资金大体上在 3000 亿日元左右。公团发布的财务状况数据显示，截至 2003 年 3 月底，公团的负债总额为 285430 亿日元。① 由于道路公团范围广、花钱多、涉及的利益集团多，改革面临的阻力也相对较大。

　　日本邮政系统作为另一特殊法人，官营的历史由来已久。2001 年实施中央省厅改革后，原邮政省被改编为总务省的下属机构——邮政事业厅。邮政系统手握巨额资金，由 15800 多家"特种邮局局长"组成的政治集团"大树"，在自民党内至少可以控制 25 万名党员，在国会选举时其 28 万名成员及其影响下的选民又是自民党的一大票田。② 而且自民党内也存在维护邮政省利益的"邮政族"议员，占自民党议员的比例高达 70% 以上，以第一大派阀桥本派为其大本营，③ 其首要任务就是维持全国约 24700 个邮政局网络，阻止邮政民营化。由于"邮政族"在自民党内强大的政治影响力，在其"族议员"的大力保护下，长期以来日本邮局系统的金融业务领域一直是难以变革的"圣地"。④

① 林家彬：《日本的特殊法人改革——日本道路公团的案例解析》，《经济社会体制比较》2008 年第 3 期。
② 吴寄南：《新世纪日本的行政改革》，时事出版社，2003，第 194 页。
③ 大下英治『小泉純一郎 vs. 抵抗勢力』徳間書店、2002 年、313 頁。
④ 徐万胜：《论邮政民营化与日本自民党政权》，《解放军外国语学院学报》2006 年第 2 期。

　　对特殊法人进行民营化改革的目的在于解决财政和政治上的弊端。在政治上主要是打破由政治家、业界、官僚三者紧密结合而导致的金权政治的腐败现象。民营化改革是一个通过政治经济博弈打破现存社会均衡格局，从而建立新型均衡的过程。① 日本长期以来形成的"官僚多元主义"利益政治，是民营化改革的最大障碍，改革最重要的一环便是打破"族议员"与官商之间的既得利益网。特殊法人改革中的既得利益者是建筑业相关主体和邮政系统相关主体，在道路公团改革和邮政民营化改革过程中，"族议员"、特殊法人和官僚构成的"铁三角"，组成了强大的反对力量。

二　民营化改革与小泉决策手法

　　小泉上任伊始就设立了由其本人担任部长、行政改革担当大臣石原伸晃担任副部长的"行政改革推进本部"，把特殊法人改革提上了议事日程。改革受到自民党内强大保守势力的抵抗，同时遭到来自业界的反对。

（一）围绕"日本道路公团"民营化的角逐

　　道路公团民营化的主要目的是将道路特定财源一般化，瓦解利益政治结构。小泉主张四个道路公团全部民营化，实现财政上的自给自足，用规模庞大的道路特定财源补充福祉与环境保护等政策费用。而以自民党内"道路族"议员为首的保守势力，为了捍卫自身的政治利益，大力反对道路公团民营化改革。主管道路政策的国土交通省也对小泉的政策展开牵制，形成了改革势力与保守势力的对立轴。

　　1. 改革法案的提出与妥协

　　早在 2001 年 5 月 22 日的参议院预算委员会上，小泉就在答辩中声称要"重新评估道路特定财源"，② 参议院选举后又提出要"彻底消除行政浪

---

① 刘轩：《战后日本民营化政策过程的制度分析》，《日本学刊》2007 年第 4 期。
② 「第 151 回国会参議院予算委員会第 15 号」（2001 年 5 月 22 日）、国会会議録検索システム、https：∥kokkai. ndl. go. jp/#/detail? minId = 115115261X01520010522&current = 1、2022 年 2 月 3 日。

费"，以所有特殊法人的废除或民营化为前提进行评估，并具体提出了对特殊法人的投资从 2002 年度原始预算中削减 1 兆日元的目标。① 6 月 21日，在小泉首相的推动下，国会通过了《特殊法人等改革基本法》，翌日设立了小泉担任部长的"推进特殊法人等改革本部"，并举行了第一次会议，通过了中间报告。中间报告要求暂时冻结"日本道路公团"正在建设和筹备建设的高速公路和收费公路计划。国土交通省在 8 月 22 日对此表示，将四家道路公团马上废止、进行民营化是困难的，即使民营化也要等50 年以后。② 国土交通大臣扇千景也表示，道路财源一般化等于是将从汽车使用者身上征收的税金用到与汽车无关的其他领域，会引起车主的不满。③ 如其所料，以全日本卡车协会为代表的民间业者对该项政策表示反对。考虑到以日本道路公团为首的道路四公团改革的难度，小泉意图"首先从最困难的地方着手"，④ 于 8 月 28 日指示扇千景将道路四公团等先于其他法人，于 11 月中旬就得出民营化结论，以此来推动特殊法人改革的整体进行。而在 9 月 4 日从各省厅汇总的审查意见报告中，国土交通省对此要求的回答却是"9342 公里的高速公路按现有的收费标准完全可以收回投资"，⑤ 强力主张继续建设 9324 公里高速公路。⑥ 接着国土交通省于 9 月 21日发表了"以道路公团的民营化为前提，将道路公团、首都高速公路公团、阪神高速公路公团合并为一个公团，在预测将要完成全国高速公路网的整备计划时谋求民营化"的方案。⑦ 由于该整备计划预计完成高速公路网还需要 20 年的时间，这意味着在小泉政权内无法实现道路公团民营化，因此该方案被小泉驳回。

　　作为国土交通省在自民党的背后势力，"道路族"也展开了激烈的抵

---

① 「特殊法人への補助金 1 兆円削減、来年度から」『読売新聞』2001 年 7 月 31 日。

② 田中景、安洋：《日本特殊法人改革及其前景》，《国家行政学院学报》2002 年第 2 期。

③ 猪瀬直樹『道路の権力　道路公団民営化の攻防 1000 日』文藝春秋、2003 年、57 頁。

④ 読売新聞社『読売年鑑 2002』読売新聞社、2002 年、144 頁。

⑤ 吴寄南：《新世纪日本的行政改革》，第 185 页。

⑥ 建设 9324 公里高速公路是 1999 年小渊惠三担任国土开发干线自动车道审议会会长时做出的政策决定。

⑦ 飯島勲『小泉官邸秘録』日本経済新聞社、2006 年、76 頁。

抗，采用"原则同意、具体做法反对"的伎俩，① 一方面承认民营化，另一方面仍确保高速公路的建设。自民党道路调查会最高顾问江藤隆美认为，道路政策是自民党对国民的承诺，必须遵循党内程序，不能由少数势力随意更改。"道路族"内的实力者、堀内派的古贺诚则反复强调"不可能冻结"，"按照预定计划完成高速公路建设计划是政治家的使命"。② 对此，小泉于 2001 年 11 月 21 日在众议院国家基本政策委员会的党首讨论会上表示"坚决贯彻初衷"，③ 以国民信任为背景，表现出强硬姿态。然而小泉与参议院干事长青木干雄等人在前一日的秘密会谈中"将道路四公团统一民营化，中止向其每年 3000 亿日元的投资，废除冻结高速公路计划，将债务偿还期定为 50 年以内"的妥协方案被曝光。④ 受此影响，11 月 27 日小泉内阁宣布了对"日本道路公团"进行民营化的决定，将于 2005 年前尽快成立新组织代替道路公团，并在内阁设置"第三方机关"讨论关于新组织的设立，从 2002 年度起政府停止资金投入。而作为妥协方案，公团债务偿还期限由此前石原伸晃提出方案中的 30 年延长为 50 年。12 月 19 日，内阁会议通过了包含以上内容的改革方案。

2. 道路公团民营化关联法案的通过

2002 年 6 月，小泉不顾国土交通省和"道路族"议员的反对，组织了"道路公团民营化推进委员会"（以下简称"推进委"）作为首相直属的第三方机关。同月 21 日，小泉亲自确定由"道路族"强烈反对的猪濑直树等 7 人担任委员。尽管如此，推进委的事务局成员大部分仍来自国土交通省。对此，推进委选择公开议事过程，允许记者旁听，使事务局难以采取手段对议事的进程和方向进行操控。⑤ 24 日推进委召开首次会议，计划于年底出台具体的改革方案，并将设立民营化道路企业的期限定为 2006 年 3

① 刘润：《日本财政重建的政治经济学研究》，博士学位论文，辽宁大学，2007，第 90 页。
② 飯島勲『小泉官邸秘録』、76 頁。
③ 「第 153 回国会国家基本政策委員会合同審査会第 1 号」（2001 年 11 月 21 日）、国会会議録検索システム、https://kokkai.ndl.go.jp/#/detail？minId＝115324293X00120011121＆current＝1、2022 年 2 月 3 日。
④ 読売新聞社『読売年鑑 2002』、144 頁。
⑤ 林家彬：《日本的特殊法人改革——日本道路公团的案例解析》，《经济社会体制比较》2008 年第 3 期。

月底。对此，自民党道路调查会于 28 日设立"关于高速公路应有形态的特别委员会"，"道路族"实权人物均作为顾问出席了首次会议。7 月 23 日，"道路族"议员接着成立了"推进高速公路建设议员联盟"，极力牵制改革进程。12 月 6 日，推进委提出了最终报告，指出将高速公路的所有权和经营权相分离的意见。10 天后小泉首相在内阁会议上表示政府将在 2004 年内正式向国会提出改革法案，2005 年正式诞生民营化公司。

报告出台后不久，道路调查会会长古贺诚等"道路族"议员向干事长山崎拓提出了"委员会的意见书不能接受"的决议，① 强烈反对最终报告。与"道路族"齐心推进高速公路建设的国土交通省和道路公团也出现了与推进委结论背道而驰的举动。2002 年 12 月上旬，国土交通大臣扇千景本着尊重"道路族"的态度，明确表示对按照最终报告制订法案持否定态度。此外，扇千景还和自民党干事长、政调会会长等人组织了"道路四公团民营化协议会"，决定了民营化的具体框架。经过旷日持久的磋商和协调，2003 年 12 月下旬，小泉与自民党就民营化法案基本框架终于达成一致意见，出台了道路公团民营化关联法案，形式上仍采用了与推进委相一致的"上下分割分离"方案。法案于 2004 年 6 月 2 日在国会获得通过。

（二）围绕邮政民营化的角逐

根据《中央省厅等改革基本法》的规定，中央省厅于 2001 年 1 月进行大幅度的精简缩编，其中邮政省、自治省及总务厅合并为总务省，原本邮政省负责的邮政事务由新设立的总务省邮政事业厅接管。而邮政事业厅预定于 2003 年 4 月 1 日改制为"日本邮政公社"，继续接管邮政简易保险、邮政派送以及邮政储金三事业。对于邮政事业形态的未来规划，该法第 33 条明文规定，将不再针对邮政民营化进行评估。换言之，日本邮政公社的国营形态是未来的既定政策。该政策明显与小泉的邮政民营化主张产生了冲突，因此小泉分别于 2001 年 12 月、2002 年 4 月两次指示总务大臣片山虎之助删除基本法中关于该项的条款，但该指示并没有得到总务省的

---

① 飯島勲『小泉官邸秘録』、160 頁。

重视。收到首相的最后通牒后，总务省表示，作为与内阁法制局沟通的结果，根据法律解释并没有删除该条款的必要。面对总务省的推诿搪塞，小泉选择迎难而上，继续推进邮政民营化的进程。

1. 邮政公社相关四法案的攻防过程

作为推动邮政民营化的伏笔，首先，小泉在组阁一个月后便请经济评论家田中直毅等十名学者①组成了"思考邮政三事业应循方针恳谈会"，并于 2001 年 6 月 4 日召开第一次会议，约定以一年为期，于 2002 年 9 月 6 日第十次会议上提出结案报告。首次会议上小泉便指出民营化是内阁的"招牌政策"，鼓励委员们"无所顾忌地提出建议"。② 其次，小泉首相还积极推动邮政民营化的相关立法工作，逐步开放民间参与。邮政公社相关四法案中的《信书便法》便规定开放民间企业加入邮件配送业务。

长期以来，邮政事业的销售额集中在东京、大阪和名古屋等地，用大城市所得的利润填补地方财政赤字是其惯用手法。民营企业的加入则使之难以为继，将陷邮政事业于赤字状态。总务省以宪法规定的书信的表达自由和保护通信秘密的义务为由，采取邮政事业必须由国家垄断的立场。即使接受民间参与，也仅对一定重量和费用以上的邮件实行部分开放，采取限定以三年左右为单位扩大开放范围的部分性、阶段性开放。总务省研究会根据该指示制定了有条件的全面开放、部分自由化、分阶段自由化三方案，提交给总务大臣。2001 年 12 月 14 日由片山总务大臣向首相做出汇报，首相对此仍强烈主张不加限制地全面开放。对此，总务省表示，作为接受全面开放的条件，应把提供通用服务作为民间经营者的义务。在首相和总务省达成一致后，总务省研究会于 12 月 20 日汇总了中间报告，提出将全国统一费用、邮筒投信制、在全国范围内提供普遍公平服务和持续性

---

① 这十名学者除田中直毅外，分别为庆应义塾大学经济学部教授池尾和人、株式会社日本综合研究所调查部主席研究员翁百合、东海旅客铁道株式会社董事长葛西敬之、国际基督教大学教授风间晴子、早稻田大学政治经济学部教授清野一治、东京家政大学教授樋口惠子、东洋大学经济学部教授松原聪、松下电器产业株式会社董事长森下洋一、东京大学大学院经济学研究科教授若杉敬明。
② 「郵政民営化で初会合、首相『内閣の目玉』」『読売新聞』2001 年 6 月 4 日。

服务作为民间经营者参与的条件。①

对此，前干事长野中广务率领"邮政族"议员，在 2002 年 4 月 19 日召开的自民党总务会上，对邮政公社相关四法案，尤其针对规定开放民间业务的《信书便法》表示强烈反对。小泉首相则强势表示，即使总务会反对，他也会向内阁会议提出法案，并进一步暗示将不惜解散众议院，借由改选来征询选民意见。② 自民党迫于小泉的压力，于 4 月 23 日再次召开总务会，以桥本派野中广务为核心的"邮政族"因顾及民意支持及本派成员铃木宗男的金钱丑闻③，在总务会上做出妥协，以保留意见的方式承认将法案向内阁会议提出。4 月 26 日，内阁会议通过该法案，正式提交国会审议。

在审议阶段，"邮政族"的阻挠更加露骨，他们联合主管省厅总务省官僚，通过提高民间企业加入配送业务的门槛，企图使有意涉入邮政事业的民间企业知难而退。受到"邮政族"议员要求严格限制民间加入条件的压力，总务省提出了连日本邮局自身都无法做到的苛刻要求，即在全国设置约 10 万个信箱作为民间企业加入的条件。④ 邮政公社相关四法案先后于 2002 年 7 月 9 日及 7 月 24 日在众参两院获得通过。由此，总务省以"邮政族"为援军，虽接受了小泉提出的全面开放的要求，但通过设置种种苛刻条件，实际上阻止了民间企业的全面加入。

2. 围绕邮政民营化法案的较量

小泉纯一郎于 2003 年 9 月 20 日顺利连任自民党总裁。在总裁竞选期间，"邮政族"大本营桥本派发生分裂，核心人物青木干雄转而支持小泉。9 月 22 日小泉立即进行内阁改组，提拔仅当选三次议员的安倍晋三担任干事长，此举大幅提升了内阁的民意支持度。《朝日新闻》的民意调查显示，

① 「第 154 回国会衆議院総務委員会議録第 22 号」（2002 年 6 月 11 日）、国会会議録検索システム、https：//kokkai. ndl. go. jp/#/detail? minId = 115404601X02220020611&current = 1、2022 年 2 月 3 日。

② 塩田潮『郵政最終戦争——小泉改革と財政投融資』東洋経済新報社、2002 年、294—300 頁。

③ 铃木宗南在担任官房副长官的 1998 年 8 月收受"山林"公司董事长等人 500 万日元贿赂，于 2002 年 6 月 19 日以涉嫌受贿罪被日本东京地方检察厅逮捕。

④ 吴寄南：《新世纪日本的行政改革》，第 198 页。

一个月内内阁支持率便由 49% 上升到了 59% 。① 小泉认为此时若解散众议院可以增强改革派的实力，强化政权基础，压制"邮政族"的保守势力，于是趁势在 10 月 10 日宣布解散众议院，提出"2007 年实现邮政民营化"的政权公约。② 然而选举结果并不尽如人意，因此小泉在参加 2004 年 7 月参议院选举时并未将邮政民营化作为主要议题，但媒体的报道焦点仍集中在小泉心腹竹中平藏的最高票当选上，为邮政民营化注入一股活力。

参议院选举后，小泉决心彻底解决邮政民营化问题。为此，在内阁官房中专门设置"邮政民营化准备室"，任命 3 名次官级官僚起草具体法案，并将总务省出身者占成员的比例严格限制为半数以下。准备室于 2004 年 9 月 10 日向内阁会议提出"邮政民营化基本方针"，在内阁会议审议之际，再度发生小泉与"邮政族"的激烈抗争。"邮政族"强烈主张现阶段不宜提出民营化的具体措施，甚至政调会会长额贺福志郎与干事长安倍晋三也出现犹豫的态度，向小泉提议暂时不进行表决，但遭到小泉的严词拒绝。小泉表示，邮政民营化是 2003 年众议院选举时提出的政权公约，如若反对不如换掉首相。最终经过冗长的协调，内阁会议做出妥协，仅同意向国会做出提出基本方针的提案行为，不同意基本方针的实质内容。③ 接着小泉于 9 月 27 日进行内阁改组，将新内阁定位为"邮政民营化实现内阁"，④ 任命山崎派成员武部勤为党干事长，经济财政大臣竹中平藏兼任邮政民营化改革大臣。

"邮政民营化基本方针"虽然在内阁会议获得通过，但在内阁会议审议期间，"邮政族"为了向小泉施加压力，召开"邮政事业恳话会"大会，参加的政治家人数超过一百名。最终，小泉对法案部分内容做出妥协，于 2005 年 4 月 25 日提交总务会。在总务会上法案再度遭到"邮政族"的大

① 『内閣支持率、59% に急増』（2003 年 9 月 25 日）、朝日新聞デジタル、http：∥www. asa-hi. com/special/shijiritsu/TKY200309240352. html、2021 年 10 月 27 日。
② 『07 年の郵政民営化明記、自民のマニフェスト素案』（2003 年 10 月 6 日）、朝日新聞デジタル、http：∥www. asahi. com/special/seikyoku/TKY200310060192. html、2021 年 10 月 27 日。
③ 飯島勲『小泉官邸秘録』、246 頁。
④ 《"实现邮政民营化"小泉新内阁诞生》（2004 年 9 月 28 日），搜狐新闻，http：∥news. so-hu. com/20040928/n222278344. shtml，2021 年 10 月 27 日。

力反对，最终以保留意见的形式批准将邮政民营化相关法案于 4 月 28 日提交国会审议。"邮政族"再度伺机反扑，除了在国会发言反对，更于 6 月 7 日召开"邮政事业恳话会"大会，企图借由后援会"大树"逼迫首相让步。"大树"表示假若法案通过，将不再支持自民党推荐的议员。① 此外，"邮政族"议员还期望借由法案的否决，迫使小泉内阁辞职。面对反对势力的逼迫，小泉透过武部勤干事长表示"下届众议院选举时，将不提名反对法案的众议院议员"作为牵制措施。② 7 月 5 日众议院表决结果以 5 票之差通过法案，自民党内出现 51 票的"造反票"，大部分来自桥本派、龟井派等主要派阀。

法案于 2005 年 7 月 13 日送达参议院，小泉表示法案若遭到否决，将解散众议院，征询新的民意态度。结果在 8 月 8 日的表决中以 15 票之差遭到否决，自民党出现了 30 票的"造反票"。结果揭晓当晚，小泉即宣布解散众议院，令"邮政族"大感意外。小泉派遣"刺客"（自民党领导机构指定的候选人）到特定选区对抗反对派议员，极大地吸引了选民的关注，结果在大选中大获全胜，自民、公明执政两党共获得超过众议院三分之二的议席。在新国会的审议下，两院分别于 10 月 11 日和 14 日顺利通过了邮政民营化法案。

三　官邸主导型决策的形成

在自民党传统的自下而上"堆积型"决策机制中，官僚作为最终决策主体，在某种程度上照顾到首相的意愿，并在吸收相关部局和政治家意见的基础上制定法案。在整个过程中通过持续的微调或者直接搁浅最终未能协商一致的草案，避免了意见的对立。在以上决策过程中，政官关系围绕的是政治主导权问题，主要指政治家和官僚之间的关系。

到了小泉内阁时期，决策方式发生了根本性变化。首先，由首相明确政策的方向性，并排斥无法融入政策框架的反对意见。官僚难以明面上反

---

① 竹中治堅『首相支配——日本政治の変貌』中公新書、2006 年、223 頁。
② 清水真人『官邸主導：小泉純一郎の革命』日本経済新聞社、2005 年、350 頁。

对首相，只能借助"族议员"的力量表达对政策的不满，这就构成了小泉削弱"族议员"势力的契机。表面上是小泉与"抵抗势力"的争斗，实质却涉及政官关系深层次的变化。① 此时政策对立轴的焦点已由政治主导权问题，转向政治内部的主导权之争。政官关系中的"政"具体指执政党和以"族议员"为代表的政党势力，而"官"则指代以内阁和首相为中心的官邸集团。小泉内阁时期，政党和首相官邸之间的关系成为政官关系新的焦点，官邸主导型决策模式出现雏形。

小泉早在解散众议院前，便已经指示干事长武部勤、总务局局长二阶俊博和秘书官饭岛勋等核心幕僚寻找反对派议员选区的替代者，同时在武部勤的提议下，在"造反"议员选区未能觅得替代者的情况下，通过媒体发布征召，从应征者中挑选候选人，将小泉的势力范围扩散到全国。在小泉取得大选的全面胜利后，反对邮政民营化的"抵抗势力"被驱逐出党内，被称为"小泉 Children"的 83 名新议员当选，在党内形成一大势力，使小泉在自民党内拥有了压倒性的影响力，确立了绝对权威。

自民党议员在卸任省厅大臣后，通常会在党内的调查会和特别委员会等相关部门担任会长或委员长，这些机构在培养专业议员的同时，往往也成为代表省厅权益的"族议员"的活动据点。在 2005 年 10 月 31 日的党内人事安排中，小泉任命亲信中川秀直就任政调会会长。中川将自民党调查会由 42 个删减到 36 个，50 个特别委员会合并为 41 个，并且规定各调查会的会长和特别委员会的委员长的任职期限原则上限于二期二年，目的正是防止这些组织成为"族议员的据点"。② 此外，使在通过邮政民营化法案时投反对票的参议院议员和投弃权票的议员，全部从会长职位卸任，由此削弱了"族议员"的势力，增强了中川对党内政策决定的影响力。对此，有议员评论称："以前由'族议员'决定的圣地，如今由政调会会长掌握了人事权。"③ 中川作为小泉亲信，根据小泉指示，通过逐步趋向集权化的政调会，掌握了党内决策的主导权。伴随"族议员"势力的衰弱，官僚也

---

① 飯尾潤「小泉内閣における官僚制の動揺」『年報行政研究』第 42 号、2007 年、89 頁。
② 「自民、調査会長の任期 2 年に 族議員化防ぐ狙い」『朝日新聞』2005 年 11 月 3 日。
③ 「ポスト小泉の 4 人処遇は？ 31 日内閣改造」『朝日新聞』2005 年 10 月 30 日。

丧失了与之抗衡的基础。自民党传统的"自下而上"的政策决定模式，在小泉时期改为"自上而下"模式，排除了保守势力在决策过程中的抵抗，形成了官邸主导型决策体制。

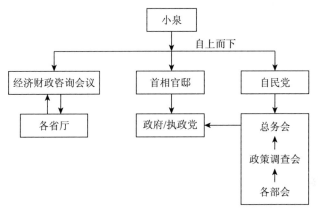

图 1　小泉政权的政策决定框架

资料来源：日本経済新聞社『政治破壊——小泉改革とは何か』日本経済新聞社、2001 年、85 頁。

（一）活用经济财政咨询会议摆脱官僚控制

在特殊法人民营化改革过程中，首相通过设置各种咨询机构，摆脱了主管省厅官僚本位主义的制约，强化了首相权力的效用，以首相为中心的内阁成为政策决定的中心。尤其是小泉通过经济财政咨询会议，任命竹中平藏大臣主导邮政民营化的会议议题，掌握议论方向，改变了以往的政策决定模式。

首先，咨询会议起到了主导政策议题设定的作用。在以往的自民党政策决定中，基本上由官僚掌握议题设定的主导权，政策提案很少触犯官僚和"族议员"的利益。在咨询会议上，由首相直接任用的民间议员能够提出官僚和"族议员"无法提出的大胆建议，各省厅和"族议员"不得不按照咨询会议设定的议题行动，在很大程度上成功地从官僚机构手中夺取了议程设置的主导权。其次，通过咨询会议的设置，被政府机关和"族议员"等垄断的政策决定过程得以向其他参与者开放。咨询会议还具有"议程整合"的效果，以往以各省厅的纵向结构为特征的政策决定，通过首相、官房长官和主要经济长官在咨询会议上的集中讨论，被分割的议程得以统合，政策之间的优先顺序以及体系性、整合性得以完善。最后，经济财政咨询会议促进了政策决定过程的透明化和可视化。在此之前，政策草案由官僚和"族议员"在密室讨论中决定，透过媒体的采访才能窥见一二。但在咨询会议上，记录阁僚间和民间议员讨论过程的议事录和议事要旨、各省厅和民间议员提交的资料等，在会议结束后不久就被公开发表在网络上，国民能清楚追踪决策者政策调整的实态，以及审议过程中意见的对立结构等。作为议长的首相在每次会议的最后，整理讨论的对立点和一致点，做出最后决断。整个流程固定下来，咨询会议上小泉的裁决给国民留下了不同于以往的内阁的印象，促进了首相主导的政策决定。在咨询会议上由首相主导，内阁成员之间进行的实质性讨论，对仪式化的内阁会议起到了补充作用。

（二）通过首相官邸进行政策立案

小泉执政时期，首相秘书官首次被视为政策的中心。饭岛勋作为小泉常年的政务秘书官，不仅擅长应对媒体，而且为小泉的决策提供战略性支持。加上由主要省厅派遣的四名首相秘书官和其他省厅派出的参事官，官邸中枢机能逐渐得以强化。内阁官房事务副长官和官房副长官辅虽然身为官僚，但在处理首相官邸议案时，只能听候内阁官房的调整，并不能取得与关系省厅的协商，官僚的政策调整比例下降。而且小泉时期内阁官房通过设立"推进事务局""推进室""事务室"等机构，出现了实际的政策立案倾向。最明显的例子就是起草邮政民营化法案时设立的"邮政民营化准备室"。

小泉在拟定"道路公团民营化法案"时，将其交由国土交通省负责，因该省对民营化持反对与质疑的态度，其完成的法案与小泉的政策方向出现脱节。为避免重蹈覆辙，小泉于邮政民营化改革时，在内阁官房下设置"邮政民营化准备室"，打造了一支拥护邮政民营化的亲卫部队，负责实施细节法案的草拟。按惯例该机构的功能由总务省承担，但首相将总务省相关部局视为"抵抗势力"而排除在外，将法案起草权力赋予内阁官房，打破了惯例。后随着民营化的推进与立法需要，准备室扩编为"邮政民营化推进室"，进一步扩大了规模。小泉利用推进室的技术官僚，主导邮政民营化政策法案的拟定，不仅降低了政调会在政策立案上的影响力，而且摆脱了邮政事业主管省厅总务省的本位主义作祟，减弱了散布在中央省厅及自民党相关部会中的"邮政族"的影响力。这使继桥本中央省厅改革后，内阁官房的立案功能进一步得到加强。

（三）掌握党内人事任命，加强首相统治

依照自民党政治惯例，干事长、总务会会长、政调会会长等"党三役"按"派阀均衡"原则，一般由总裁所属派阀之外的大派阀首领担任。尤其干事长一职负责选举、人事、资金等关系到党存续问题的重要工作，在派阀竞争激烈的自民党内部，为避免产生派阀统治不均衡的现象，更是严格遵守"总干分离"原则。而在长达5年零5月的小泉内阁期间，干事长在不同时期分别由盟友山崎拓、同派的武部勤及小泉出身派阀的森派成员安倍晋三担任，明显打破了既往惯例。干事长与首相的契合，进一步强化了首相的领导权。其中小泉任用武部勤为干事长是最为明显的事例，武部勤在2005年众议院选举中的操作是胜选的关键，桥本派的势力大幅滑落，成功压缩了"邮政族"的政治空间。总务会会长虽然由第二派阀堀内派首领堀内光雄，以及第一派阀桥本派的久间章生担任，但小泉借由首相的提案权，摆脱了总务会事前审查的惯例制约，削弱了总务会的影响力。而且如前所述，小泉借由任用森派成员中川秀直担任政调会会长，打击了"族议员"势力，增强了首相在党内的决策力。如此，小泉在任免自民党核心干部上打破了派阀统治，推动了民营化改革的进程。

此外，首相在组阁进行人事布局之际，为促进自民党团结，稳定政权运作，按惯例会接受各派阀的推荐人选，而拥有较多国会议员的大派阀往往能争取到较多且重要的内阁职位。小泉执政期间，在任用内阁成员上也打破了大派阀占优势的惯例，尤其减少了对最大派阀、民营化反对者桥本派成员的任用。与前任森喜朗内阁第二次改组的人事布局相比，在小泉内阁时期，第一大派阀桥本派和第二大派阀江藤龟井派的入阁人数有明显减

少，而森派成员则显著增多。打破派阀统治的人事布局，使小泉能够高效掌控行政团队的运行，打破了省厅割据倾向，确保大臣的一体性，实现内阁和首相在决策上的一致。首相逐渐成为内阁的中心和行政权的主体，具体表现在邮政民营化问题上的冲突集中在来自自民党内的阻挠，而既往的官僚势力，如总务省的邮政系官僚并没有太多行使否决权的机会。

四　结语

特殊法人改革在一定程度上瓦解了由利益集团、"族议员" 和官僚组成的利益共同体。在"民间能做的就让民间来做"的政策理念下，改革缩减了官僚体制的权限。随着公共事业预算的减少，利益集团为了在争夺有限资源时获取优势，开始借助政治家的力量，与官僚的共生关系出现裂痕。而面对严峻的财政状况，政治家为避免不得民心的增税，只能通过削减财政支出，这使"族议员"和官僚的利益结合也出现破口。

"五五年体制"下自民党的政策决定是政府与执政党的二元决策，前者负责提出政策法案，后者通过事前审查决定法案的通过。同时，"族议员"和官僚、利益集团组成的"铁三角"在政策决定中占据支配地位，首相和内阁的权限被极大弱化。

小泉内阁执政期间通过对特殊法人的民营化改革，使政策决定模式发生重大变化。这首先体现在官僚体制的影响力出现了明显下降。特殊法人的民营化改革，堵塞了官僚再就业的渠道，有效打击了官僚的特权意识。其次，相对于官僚制，执政党政治家随着当选次数的增加而强化了其政治上的有力感，各省厅大臣的领导地位逐渐得以加强，进一步增加了政治家对官僚的影响力。最后，"族议员"的影响力衰退，在一定程度上瓦解了其与官僚和利益集团的联合势力。首相权力得以强化，政策决定过程出现了官邸主导型决策模式。

（胡卓林，战略支援部队信息工程大学洛阳校区博士研究生）

日本安全战略转型析论

郭春妍

内容摘要　近年来，日本安全战略实施重大调整和实质转型，突出特征即是从此前的"保守防御"转向"由守转攻"。日本安全战略转型的主要举措体现为，通过连年追加防卫预算，进行防卫体制改革重组，防卫空间逐步向宇宙、太空、网络等领域拓展，全方位强化日美同盟，大力声援四边安全对话机制，日益扩大多边盟友范围等，旨在总体提升日本国家安全水平。日本安全战略的重大调整必将给东亚地缘政治环境带来前所未有的消极影响，也会对周边国家的安全环境塑造造成不容低估的巨大挑战。

关键词　日本安全战略　"保守防御"　"由守转攻"　反击能力

长期以来，战后日本的安全战略主要遵循"专守防卫"原则，具有鲜明的"保守防御"特征。冷战结束后，随着国际环境发生巨大变化，日本逐渐突破既往的满足于"一国和平主义"的藩篱，自卫队以参与维和行动之名走出国门，通过为国际社会做贡献的方式彰显自身的存在感。第二届安倍晋三内阁执政后，日本的安全战略向"由守转攻"方向嬗变，通过法律体系调整、防卫体制重组、防卫预算激增及防卫空间拓展等综合性手段，协同并进地推进军事转型。日本的军事大国化动向引发亚洲邻近诸国的高度警惕，并给周边国家的安全环境带来难以估量的消极影响。

一　日本政界人士关于推进安全战略转型的战略认知

日本朝野围绕攻击敌方基地能力是否属于"自卫权范围"展开激辩，自民党一直以来主张拥有攻击敌方基地能力，在野党方面则对此一直秉持反对立场。2020 年 6 月，在日本政府重新探讨导弹防御体系之际，拥有攻击敌方基地能力再次成为议题。日本政府称这一能力属于自卫权范围，与国际法所不认可的"先发制人"攻击不同，日本可以拥有。日本政府和自民党从效果和成本角度就拥有攻击敌方基地能力的利弊进行具体讨论。①日本政府重新讨论拥有攻击敌方基地能力的契机是陆基"宙斯盾"系统停止部署。日本政府将在修订国家安全保障战略之际提出导弹防御的应有状态。

2020 年 6 月 30 日，自民党召开第一次小组会议。日本政府继承此前见解，基于宪法第九条的"专守防卫"理念也可以拥有攻击敌方基地能力，其主要依据是 1956 年鸠山一郎首相在国会答辩上的表态："无论如何也无法认为坐以待毙是宪法的宗旨。"日本政府的立场是，国际法也认可日本拥有攻击敌方基地的能力。自民党历来主张日本拥有攻击敌方基地能力。2018 年修订防卫大纲时，自民党提议应该具备"反击敌方基地能力"。具体而言，其指日本在受到攻击后，为防止遭到第二次攻击，应对敌方基地实施打击。在野党方面则一直反对拥有攻击敌方基地能力，日本共产党委员长志位和夫表示："宪法不允许（拥有攻击敌方基地能力），这是先发制人攻击，违反国际法。"②

从 2020 年 6 月以放弃部署陆基"宙斯盾"系统为契机，日本开始研究是否需要拥有对敌方基地攻击能力。在宣布停止部署陆基"宙斯盾"系统翌日，前防卫大臣小野寺五典在自民党会议上称："为了拥有遏制力，应该具备反击能力。"③所谓对敌方基地的攻击能力，是指能够直接破坏敌方导弹

---

① 「敵基地攻撃能力『自衛権の範囲』」『日本経済新聞』2020 年 6 月 30 日。
② 「敵基地攻撃能力『自衛権の範囲』」『日本経済新聞』2020 年 6 月 30 日。
③ 「敵基地攻撃能力の保有が重要だ」『朝日新聞』2020 年 6 月 20 日。

发射点等设施。拥有对敌方基地的攻击能力，在宪法上并未受到禁止，但日本政府迄今一再表示，美军具备这一能力即可。而如果日本政府热衷于讨论拥有对敌方基地攻击能力，可能会刺激邻国。对于倡导"专守防卫"的日本而言，暗含危险性的讨论能否有助于提高遏制力依然是一个未知数。

2020年9月11日，安倍晋三首相在卸任前发表"首相谈话"，敦促在年底前出台有关导弹防御的安全政策新方针。据防卫省相关人士透露，美国从加强对中国进行威慑的角度出发，对日本研讨拥有攻击能力表示"欢迎和期待"。防卫研究所高桥杉雄提出阶段性提高相关能力的建议，即将困难目标委托给美军，自卫队则应具备攻击敌方导弹基地、雷达设施和司令部等固定目标的能力。

日本前驻美大使加藤良三认为："日本取消部署陆基'宙斯盾'反导系统，只会让图谋削弱日美同盟的势力感到高兴。但是，如果日本和美国部署性价比更高的海基、陆基巡航导弹，再推行彻底提升日本潜艇能力的替代政策，那么从总体来说将在相当程度上提高遏制力。"① 加藤认为，为了应对不断加剧的"军事恫吓"和"政治恫吓"，今后日本应该毫不犹豫地继续在"攻击型打击"方面保持克制，同时强化高水准"防御型打击力"。

2021年12月6日，岸田文雄首相表示："为了保障人民的生命和生计，我们将研究所有的选项，包括攻击敌方基地的能力，并加速从根本上加强我们的防御力量。"② 岸田表示，作为提高日本防卫能力的步骤之一，规划国家安全政策的三份主要文件，包括国家安全战略、国防计划指导方针和中期防卫计划，将在一年内更新。2022年1月1日，日本前首相安倍晋三在《读卖新闻》发表文章，声称2022年台海局势是最大焦点，日本不仅要强化日美同盟，还必须提高所谓自身防卫能力，将预算重点放在强化打击能力上，必须拥有所谓攻击"敌军"基地的能力。③

---

① 加藤良三「高度な『防衛的打撃力』の強化を」『産経新聞』2020年7月17日。
② 《日本首相岸田文雄称将大幅强化防卫力量 研究"打击敌方基地的能力"》，新浪财经网，https://finance.sina.com.cn/jjxw/2021-12-06/doc-ikyamrmy7177300.shtml，2021年12月6日。
③ 《日本政客新年大谈如何"对付中国"》，参考消息网，http://www.cankaoxiaoxi.com/china/20220103/2464858.shtml，2022年1月3日。

经历菅义伟内阁向岸田文雄内阁的过渡，作为执政党之一的自民党内部围绕拥有攻击敌方基地能力基本上达成共识，岸田内阁前期的主要工作是说服共同执政的公明党与其统一步调，其业已具体地反映在 2022 年 12 月修订的国家安全保障相关战略文件中。日本政界人士尤其是以自民党为主体的政治势力，在推动拥有攻击敌方基地能力上不遗余力，充分体现出日本的安全战略"由守转攻"的鲜明特质。

二　日本推动安全战略转型的主要举措

2012 年 12 月，安倍晋三第二次上台执政后，日本安全战略一改既往相对低调和谨慎的姿态，而是在防卫预算份额分配、防卫体制重组整合、先进技术追踪研发、防御空间拓展深化和盟友范围扩大增容等领域多措并举，颇具实质性和具有针对性地推动日本安全战略向多元化、综合化和全球化方向演进，岸田文雄内阁沿袭并继承了安倍的安保政治遗产。

第一，连年追加防卫预算。2018 年 12 月，防卫大臣岩屋毅在记者会上解释称："我国所处的安保环境的严峻性和不确定性，正在以迅雷不及掩耳的速度增加。为了以防万一，我们必须从平素做起，构筑必要的防卫能力。"[1] 这一表态乃是为了谋求外界对日本增加防卫费的理解。2019 年 3 月 2 日，日本众议院通过 2019 年度预算案，其中防卫费达到 5.2574 万亿日元。2019 年 9 月，防卫省 2020 年度预算概算要求达 5.3223 万亿日元规模，创下历史新高。由于大量采购 F－35 战斗机等武器，分多年偿还的"武器贷款"余额达 5.49 万亿日元，创下历史新高，并不断膨胀。[2] 为进一步加快各种防卫项目的实施，2022 年中期防卫预算经费中年预算支出增至 5.4797 万亿日元，比 2021 年度增加了 3562 亿日元，增幅达到 7.0%。第二届安倍内阁将无法纳入次年度最初预算的偿还贷款部分放到补充预算

---

① 《日本防卫预算创历史新高，日媒：应对中国与朝鲜》，参考消息网，2018 年 12 月 23 日。http://www.cankaoxiaoxi.com/china/20181223/2366299.shtml。

② 《日媒：为偿还美国"武器贷款"，日本政府不惜动用救急预算》，参考消息网，http://www.cankaoxiaoxi.com/mil/20190904/2390126.shtml，2019 年 9 月 4 日。

中，这一"暗箱操作"方式日益常态化。2020 年度日本政府也采用民众难以看到的"第二钱包"的隐蔽手段。据《东京新闻》计算，若按欧美各国的通用标准，日本 2021 年度防卫费（含初始预算和补充预算等项目）在国内生产总值（GDP）中的占比为 1.24%。尽管防卫省按其计算方法算出的初始预算占 GDP 比例不足 1%，但其中并不包含欧美各国通常列入防卫预算的相关经费以及呈增长趋势的补充预算。实际上，日本 2021 年度同类预算的初始和补充额度合计约 7200 亿日元（约合 62 亿美元）。加上这一部分后，防卫费达到 GDP 的 1.1%。若再加上创历史新高的 7738 亿日元的 2021 年度防卫补充预算，这一比例上升至 1.24%。[①] 2022 年新规"后年度负担"预算额比上一年度增加了 3873 亿日元，增长幅度高达 16.1%，总额达到 2.7963 万亿日元，创历史新高。[②] 2022 年 12 月，日本政府确定 2023—2027 年度的防卫费将达到 43 万亿日元。

表 1　2015—2022 年度日本防卫费年预算支出增长率

单位：%

年度	2015	2016	2017	2018	2019	2020	2021	2022
增长率	0.8	0.8	0.8	0.8	1.4	1.2	1.1	7.0

资料来源：根据日本防卫省网站（https://www.mod.go.jp/index.html）历年数据统计制作而成。

第二，加强防卫体制改革。拓殖大学校长、前防卫大臣森本敏认为："日本政府这次制定的《防卫计划大纲》和《中期防卫力整备计划》与以前相比可以说完成度相当高。新大纲的最大命题是在深化统一灵活性的同时，将包括太空、网络和电磁波等所有领域的能力进行有机融合，从而构筑真正有效的防卫力——多维度综合防卫力。"[③] 森本敏指出，为

---

① 「日本 2021 年度防衛費　実質 GDP の 1.24% を占める」『東京新聞』2022 年 1 月 4 日。
② 在通常情况下，防卫能力的发展需要历经几年时间，例如采购主要设备，如舰船和飞机，以及建造机库和车队。因此，国家在签订合同时事先承诺将签订多个年度的合同，并在未来的一定时间支付。"后年度负担"是指根据这种涉及多个年度的合同，在合同的下一年度及以后支付的费用。
③ 「新たな『防衛計画の大綱』は防衛政策に転機を迎える」『産経新聞』2018 年 12 月 24 日。

构筑多维度综合防卫力，有必要重新审视统合幕僚的指挥管理状态。扩大统合幕僚长权限和扩充统合幕僚组织；开设统合幕僚指挥所；扩充预算；将横向领域、灰色地带事态的活动以及运输和补给等后方支援活动等统一起来，调整统合幕僚总括官制度等。受此影响，统合幕僚相关活动经费预算大幅度上涨，2021 年度预算额为 694 亿日元，2022 年度概算要求额增至 902 亿日元，增长率高达 29.9%。统合幕僚总括官制度的完善有利于日本灵活和有重点地分配资源，有效加强防御能力，进一步推进陆海空自卫队在所有领域的整合，不陷入条块分割，进一步优化组织架构，提高装备效能。

第三，研发国产尖端武器。防卫省于 2017 年度完成了国产超音速空对舰导弹 ASM－3 的研发工作。搭载于空自 F－2 战斗机的该型导弹能以约 3 马赫速度飞行，是既有国产空对舰导弹速度的 3 倍。虽然留给敌方反应的时间很短，难以拦截，但 ASM－3 的射程仅有 100—200 公里。而此次决定研发的新型导弹将对 ASM－3 做出包括增加燃料在内的一系列改进，设计射程将超过 400 公里。据防卫省相关负责人透露，2010 年度正式开始研发的 ASM－3 由于"可能具备对敌攻击能力这种顾虑的存在"，射程被控制在与以往导弹相同的水平。防卫省内部对于已经研发完成的 ASM－3 射程较短问题，产生了对其实用性的质疑，2018 年度和 2019 年度的预算案中均未列入采购 ASM－3 的费用。防卫省计划新型导弹的研发费用最早写进 2020 年度防卫预算案。此外，在 2022 年的防卫预算计划中，日本政府将投入 26 亿日元，用于基地防空用地对空制导导弹和新型近距离地对空制导导弹研制，分别用于提高空中自卫队同时多目标应对能力，以及陆上自卫队对于低空目标的反击能力。为了应对未来新的战争形态，确保在军事科技领域的优势，日本加大技术研发力度，于 2021 年成立"革新技术调研工作组"，进一步强化国防科技基础，挖掘和培育高新技术产业萌芽，重点投资人工智能（AI）等革新技术的前沿领域，并指出未来这些领域很可能成为扭转战局的关键因素。

第四，强化西南诸岛防御。第二届安倍内阁执政之初，防卫省不断完善西南岛屿防卫，自卫队一直在升级并进行布局谋划。空中自卫队向位于冲绳县那霸市的基地增派一支战斗机中队，并开始建设第二条飞机跑道，以配合更多的空中行动。2016 年陆上自卫队在日本最靠近中国台湾的岛屿与那国岛的现有设施基础上又新建一个雷达观测站。2018 年 4 月 7 日，"水陆机动团"成立，现有人员 2100 人（最终将由 3000 人组成）。"水陆机动团"被称作"日本版海军陆战队"，任务是在西南诸岛等离岛被"侵占"之际，实施登陆行动夺回岛屿。"水陆机动团"设想一边与海上、航空自卫队合作，一边通过可搭载水陆两栖车的运输舰来部署部队，在各地实施训练，提高行动能力。2021 年 5 月 22 日，日本政府开始探讨在长崎县大村市竹松驻地方向部署陆上自卫队负责夺回离岛作战的专门部队——"水陆机动团"拟将新设的第三支部队，此前曾讨论部署在训练环境完善的北海道，日本政府十分重视与在长崎县佐世保市设有据点的现有两支部队以及包括冲绳在内的美军进行合作。第三支部队"第三水陆机动联队"（暂定名）设想的是与佐世保市相浦驻地的第一、第二联队规模相同，约600 人，力争 2024 年成立。包括通信和后方支援部队在内，合计约 3000人的"水陆机动团"的态势将完备充实起来。①

　　2019 年 3 月 26 日，防卫省在冲绳县宫古岛组建 400 人规模的陆上自卫队快速反应部队。同日，防卫省在鹿儿岛县的奄美大岛也组建了陆上自卫队部队。在冲绳县内，今后防卫省还将分别在宫古岛和石垣岛部署导弹部队和警备部队。防卫省在 2014—2018 年财年中期防卫力整备计划中，提出为强化西南诸岛防卫态势，于 2016 年 3 月在日本最西端的与那国岛设立沿岸监视队。防卫大臣岩屋毅对媒体表示："西南地区是日本防卫最前线，长度 1200 公里。因此，需要在这里牢固构建防卫力和遏制力。这种部署不仅填补了西南地区的空白地带，还能够迅速应对灾害等情况。今后，还准备在石垣岛也部署部队。"② 2022 年，为了填补自卫队部署在西南岛屿地区的空白，日本将在石垣岛驻地（暂定名）部署警备部队、中程地对空导

---

① 《日欲在长崎增加夺岛部队》，光明网，https：//www.360kuai.com/pc/951e3ac8a4a0989c3？cota＝3&kuai_so＝1&tj_url＝so_vip&sign＝360_57c3bbd1&refer_scene＝so_1，2021 年 5 月22 日。

② 《日本在西南诸岛增设快反部队》，参考消息网，http：//news.sina.com.cn/w/2019－03－27/doc-ihtxyzsm0990203.shtml，2019 年 3 月 27 日。

弹部队和地对舰导弹部队。

第五，构建"跨域"作战体制。2018 年 12 月 18 日，日本政府举行内阁会议，批准了新版《防卫计划大纲》及与之配套的《中期防卫力量整备计划》，内容包含实现自卫队"跨域"防卫体制构建、现有舰艇航母化、大量采购新装备等。这是安倍政府自 2013 年以来再度对防卫大纲进行的修订。新版防卫大纲称，日本周边安保环境的"严峻性和不确定性急速增加"，自卫队要进一步强化太空、信息等新领域的防卫能力和海空领域的协同作战能力，建立多维度综合防御体系，构建"跨域"作战体制，同时还将改造"出云"级直升机驱逐舰，使其航母化，可搭载战斗机等。日本未来 5 年防卫预算总额约 27.47 万亿日元（约合 1.68 万亿元人民币）。① 军事评论员彰海雄认为："所谓的'跨域'作战，是对传统作战空间的一种突破，在日本《防卫计划大纲》中更多是指作战空间向太空、网络和电磁领域的延伸和拓展，强调传统的陆海空等作战空间与太空、网络和电磁空间的一体化作战，这也推动了防卫预算额的增加。"②

第六，拓展防卫空间领域。2008 年，日本国会通过《宇宙基本法》，从而为出于军事目的利用外太空提供法律依据，这一法律推翻了日本国会于 1969 年通过的非军事和平利用太空的原则。日本在 2009 年首次制定《宇宙基本计划》，其后分别于 2013 年、2015 年及 2020 年进行修订，核心要旨在于强调安全利用太空的可能性、必要性和迫切性。日本的国家安全战略特别提及太空与国家安全之间的紧密联系。最新版本的《防卫计划大纲》进一步将太空定位为关键的战略军事领域之一。2018 年 12 月，日本政府在制定的防卫力建设指针《防卫计划大纲》中，将太空、网络和电磁波一起定位为优先领域，提出努力构筑对太空的实时监视机制，强化全方位综合能力以确保太空优势。

---

① 《日本政府批准新版防卫大纲写入舰艇航母化等内容》，光明网，https：//world. gmw. cn/2018 –12/19/content_32196997. htm，2018 年 12 月 20 日。
② 《5 年 27.47 万亿日元，日本防卫预算创历史新高》，光明网，https：//kepu. gmw. cn/2019 –01/02/content_32282910. htm，2019 年 1 月 2 日。

    2020 年 5 月 18 日，日本航空自卫队成立"宇宙作战队"，这一专门部队的主要任务是监视陨石、人造卫星和太空垃圾等，今后或会继续扩大任务范围。部队成立初期规模为 20 人，未来可能借助民间知识和技术，进一步分阶段扩大人员规模。部队的主要职责是监视对日本人造卫星实施可疑行动的其他国家人造卫星。2022 年日本有关宇宙的研发经费达到 840 亿日元。未来的初步设想是于 2023 年度开始利用地基雷达进行监视，在 2026 年度之前向太空发射光学望远镜，以便对静止轨道周边状况进行更严密的监视。为进一步强化组织体制，日本力争将现有的"宇宙作战队"改编为"第一宇宙作战队"，主要负责对宇宙空间状况进行实时监测。同时，为了掌握日本人造卫星的电磁干扰情况，新组建了"第二宇宙作战队"。另外，为了维护和管理太空领域的设备，又建立"宇宙系统管理队"。"第一宇宙作战队"、"第二宇宙作战队"和"宇宙系统管理队"共同构筑起日本的"宇宙作战体系"。防卫大臣河野太郎表示，宇宙、网络和电磁波同为重要的新领域，新设该部队具有重要意义。日本政府有关人士表示："包括驻日美军基地在内，日本正面临高超音速武器威胁，日美有效利用太空来联合应对这一威胁非常重要。"① 为提高超音速制导导弹等高速飞行器的性能，日本在 2022 年投入 39 亿日元，用于超音速制导导弹的搜索、探测和跟踪目标的导弹设备研究。未来几年，日本将进一步着力扩大太空领域的技术优势，继续加强国防科技的研究和开发，强化国防工业的基础设施建设。

    第七，扩大多边盟友范围。2019 年 5 月 2 日，日本防卫大臣岩屋毅在河内与越南国防部长吴春历举行会谈，就强化海洋安全合作达成一致。这是自 2015 年 11 月以来日本防卫大臣时隔三年半访问越南。岩屋在会谈开始时表示："希望在新（令和）时代深化关系。"吴春历表示："您的访问为两国国防关系进入新阶段做出了贡献。"② 岩屋传达了 6 月让"出云"号护卫舰停靠越南港口的计划。日本还计划将"出云"号改装为航母。会谈后两国签署备忘录，主要内容是推动两国防卫产业交流。双方设想的是在

① 「宇宙を『戦闘領域』として開発される」『朝日新聞』2019 年 5 月 21 日。
② 「日越海上安保協力の強化に合意」『読売新聞』2019 年 5 月 3 日。

日本防卫产业具有优势的尖端技术领域，包括海洋安全、警戒监视和网络培训等领域开展合作。

2019 年 6 月 28 日，日本海上自卫队与菲律宾海军在菲律宾周边海域实施搜索救灾训练。训练过程中，除"出云"号外，海上自卫队还有两艘战舰也与菲律宾登陆艇一道进行了合作演练。印度洋和太平洋地区是日本试图维持和扩大影响力的重要地区。"出云"号在这一海域航行，充分体现了安倍政府的战略。与此同时，海上自卫队还与其他各国军队频繁开展联合训练，对象不限于美国和南海沿岸国家，还包括南亚大国印度和在太平洋拥有基地的法国。2019 年 5 月，海上自卫队从东海航行到南海，与美国、印度和菲律宾实施联合训练，后又在印度洋与美、澳、法等国进行联合训练。2022 年岸田文雄内阁外交的重中之重，乃是实质性地推进与美澳等国的峰会外交。虽然鉴于日本新冠疫情反弹，岸田取消了 1 月中旬出访美澳的行程，但在 1 月 6 日，日澳双方举行视频会议，签署自卫队与澳军的《互惠准入协定》（RAA）。岸田在签署仪式上强调："这是日澳安全合作迈向新台阶的划时代协定。"①

由此可见，近年来日本推动安全战略转型的举措内容多样，涉及资金保障、体制调整、技术研发、空间拓展及盟友扩容等多个领域，鲜明地呈现全方位、一体化、多元化及尖端化等特征，日本在军事领域动作频频、花样迭出、咄咄逼人，这一"由守转攻"的战略动向值得我们时刻保持高度警惕和严重关切，中国应该根据这些举措有针对性地筹划和制定行之有效的因应之策。

日本安全战略转型自第二届安倍晋三内阁执政后取得实质性飞跃，至岸田文雄内阁时期又修订了国家安全保障战略三份文件，可谓实现了保守派政治家战后长期以来在安全领域和防卫政策上力争实现突破的夙愿，尽管并未通过明文改宪的方式修改宪法，但在日本政府主导下，业已拆除各种束缚自身军力发展的法律限制和制度障碍，从而使其安全战略呈现咄咄逼人的进攻态势。岸田文雄内阁执政之后，在安全战略层面依然总体上沿

---

① 《日本新冠疫情急剧反弹，岸田取消本月中旬美澳之行》，中国青年网，http://news.youth.cn/gj/202201/t20220105_13379034.htm，2022 年 1 月 5 日。

袭既往的防卫路线，并在修订国家安全战略上推出了众多引人瞩目的重大举措。日本国家安全战略转型与重大调整，不仅严重地制约与周边国家关系的顺畅发展，也必将给东亚乃至亚太地区的安全环境带来难以估量的消极影响。

（郭春妍，天津津唐众德国际贸易有限公司研究员）

日本历史与文化

真如亲王入唐求法与中日文化融通[*]

真如亲王入唐求法与中日文化融通[*]

李广志

李广志

内容摘要 唐代后期，有一个身世较特殊的日本僧人，名叫真如亲王。他从皇太子降为亲王，落发为僧，由日本到长安，又自广州往天竺。本文通过考察真如的身世转变、入唐路线及其与唐人的交往情况，梳理出一条日本求法僧的人生轨迹，并通过挖掘明州开元寺日本铜钟的来源和泗州普光王寺僧伽和尚对日本的影响，指出真如的入唐求法推动了中日文化交流与融通。

关键词 真如亲王 遣唐使 明州开元寺 普光王寺 僧伽和尚

在唐代中日交往中，有一位日本皇室成员，名为真如亲王。关于他的事迹，日本正史记载较少，后世史料颇多，但又不是十分清晰，有些甚至互相矛盾。深入分析和考证这些史料，能够使我们了解许多鲜为人知的历史真相。

第二次世界大战期间，日本军国主义者曾把真如亲王树为爱国主义教育的典型，把他的事迹编入教科书中大肆宣扬。1943 年 3 月文部省编写的《初等科国史》（上）中记述了真如亲王的简历。[①] 同年 6 月，文部省发行的师范学校使用的国定教科书《师范历史》中，也写有真如亲王的事迹，[②]

---

* 本文为国家社科基金项目"日本遣唐使研究"（项目号：17BSS026）阶段性成果。

① 文部省编『初等科国史 上』文部省、1943 年、68—69 頁。

② 佐伯有清『高丘親王入唐記』吉川弘文館、2002 年、2—3 頁。

使得真如亲王研究热潮一度高涨起来。然而，随着日本战败，将真如亲王作为国民典范的宣传偃旗息鼓，真如亲王逐渐离开了人们的视线，对于他的研究也逐步朝着理性化和学术化方向转变。

真如亲王作为日本僧侣及王室成员，渡海从明州入唐，继续赴长安，往广州，去印度，他的事迹在中日交流史上具有特殊意义。以下就其西行之路的相关事项做一系统梳理和辨析。

一　从太子到僧人

真如亲王是日本平城天皇的第三皇子，原名高岳亲王，亦称高丘，真如是出家后的法号。关于他的名字，史料中出现许多不同的称谓，[①] 最初的法号为真忠，之后又改为真如，在唐的名字为遍明。

真如亲王的出生年月没有明确记载，一般认为生于日本延历十八年（799），殁于 865 年前后。《日本纪略》大同四年四月乙丑（14 日）条载："立高丘亲王为皇太子。诏曰，云云。授位，任官云云。"[②] 可知，809 年嵯峨天皇即位时真如被立为皇太子，年仅 10 岁。自大同四年（809）四月十四日至大同五年（810）九月十三日，真如做太子时间仅有一年零几个月。

其间，日本朝廷政局出现动荡，现任天皇与退役的太上天皇之间出现王位之争，原已立为太子的高丘被废除，新立中务卿淳和为皇太弟。[③]

藤原药子本是中纳言藤原绳主之妻，膝下有三男二女。其长女入宫做桓武天皇的皇太子安殿亲王（平城天皇）妃子时，药子陪同进宫。她以春

---

① 杉木直治郎的研究表明，真如亲王的名字多达几十种，有高岳、高丘、真如、真忠、遍明、尊居太子、平城第三皇子、平城第三御子、平城第三宫、平城三君、平城皇子、三宫、三君、法皇第三亲王、法三御子、龙池边三君、池边三君、池边君、池边宫、入唐三御子、入唐三宫、入唐三君、入唐三品亲王、皇子禅师、禅师亲王、太子禅门、山科禅师亲王、皇寿禅师、入道无品亲王、传灯修行贤大法师位、贤大法师位、贤大法师、真如法师、真如阇梨、头陀亲王、如皇子、如公、如师、超升寺本愿法亲王、超升寺本愿真如亲王、超升寺开山真如亲王、超升寺沙门真如、十六如亲王等。参见杉木直治郎『真如親王伝研究』吉川弘文馆、1972 年、27～127 页。
② 经济雑誌社『日本紀略』（国史大系第 5 卷）、经济雑誌社、1897 年、404 页。
③ 《日本后纪》弘仁元年九月庚戌条："是日，废皇太子，立中务卿讳（淳和）为皇太弟。"参见森田悌訳『日本後紀』（中）、講談社、2006 年、192 页。

宫宣旨的身份，经常出入太子身边，以致绯闻不断。桓武天皇一怒之下将其逐出宫中。延历二十五年（806），桓武天皇去世，平城天皇即位后，药子再次入宫，受宠一生，参与朝政。其兄藤原仲成也受到重用，晋升为从四位上右兵卫督。

平城天皇因体弱多病，大同元年（806）四月九日即位，大同四年（809）四月十三日让位，在位仅3年多。于是，年仅36岁的平城天皇转身成了太上天皇，24岁的皇太弟神野亲王即位成为嵯峨天皇。然而，不久，平城上皇的身体逐渐恢复健康，在药子的参与下，慢慢开始干预朝政。大同五年（810）九月六日，平城上皇宣布迁都平城京的命令，形势发生变化。① 由此，遭到嵯峨天皇的反击。据《日本后纪》弘仁元年丁未条载："缘迁都事，人心骚动。仍遣使，镇固伊势、近江、美浓等三国府并故关。"② 当日，实行宫中戒严。这一事变为以仲成、药子兄妹惑主乱政为名，贬仲成为佐渡国权守，剥夺药子的官位。事变的最终结果是，平城上皇落发为僧，藤原仲成被射杀，药子服毒自尽，太子被废。这一事件，通常被称作"药子之变"。

但是，关于"药子之变"的性质，近年学界提出新的主张，认为事件的主谋不是藤原药子和仲成，而是平城天皇，因此，称这一事件为"平成太上皇之变"更为妥当。③ 另外，弘仁初期明法博士物部敏久私记《名例律里书》里也有如何处置太上皇谋反的议论，因此，称其"平城上皇之变"也并不为过。④ 尽管如此，强调平城上皇主宰事件的同时，不能忽视药子和仲成所起到的作用，二者并不矛盾。⑤ 可以认为，"药子之变"是上

---

① 《日本后纪》弘仁元年九月癸卯条："依太上天皇命，拟迁都于平城。正三位坂上大宿弥田村麻吕、从四位下藤原朝臣东嗣、从四位下纪朝臣田上等为造宫使。"参见森田悌訳『日本後紀』（中）、187頁。

② 森田悌訳『日本後紀』（中）、187—188頁。

③ 佐藤宗詢「嵯峨天皇論」『平安前期政治史序説』東京大学出版社、1977年；橋本義彦「『薬子の変』私考」『平安貴族』平凡社、1986年；瀧浪貞子「薬子の変と上皇別宮の出現」『日本古代宮廷社会の研究』思文閣出版、1991年。

④ 長谷山彰『日本古代史——法と政治と人と』慶応義塾大学出版会、2018年、216頁。

⑤ 西本昌弘「薬子の変とその背景」『国立歴史民俗博物館研究報告』国立歴史民俗博物館、2007年、75—90頁。

皇和药子、仲成共同参与的政治事件。

真如被废黜太子之位后，降格为亲王，其他方面未受到影响，在 18 岁左右结婚生子。其子善渊卒于贞观十七年（875），且"卒时，年六十"。① 由此逆推可知，善渊出生于 817 年，当时亲王应为 18 岁。真如于弘仁十三年（822）出家，此时他的年龄约 24 岁，已是三个孩子的父亲。所以，真如应当出生于 799 年。真如初入佛门，住于东寺。② 先师从道诠、宗睿和修圆，后拜空海为师，修学真言密教。作为空海的十大弟子之一，真如亲王在高野山开创了亲王院，835 年空海入定之时，真如以高徒的身份参加了遗骨埋葬。

齐恒二年（855）五月二十三日，东大寺佛头坠落，真如亲王被任命为东大寺大佛司检校一职。真如与时任大纳言的藤原良相一起上奏，提出佛头修理方案，此时真如已 56 岁。为修佛头，真如号召人们行各尽所能，行善喜舍，有钱出钱，有粮出粮，随力多少，随其所愿。③

真如担任东大寺大佛司检校七年后，又以僧行事检校笔头的身份完成了供养大佛会。贞观三年（861），63 岁的真如决定入唐求法。七月十三日乘大宰府的贡绵归船二只，离开难波津，八月九日到达大宰府鸿胪馆。真如原打算乘大唐商人李延孝的船赴唐，"于时大唐商人李延孝，在前，居

---

① 《日本三代实录》贞观十七年（875）二月二日丙辰条载有真如亲王儿子在原善渊卒传，其文曰："二日丙辰，从四位上行大和守在原朝臣善渊卒。善渊者，左京人，平城太上天皇孙，而无品高岳亲王之子也。亲王大同末年为皇太子。弘仁之初废为亲王，后赐男女姓在原朝臣。嘉祥三年授善渊从五位下。齐衡三年春加从五位上，是年夏拜大舍人头。天安二年迁纪伊守。贞观元年增正五位下，出为大和守。二年迁内匠头。四年为大藏大辅。六年授从四位下，迁为纪伊守。数月之后为山城权守。九年，迁为神祇伯兼河内权守。十年进从四位上，为近江守。俄而迁大和权守。十四年，更拜大和守。卒时年六十。"参见经济雑誌社编『国史大系　第四卷（日本三代実録）』经济雑誌社、1897 年、408 頁。
② 《续日本后纪》承和二年（835）正月壬子（6 日）条载："亲王者，天推国高彦天皇第三子也。大同年末，少登储贰，世人号曰蹲居太子。遂遭时变失位，落发披缁，住于东寺。"森田悌訳『続日本後紀』（上）、講談社、2010 年、127 頁。
③ 《日本文德天皇实录》齐衡二年九月甲戌（28 日）条载："修理东大寺大佛司检校传灯修行贤大法师位真如、大纳言正三位兼行右近卫大将藤原朝臣良相等奏言：……修理旧物，所得功德，胜于新造。而独以官物以充给，恐乖弘济之本愿。望请命天下人，不论一文钱一合米，随力多少，以得加进。"参见经济雑誌社编『国史大系　第三卷（日本後記・續日本後記・日本文德實録）』经济雑誌社、1897 年、528—529 頁。

鸿胪北馆"。① 当真如一行到达大宰府时，李延孝已离开鸿胪馆回国。十月七日，真如委托唐通事张友信为其造船，次年五月造船已毕。贞观四年（862）七月中旬，真如亲王以张友信、金文习、任仲元三位唐人为舵师，率宗睿、贤真、惠萼、忠全、安展、禅念、惠池、善寂、原懿、猷继，并船头高丘镇今等，僧俗合计60人，离开博多朝大陆方向驶去，八月十九日抵达九州西南端的远值嘉岛。随同真如入唐的还有一位伊势兴房，他记录了真如从贞观三年三月一直到咸通六年（865）六月的事迹，留下一部长篇日记《头陀亲王入唐略记》。该日记简略记录了真如亲王在唐的行动轨迹。

二　真如的明州之路

贞观四年九月三日，真如亲王一行借东北风飞帆西进，开始了入唐求法之路。航行路线是横跨东海，从明州入境。此次航海较为顺利，仅用了四日三夜便到达明州境。据《头陀亲王入唐略记》记载：

> 九月三日，从东北风飞帆，其疾如矢。四日三夜驰渡之间，此月六日未时，顺风忽止，逆浪打舻，即收帆投沉石，而沉石不着海底。仍更续储料网下之，网长五十余丈，才及海底。此时波涛甚高，如山，终夜不息。舶上之人皆惶失度，异口同音，祈愿佛神。但见亲王神色不动。晓旦之间，风气微扇，乃观日晖。是如顺风，乍嘉行矴挑帆，随风而走。七日午刻，遥见云山。未刻，着大唐明州之扬扇山。申刻，到彼山石丹奥泊（石丹奥，明州地名也），即落帆下矴。②

为真如一行领航掌舵的张友信，是个具有丰富航海经验的明州商人。③

---

① 伊势兴房「頭陀親王入唐略記」続群書類叢完成会『続群書類従』（第八輯上）、続群書類叢完成会、1957 年、105 頁。

② 伊势兴房「頭陀親王入唐略記」続群書類叢完成会『続群書類従』（第八輯上）、105—106 頁。

③ 关于张友信，日本有些史料中称"张支信"，圆仁《入唐求法巡礼行记》和《头陀亲王入唐略记》中均作"张支信"，而《续日本后纪》及《日本三代实录》等正史中则为"张友信"。因抄写本中"友"与"支"较难辨认，或有混淆之处，本文统一使用"张友信"之名。

他从承和十四年（847）至贞观四年，至少在这 15 年间多次往返于中日之间，活跃于历史舞台上。关于他的史料，日本正史《续日本后纪》和《日本三代实录》中均有记载。另外，圆仁《入唐求法巡礼行记》、伊势兴房《头陀亲王入唐略记》等文献中也有记述。其活动轨迹大致如下。

847 年，张友信商船从明州望海镇出发，三日后抵达远值嘉岛那留浦。同船抵达的有日僧慧运、留学僧园载的随从仁好、僧人惠萼以及唐僧义空、同道昉等 47 人。①

851 年 2 月，张友信从日本发船归唐。②

861 年，张友信在日本期间担任唐通事　职，真如亲王令其造一艘船，862 年 5 月造船完毕。③

864 年，大唐通事张友信归国之后，未见返回，大宰府奏请在日的唐朝僧人法惠代替他充当通事一职。④

史料所载的张友信信息表明，他于 847 年驾船到达日本，851 年回国。在此四年间，究竟是一直停留日本，还是再度赴日，不得而知。861 年他又出现在日本，这次是何时去的，从哪里发船，史料也无记载。不过，可以肯定的是，张友信在日期间兼任翻译一职，日本史料中称之为"大唐通事"。9 世纪中后期，中日间兴起海上贸易的热潮，大批中国商人赴日经

---

① 与此相关信息，日本史料多有记载，分别见于圆仁著《入唐求法巡礼行记》大中元年六月九日条；《续日本后纪》承和十四年七月辛未条；《安祥寺伽蓝缘起入财帐》；《续日本后纪》承和十五年六月壬辰条；《入唐五家传》安祥寺慧运传；《元亨释书》唐国义空；《高野杂笔集》收录的《唐人书简》。

② 《平安遗文》4492"圆珍奏状"载："嘉祥四年四月十五日，辞京辇向大宰府。五月廿四日得达前处（○以下，同上。访问唐国商人张友信回船，其年二月已发归唐，伏缘无便船令害，慨怅难及ノ三十字アリテ抹消セリ）以无便船。便寄住城山四王院。"另据小野胜年引自《请弘传两宗官牒案，草本第一》载："五月廿四日得达前处。访问唐国商人张友信回船，其年二月，已发归唐。伏缘无便船人害，慨怅难及。便寄住城山四王院。"参见小野胜年『入唐求法行歴の研究　上』法藏館、1982 年、52 頁。

③ 《头陀亲王入唐略记》载："十月七日仰唐通事张支信，令造船一只。四年五月造舶已了。"参见伊势興房「頭陀親王入唐略記」統群書類叢完成会『續群書類従』（第八輯上）、105 頁。

④ 《日本三代実録》贞观六年八月十三日丁卯条："大宰府言：大唐通事张友信渡海之后，未知归程，唐人来往，亦无定期，请友信未归之间，留唐僧法惠，令住观音寺，以备通事。太政官处分：依请。"参见经济雑誌社編『国史大系　第四巻（日本三代実録）』、163 頁。

商，此时日本已经停止官派遣唐使，人员与货物的运送主要依靠民间商船。日本方面急需兼通中日双语的翻译人员，而大宰府管辖的北九州地区却不具备这样的人才。张友信不仅久居日本，而且与官方保持良好的关系，故被聘为大唐通事，以至于在他未返回日本期间，暂时请唐朝僧人法惠顶替其职，以备通事。

张友信在 847 年的航海中，从明州望海镇至远值嘉岛那留浦，仅用三个日夜。862 年运送真如亲王时，又以"四日三夜"的速度抵达。进入明州境内后，午时见"云山"，未时着"扬扇山"，申时到"石丹奥"。可以说，张友信创下了中日海上直航速度的纪录。

接下来，明州海边发生的一幕，给亲王等人留下深刻印象，伊势兴房在《头陀亲王入唐略记》中记下了这一场景。船至石丹奥后，立即落帆停船，岸边有数十人脱掉外套，坐在椅子上兴致勃勃地喝酒。见大船靠拢，都吃惊地站了起来，各持衣衫站在那里。他们看见张友信，问其事由，张友信告知，这些人是日本求法僧徒。于是岸上人惊叹不已，派人上船慰问，并赠送土梨、柿子、甘蔗、砂糖、白蜜、茗茶等。真如向张友信打听这些人的身份，张友信告诉真如，他们是盐商。真如听后感叹道：他们虽是商人，竟然体貌如此端正，彬彬有礼。随即向他们表示感谢，并回赠送一些日本特产。商人们不肯接受，一再谢绝，终因难以推却，只好收受一些低廉之物，退还那些贵重的金银礼品。[①]

三　中日文化交汇处的明州

真如一行抵达的明州，即今日宁波。那里是唐文化输往日本的重要口岸，也是中日文化的交汇之地。其地原属于越州，738 年从越州分出，独立设州。明州与日本的交往最初源于遣唐使和鉴真东渡。9 世纪中期以后，海上贸易商团开始崛起，明州口岸聚集有东亚各国的海商，他们承载着货物运输与人员移动的跨国贸易。

---

① 伊勢興房「頭陀親王入唐略記」続群書類叢完成会『続群書類従』（第八輯上）、106 頁。

　　真如亲王一行，于大唐咸通三年（862）九月十三日进入明州城，明州差使司马李闲点检船上物品及验证人员身份，然后安顿他们的食宿，将其入境及进京意愿写成奏折上报京城。同年十二月，接到敕符，准许入越州。①

　　在唐代，私人出行过关或往州县，须持通行证，此类证件称"过所"或"公验"。不持证件私度关津者，依唐朝法律，将受惩罚。② 外国人入境须接受严格的检查，真如亲王抵达明州后，司马李闲首先要查验他们的身份，确认其所持通行证明的真伪。7 世纪以后，日本仿效唐朝法律实行律令制，日本国内度关或前往他地，同样需要过所或公验。那么，真如亲王所持公验究竟写些什么内容呢？史料无载，也无实物保存下来。

　　不过，早在真如入唐八年前，仁寿三年（853），日本天台宗高僧圆珍前往大唐巡礼求法时，即向大宰府申请签发公验。该公验以日本"过所式"形式写成，至今保留下来，已成为日本国宝，同时也是中日交流史上的珍贵文物，收藏于东京国立博物馆。圆珍的《大宰府公验》全文如下：

　　　　日本国大宰府

　　　　延历寺僧圆珍年四十，腊廿一。

　　　　从者捌人。

　　　　随身物，经书、衣钵、剃刀等。

　　　　得圆珍状云，将游行西国，礼圣求法。

　　　　□附大唐商人王超等回乡之船。

　　　　恐到所处不详来由，伏乞判附公验，以为凭据。

　　　　仁寿叁年贰月拾壹日　　大典　越贞原

---

① 《头陀亲王入唐略记》载："此岁大唐咸通三年九月十三日，明州差使司马李闲点检船舶上人物，奏闻京城。其年十二月，敕符到云：须收彼器。或早随故许着越州。"参见伊势兴房「頭陀親王入唐略記」続群書類叢完成会『続群書類従』（第八辑上）、106 页。

② 《唐六典·尚书刑部卷》第六"司门郎中·员外郎"条："凡度关者，先经本部本司请过所，在京，则省给之；在外，州给之。虽非所部，有来文者，所在给之。"参见李林甫等撰，陈钟夫点校《唐六典》，中华书局，2008，第 196 页。另同书卷三十"镇戍岳渎关津官吏"条："关令掌禁末游，伺奸慝。凡行人车马出入往来，必据过所以勘之。"参见同书第 757 页。

大监　藤有荫

（大宰府印三颗）①

　　圆珍公验包括其身份、名年、随从人数及所携物品等，具体事由为游行"西国"（大唐）礼圣求法，最后签署大宰府大监藤原有荫的名字，钤章大宰府之印三方。

　　圆珍提出申请后，大宰府已为其发行过所，但因船只出海推迟，再次制作了文本。同年七月五日，大宰府少监藤原有荫为其发行了前往大唐的公验，此《入唐公验》如下：

　　　江州延历寺僧圆珍

　　　为巡礼，共大唐商客王超、李延孝等入彼国状，并从者，随身经书、衣物等：

　　　僧圆珍，字远尘年四十一，腊廿二。

　　　从者　僧丰智年卅三，腊十三。

　　　沙弥闲静年卅一，俗姓海。

　　　译语丁满年四十八。

　　　物忠宗年卅二。

　　　经生的良年四十五。

　　　伯阿古满年廿八。

　　　大全吉年廿三。

　　　随身物经书肆百五拾卷。三衣、钵器、剕［剃］刀子、杂资具等，名目不注。

　　　右，圆珍为巡礼圣迹，访问师友，与件商人等，向大唐国。恐到彼国，所在镇铺，不练行由，伏乞判付公验，以为凭据，伏听处分。

　　　牒件状如前，谨牒。

　　　仁寿三年七月一日　　僧圆珍牒

---

① 小野勝年『入唐求法行歴の研究　上（智証大師円珍篇）』法藏館、1982 年、64 頁。

（别笔）

任为公验。七月伍日。敕勾当官使、镇西府少监　藤有荫

（主船印十五颗）①

日本人入唐须持相应的凭证，告知前往所在关津事由，若无公文，无法在唐朝活动。尽管《头陀亲王入唐略记》中未载真如所持的证明文书，只简记道"李闲点检舶上人物"，但参照圆珍的入唐公验，可知其来唐的大概状况。真如出发前，大宰府一定给他开具了类似的公验，否则无法入关。

九月至十二月，真如在明州城内停留三个多月，那么，在此期间，他住在哪里，进行了哪些活动呢？

日本密教寺院东寺的观智院金刚藏内，保存一部《涅槃经悉昙章》，密教法师贤宝（1333—1398）在书中加笔注释，卷末记有随真如入唐的宗睿在明州开元寺师跟从一位姓马的和尚抄写该经之事。此外，贤宝又在《禅林录》中记道：右悉昙章，睿（宗睿）僧正请来。禅念律师同船入唐，从智广学悉昙字记，云云。② 宗睿和禅念均为随真如入唐的成员，通过他们在明州开元寺的抄经等活动，可以推断真如亲王也应停住或巡礼过该寺。明州开元寺早在真如亲王到来的半个世纪前，就与日本遣唐使结下了不解之缘。804 年，日本第二船遣唐使从明州上岸，僧人最澄便在此求法。③ 此外，一行中的惠萼也曾停住开元寺。④

真如与弟子们在开元寺的活动情况，史料记载最清楚的是贤真与开元寺结下的一段因缘。当时雄伟壮观的开元寺内，云树、烟花、楼台、幡盖等各种法器一应俱全，唯独缺少一口钟，全寺僧徒为之遗憾，寺中长老对贤真说，听说你们国家好修功德，如果召集众多冶炼师铸造梵钟，将其从日本运至本寺，我国之人无不欢喜，往生之人也会意外惊叹。据《都氏文

---

① 小野勝年『入唐求法行歴の研究　上（智証大師円珍篇）』、66 頁。另参见白化文、李鼎霞校注《行历抄校注》，花山文艺出版社，2004，第 97 页。

② 佐伯有清『高丘親王入唐記』吉川弘文館，2002 年、164 頁。

③ 李广志：《日本遣唐使宁波航线考论》，《南开日本研究》2016 年，第 139—152 页。

④ 宁波市地方志编纂委员会整理《宋元四明六志》（三）《宝庆四明志》，2011，第 575 页。

集》卷三载，面对长老的恳求，"尔时，贤真唯然许之。归乡之后，便铸此钟，送达彼寺，遂本意也"。① 与贤真同时代的日本文人都良香（834—879）在其诗文集中收录了《大唐明州开元寺钟铭一首并序》，该文详细记载了贤真在开元寺的所见所闻，以及赠送铜钟的过程。

唐代中日交往过程中，唐朝的制度、文化、天文历法、佛教以及相关物资大量输入日本，反之，日本的织物、布匹、沙金、白银、玛瑙等也流入中国。然而，在日本输入唐朝的有限货物中，明州开元寺的铜钟尤显珍贵。贤真赠铜钟于明州开元寺这一事件，成为两国佛教交流的一大典范，很好地促进了文化交流。贤真为明州开元寺铸钟的始末，长期以来一直湮没在史料中，直到近年才被挖掘出来。②

四　真如在唐的求法历程

真如亲王一行在明州停留三个月左右，之后分两路离开，一批人跟真如前往长安，其中包括宗睿、智聪、安展、禅念，及兴房、任仲元、仕丁丈部秋丸等。另一批人，包括贤真、惠萼、忠全，并小师、弓手、柂师、水手等，咸通四年（863）四月，自明州返回日本。③ 真如等首先由明州到越州，越州观察使郑晖略（郑裔绰）把真如欲往长安求法之事上奏京城。在越州期间，真如巡礼多方寺院，虔诚参学。

不久，真如一行由越州到扬州，扬州节度使令狐绹接待了他们，再上奏进京。咸通四年九月，接到准许入京的官符。④ 同年十二月，真如等沿水路，牵引绳索，乘船向长安进发。出扬州，经楚州，抵泗州（今江苏泗洪），寄住并参学普光王寺。

普光王寺是僧伽和尚入定之地，唐时影响甚广。僧伽和尚（628—710）为唐代西域僧人，少而出家，入唐五十三载，享年八十三，亡于长

---

① 中村璋八·大塚雅司『都氏文集全釈』汲古書院、1998 年、14—16 頁。
② 李广志：《东亚视域下的明州开元寺与日本文化交流》，《宁波大学学报》（人文科学版）2021 年第 1 期。
③ 伊勢興房「頭陀親王入唐略記」続群書類叢完成会『続群書類従』（第八輯上）、106 頁。
④ 佐伯有清『高丘親王入唐記』、168—170 頁。

安，葬于泗州普光王寺（初为普照王寺），以真身入塔供养。传其颇具灵异，每逢水旱兵火之灾时显灵，唐宋时期僧伽信仰流行，盛传其为观音菩萨的化身。① 由此，普光王寺僧伽和尚信仰也传到了日本，在日本佛教信仰中受到高度重视，日僧来华之际，多有参拜僧伽者。首先，838 年，随日本遣唐使来华的僧人圆仁，在扬州请得《大圣僧伽和尚影一卷》，后又在长安得到《坛龛僧伽志公迈回三圣像》，847 年回国时，连同宝志和尚、迈回和尚像一起带回日本。会昌五年（845）六月二十二日，圆仁来到泗州，他在日记中记录了"会昌毁佛"运动给泗州普光王寺带来的萧条景象，其中写道："泗州普光王寺是天下著名之处，今者庄园、钱物、奴婢尽被官家收检。寺里寂寥，无人来往。"② 此后，该寺迅速复兴。

其次，同样是在会昌五年，入唐多年的僧人圆载在长安求得《泗州和尚像一副》和《盱眙和尚（泗州和尚）像一副》，托人带回日本。③

另据《日本文德天皇实录》卷一"嘉祥三年（850）五月壬午"条载："壬午，葬太皇太后于深谷山。（中略）后尝多造宝幡及绣文袈裟，穷尽妙巧，左右不知其意。后遣沙门惠萼，泛海入唐。以绣文袈裟，奉施定圣者僧伽和上康僧等，以宝幡及镜奁之具，施入五台山寺。"④ 可知，日本嵯峨天皇皇后橘嘉智子曾委托僧人惠萼，为僧伽和尚等奉施绣文袈裟。

此后，853 年入唐的日僧圆珍，给日本带回了《泗州和上变像》、《天台悉昙章一卷并泗州和上赞合卷》以及《泗州普光王寺碑文一本李北海》等。⑤ 圆珍从长安返回天台山途中，也参拜了普光王寺。据《天台宗延历寺座主圆珍传》唐大中十年（856）正月十五日条载："十五日，辞洛向吴室，至止河阳。自怀州界至黄河上船，渡河十里到河阴县，积渐行过郑滑界，方达大梁。雇船入汴水，至淮河之阴普光王寺。此则大圣僧伽和尚留

---

① 僧伽和尚的事迹，主要有唐人李邕撰《大唐泗州临淮县普光王寺碑》，另见《宋高僧传》卷十八《唐泗州普光王寺僧伽传》、《景德传灯录》卷二十七、《佛祖统纪》卷四十。

② 白化文、李鼎霞、许德楠校注，周一良审阅《入唐求法巡礼行记校注》，花山文艺出版社，2007，第 471 页。

③ 斎藤圓真『渡海天台僧の史的研究』山喜房佛書林、2010 年、33—34 頁。

④ 経済雑誌社編『国史大系　第三巻（日本後記・續日本後記・日本文德實録）』、454—456 頁。

⑤ 斎藤圓真『渡海天台僧の史的研究』、33—34 頁。

肉身行化之地矣。"①

　　到了宋代，入宋僧奝然也到过普光王寺。太平兴国八年（983）八月十八日，奝然到达台州，入住开元寺。九月九日，巡礼天台山。九月十一日，至新昌县，拜大弥勒像。然后，继续北上，十一月十五日抵泗州普光王寺。奝然自983年至986年，在宋三年。

　　此后，日僧成寻，于熙宁五年（1072）三月十五日入宋，在宋生活9年，71岁时卒于开封。他也到访过普光王寺，并在日记中多次提到僧伽和尚。他于熙宁五年九月二十一日写道："同四点，故徒行参普照王寺。先拜僧伽大师真身塔，西面额名雍熙之塔，礼拜烧香。"②

　　以上可见，不仅僧伽信仰在中国唐宋之时名扬日本，普光王寺及僧伽和尚也与日本僧人及佛教有着密不可分的因缘。真如亲王在泗州的普光王寺停留一个多月，因河水结冰，舟不能行。据《头陀亲王入唐略记》载："然亲度淮至泗州普光（王）寺，此僧伽和尚入定寺也。缘汴河冻不得进御，仍暂寄住件寺，多钱物供养和尚灵像众僧。"③咸通五年（864）二月中旬，乘船驶向汴州。二月底，到达东京洛阳，在洛阳停留五日，真如欲寻师听讲，却没找到教授之人，继续西行。五月二十一日抵达长安，自长安东面居中的春明门入城，被安置在延康坊西南隅右街的西明寺。

　　此时，恰逢日本留学僧圆载在长安修学佛法，真如在长安的活动，以及得到赴西天竺的敕许等，均是圆载在其中奔波促成的。④圆载奏请懿宗皇上，申明真如入城事由。皇帝被真如的这种求法精神感动，叫来高僧为其答疑解惑。但是，真如与唐高僧之间，关于佛教教义的理解不尽一致，经过六个多月的求解，未能获得满意答复。于是，他决心赴印度求法。又让圆载奏请皇帝，请求去西天竺。咸通六年，真如愿望很快得到敕许，拿到官符，最终率安展、圆觉和秋丸三人奔赴广州，沿水路西行。

　　真如从广州出海后，再无音信。16年后，日本元庆五年（881），在唐

────────────

① 白化文、李鼎霞校注《行历抄校注》，第157页。
② 成寻著，王丽萍校点《新校参天台五台山记》，上海古籍出版社，2009，第242页。
③ 伊勢興房「頭陀親王入唐略記」統群書類叢完成会『續群書類従』（第八輯上）、106頁。
④ 伊勢興房「頭陀親王入唐略記」統群書類叢完成会『續群書類従』（第八輯上）、106—107頁。

留学的僧人中瓘给日本朝廷写信，汇报真如亲王去世的消息。据《日本三代实录》元庆五年十月十三日条载："今得在唐僧中瓘申状称，真如先过震旦，欲度流沙，风闻，到罗越国，逆旅迁化者。虽薨背之日不记，而审问之来可知焉。"① 真如未能抵印度，"逆旅迁化"也就是死于旅途之中，传说死在罗越国。罗越国，具体不清，一般认为位于今马来半岛或新加坡一带。

再后来，关于真如亲王的死因，出现了进一步的演绎。1221 年成书的《闲居友》提出真如在去往天竺途中遭遇虎害一说。此后，如"渡天间，于罗越国为虎被害"之类的传说，又通过《和汉春秋历》（1271）、《撰集抄》（1183）、《本朝高僧传》（1702）、《弘法大师弟子谱》（1842）等佛教著述继续演绎，以至于把真如之死，转变成一种佛教传说中的"舍身饲虎"或"饥人布施"之类的经典故事。② 但是，这些传说，难免有添枝加叶的成分，真如亲王真正的死因，目前尚无法证实。

五　结语

综上所述，真如亲王生卒年不详，史料无载，但依据其他信息推测，他大概生于 799 年，死于 865 年，终年 66 岁。通过对他入唐求法事迹的考察，至少可以得出以下四点结论。

第一，唐代中日交往中，前期是通过日本派遣唐使进行的官方往来，后期以民间交往为主，包括商贸、僧侣往来和文化交流。真如亲王因"药子之变"受牵连，从皇太子降为亲王，然后削发为僧，修学大唐密教。真如入唐时所乘船的船主张友信，是遣唐使派遣停止之后中日民间贸易的代表人物。"大唐通事"张友信起到了促进中日民间文化交流的纽带作用。

第二，真如一行上岸入驻的明州是中日文化交流史上的重要地区。虽然明州开元寺今已不复存在，但它在中日佛教交流方面，是一座具有相当影响力的国际性寺院，许多日本人在此留下他们的足迹。都良香记下的

---

① 経済雑誌社編『国史大系　第四卷（日本三代実録）』、570 頁。
② 佐伯有清『高丘親王入唐記』、217—244 頁。

《大唐明州开元寺钟铭一首并序》极为珍贵，贤真赠送开元寺的日本铜钟，属唐代日本物资输入中国的稀有之物，就铜钟而言，仅此一例。它不仅代表两国的物资流通，也代表了两国佛教文化的相互交融。

第三，真如亲王的事迹是中日佛教友好交流的有力见证。真如是空海的十大弟子之一，可谓有德高僧。他的足迹遍布明州、越州、泗州、洛阳、长安和广州，最终逝于前往印度途中的东南亚地区，迁化于罗越国。无论在明州、扬州、泗州还是长安，真如亲王所到之处均有中日文化融通的轨迹。

第四，真如从广州乘船前往印度，证明广州通往东南亚及印度方向的海上交通已非常成熟。其航海西行的具体细节，尚无可信史料支持，罗越国的准确位置至今不明。但是，在同时期的日本入唐求法僧中，从中国前往印度的僧人仅此一例，因此，真如亲王的求法之路具有特殊的历史意义。

（李广志，宁波大学外国语学院副教授）

内藤湖南致奉天大兴会社野口多内一信（大正六年）考

覃一彪

内容提要　本文就最新于日本文物市场流通并释出的内藤湖南信札进行具体考证。此信于大正六年由内藤湖南从京都大学吉田泉殿寄出至奉天大兴会社野口多内，本文以信为索骥，对信件时间、地点、内容，以及内藤湖南与野口多内关系等展开初步考证，尤其对于野口多内的相关资料加以补充。信件大意为内藤希望时任奉天大兴会社代理人的野口为其（京都大学）购买两份物件：一份为吴氏（光国）手中的《毌丘俭纪功碑》拓本或以朋友身份分与数张（如野口有），另一份则为太平寺等地所藏的藏蒙《大藏经》函装。早于信件前十年间，日本已利用学术与政治相结合的方式对"满洲"文物进行调查并搜购获取，其中不乏非购买方式。信中二人关系于现世的记载研究较少，本文将透过内藤湖南—吴汝纶—野口多内—廉泉四人联结的关系网，大致将二人之交集略加理清。

关键词　内藤湖南　野口多内　毌丘俭纪功碑　京都大学　大兴会社

一　信件释文

1. 封筒表①

満洲奉天大興会社

野口多内様

親展

2. 封筒里

槭（緘ヵ）

京都吉田町字

和泉殿五番地

内藤虎次郎

3. 信件内容

（1）内页一

尊書拝見、丸都碑所蔵呉氏出售の

意有之よし、是はもちろん我邦に収め度存じ候

義に候が、大学などなれば、好事家の如く高価

にも買取りかぬる事情有之、五、六百円ならば

購入致度ものニ存候、又、好事家は書画など〻

違ひ、望み人も多かるまじきや、相考余程よく

説明せねば、其の貴重品たること了解せしめ

難く候、所蔵者の考は大抵どれ位までにて

（2）内页二

又、拓本御所蔵なれば、両三葉御恵与願上度

小生は最初発見の歳、堀米大尉より分与被致

---

① 信件字迹由日本大谷大学文学部历史学科准教授，博士，大谷大学博物馆主事川端泰幸识读。

たるも、大学にも無之、不得止小生の分、写真板に

致し、知友に分ち候程の事に御座候、

又、太平寺蔵経は西蔵文壱百八凾、蒙

文壱百八凾（凾と申ても、散葉のキレ包ニなり居るのみニ

記憶致候）、もし購入出来れば西蔵文の分の

みなれば、弍千円位まで、西・蒙両文ともなれば

弍千五百円より三千円位までとて、大学へ求

め度ものに候、何卒御書方偏に願上候、

（3）内页三

太平寺の方、六かしければ、北陵前御花園

長寧寺にも有之候筈、是も御心かけ下され

度願上候、

右、御願上早々如此候、不宣、

五月廿四日

虎次郎白

野口大兄侍史

4. 信件译文

　　已经收到您的书信。藏有丸都碑的吴氏有意将其出售，对此我国是一定想把它搜集到手的，但大学这方面，有时不能像古董藏家那样，能以高价买入。要是五六百元的话，我觉得能买。还有就是，搜求这件拓本的人应该不多吧。我要是不好好斟酌，没法跟大学说清楚这拓本很珍稀。藏家那边，大概人家是想以多少的价位出售呢？请您帮我悄悄地打听一下好吗？另外，如果您那儿有拓本的话，能分给我几张吗？我最初发现丸都碑那年，虽从堀米大尉那里得了几张，但由于学校没有，不得已只好把自己的那份做成照片版分送给了同道。还一个事，太平寺的大藏经中，西藏108 函、蒙古 108 函（说是函装，其实我记得就是散页打包的），如果只买西藏部分的话，2000 元打住，藏蒙一起的话，我个人觉得，跟大学提 2500到 3000 元可以收购。还请您多多关照。如果太平寺这些拓本难搞的话，北

陵前御花园的长宁寺中也应有收藏，还劳您费心留意。

五月二十四日

虎次郎白

野口大兄侍史

5. 其他细节补充

封筒表上的 3 钱邮票为大正年间发行的常见样式，邮戳时间为"6.5.25""前9—10"，即具体寄出时间为大正六年（1917）5 月 25 日上午 9—10 时。封筒里的钢印"东京榛原制"为位于日本桥的和纸商店，创立于 1806 年，至今已逾 200 年。[①] 信件使用花笺为刘锡玲[②]所作《七十二候诗笺》，并于 1897 年由荣宝斋版木刻水印成集，该信涉及诗笺中之立春二候——蛰虫始振（页一）[③]、小暑三候——鹰始挚（页二）[④]、立冬二候——地始冻（页三）[⑤]。封筒底显示，到达奉天的时间同为大正六年，具体时间已被墨渍覆盖不清。

二　信件背景考察

1. 封筒表与封筒里

封筒表上所写满洲大兴会社，成立于大正四年（1915），资本 50 万日元，营业种类为农业、工业与拓殖，[⑥] 饭田延太郎[⑦]为社长。至该信寄出前，大兴会社已为奉天主要会社之一，野口多内为饭田氏及大兴会社代理签订合同人。

---

① 关于榛原商店会社的介绍，详见 https://www.haibara.co.jp/corporate，2022 年 7 月。

② 刘锡玲（1848—1923），字梓谦，清末画家。其作品《桂湖春燕图》于 1915 年获美国旧金山巴拿马万国博览会金奖。

③ 花笺内容为："蛰虫始振。启蛰光阴齐冒鼓，游人脚底有雷声。梓镌。"

④ 花笺内容为："天上下将军，廓然清四野。穷寇切勿追，狡兔何为者。子谦。"

⑤ 花笺内容为："《老学庵笔记》载一老妪云：鸡寒上距，鸭寒上最。上距，谓缩一足；下嘴，谓藏起味于翼间也。地气所感各因其偏而中之耶。"

⑥ 「奉天主要会社」（1919 年）、アジア歴史資料センター、Ref. C13032537600。

⑦ 饭田延太郎（1875—1938），日本德岛县人，日本海军中将。

封筒里，内藤落款地址为京都吉田町字和泉殿五番地，此为京都大学所设研究所①，今仍在。

2. 信件背景、所购物件及人物关系

（1）信件背景

1904—1905 年，日俄战争开战于中国奉天，日方获胜。其间，日方在奉天设置了日本军署以取代俄国的军政署，但是有关民政事务则由持"局外中立"立场的、以奉天将军赵尔巽为首的奉天省政府管辖，这种日本的军政和清朝的民政并立的局面一直持续到 1906 年秋。② 1906 年，白鸟库吉和日本海军计划将《好大王碑》运往日本，因石碑过大，搬运困难，又怕字面损伤，后中止。③ 1917 年，时维一战期间，张勋复辟失败，而日本国加快对奉天资源的掠夺，于铁路、矿业尤甚。张作霖清理汤玉麟、冯德麟，并收编冯的兵力，正式成为奉天省真正首脑。④ 二战前的日本学术界，其研究向来是配合日本的国家政策，充满"学术"与"政治"紧密结合的特色。⑤ 自 1907 年内藤入职京大，至 1917 年已逾 10 年，此年 10—12 月内藤于中国青岛、济南、上海、长沙、北京等地进行私人考察，⑥ 未经奉天。次年 10 月，内藤应邀于奉天会面张作霖，参观奉天故宫。⑦

（2）内藤欲购物件一：《丸都碑》拓片

《丸都碑》，此处应为《毌丘俭纪功碑》，与内藤于 1890 年前后所藏

---

① 京都大学网站吉田泉殿页，见 https：//www.kyoto-u.ac.jp/ja/about/facilities/campus/kyoshokuin/izumi，2022 年 7 月。

② 陶德民：《内藤湖南奉天调查的学术和政治》，日本关西大学亚洲文化交流研究中心编《关西大学亚洲文化交流中心海外论丛》第 1 辑《亚洲语言文化交流研究》，上海辞书出版社，2009，第 113 页。

③ 酒寄雅志「渤海史研究與近代日本」『駿台史學』第 108 卷、1999 年 12 月、1—21 頁。

④ 时秀娟：《张作霖"奉系集团"的建立》，《文教资料》第 23 期，2020 年，第 44 页。

⑤ 叶碧苓：《九一八事变后中国史学界对日本"满蒙论"之驳斥——以〈东北史纲〉第一卷为中心之探讨》，《国史馆学术集刊》第 11 期，2007 年 3 月，第 105—141 页。

⑥ 钱婉约：《此生成就名山业，不厌重洋十往还——内藤湖南中国访书及其学术史意义述论》，《东亚文化交涉研究》别册，2008 年 12 月，第 135—159 页。

⑦ 钱婉约：《此生成就名山业，不厌重洋十往还——内藤湖南中国访书及其学术史意义述论》，《东亚文化交涉研究》别册，2008 年 12 月，第 135—159 页。

《好大王碑》石灰拓本有别，与该信相差约 30 年。且有京都大学所藏吴氏跋内藤钤印写真拓本《毌丘俭丸都山纪功碑》为证。[1] 内中有记：

适东瀛好友米君大尉见赞奇宝，爰识数语，奉赠一纸，用为纪念。云尔。

光绪三十二年十一月下浣　署奉天辑安县事花翎候补同知　吴光国谨注

堀米大尉、米君大尉为堀米代三郎，[2] 时为日本满洲义军步兵大尉。[3]吴氏，应为吴光国，《奉天通志》卷 136《职官》15"表"12 载："吴光国，字清华，江苏省武进县人，监生。光绪二十八年（1902）任临江县知县，光绪三十年（1904）三月任辑安县知县，光绪三十三（1907）年任安东县知县，光绪三十四年（1908）十月试署期满实授，宣统元年（1909）闰二月革解。"1909 年官历中时任安东知县，因挪用公款而被革职。[4] 金毓黻的《静晤室日记》1923 年 11 月 29 日有记吴氏卖拓之事，文曰：

秋澄[5]携来洁老[6]复书云……承洁公[7]寄赠《毌丘俭纪功残碑》拓本一份……秋澄述此碑初为知县事吴某私载入北京，后以穷困携拓本谒赵次珊[8]制军求售，为洁珊先生[9]所见，索归省有，以拓本数百分与

---

① 『毌丘俭丸都山纪功』拓本，见京都大学网站"贵重资料"，https：//rmda. kulib. kyoto-u. ac. jp/item/rb00032274#？c＝0&m＝0&s＝0&cv＝0&r＝0&xywh＝-12096％2C-1％2C29602％2C7216，2022 年 7 月。
② 堀米代三郎（1864—1938），日本信州人，曾参与日俄战争。
③ 萱野长知『中華民國革命秘笈』帝国地方行政学会，1940、646 页。
④ 王介公、于云峰编《安东县志》卷 3，台北成文出版社，1974，第 9 页。
⑤ 袁庆清（1898—?），袁金铠之长子。
⑥ 袁金铠（1870—1947），曾任曾任清谘议局副议长、张作霖参议、伪满洲国奉天省省长等职位，亦为赵尔巽门生。
⑦ 即袁金铠。
⑧ 赵尔巽（1844—1927），进士及第，历任数个地方重镇的封疆大吏，为清末民初政治家、改革家。
⑨ 即袁金铠。

吴君以代价……

（3）内藤欲购物件二：太平寺与长宁寺藏、蒙《大藏经》

早在 1902 年，内藤受高楠顺次郎①所托，在奉天寻找藏、蒙《大藏经》的具体收藏地点，当年即查出奉天黄寺、太平寺所藏有满文、蒙文经典。1905 年 3 月，内藤在《朝日新闻》（大阪）发表《东洋学术的宝库》一文，呼吁"占领奉天在掌握东三省政治中枢的同时，又开启了东洋学术的宝库"，使"满洲史料探险"、检视藏于黄寺的满蒙文藏经得以实现。② 同年 7 月，内藤受外务省委托再次前往奉天，并在福岛安正的陪同下（奉天官员为杨霭亭③）前往黄寺调查。内藤住在总司令部宿舍，用十天时间调查了黄寺、太平寺、长宁寺所藏满文、蒙文、藏文佛教经典，并向福岛提交了《奉天满蒙文藏经简介》。④ 此简介中，日方有购买或抢掠记载的有北塔所藏《满洲文藏经》残缺本、黄寺所藏《金字蒙古文藏经》，⑤ 后转至东京大学保管，1923 年在东京大地震火灾中被毁。信中所述太平寺、长宁寺物件亦在此"清单"中：太平寺藏《蒙古文藏经》一部，108 八函（与该信函数对应）；长宁寺藏《西番文藏经》一部，107 函。至该信书写时，太平寺于 1915 年由辽中县管界太平寺僧人本端私将庙地商租于日商大兴合名会社监督人滨名宽佑⑥，1917 年间仍归大兴会社霸占强租，太平寺藏经物件应极易买取或流失。至于长宁寺 1917 年的状况及其与大兴会社关联，受目前资料所限，未能展开。笔者于此信有关的三所大学（东京大学、早稻田大学及京都大学）所藏相关电子版图录中检索，均未见内藤所

---

① 高楠顺次郎（1866—1945），东京外国语大学首任校长，佛教学者、教育学者。
② 陶德民：《内藤湖南奉天调查的学术和政治》，《关西大学亚洲文化交流中心海外论丛》第 1 辑《亚洲语言文化交流研究》，第 113 页。
③ 陶德民：《内藤湖南奉天调查的学术和政治》，《关西大学亚洲文化交流中心海外论丛》第 1 辑《亚洲语言文化交流研究》，第 113 页。
④ 〔日〕中见立夫：《〈满文大藏经〉的探索、考证及其复刊》，中国人民大学清史研究所学术前沿，http://iqh.ruc.edu.cn/mwwxyjzx/mxsqy/70214d84e3704ef0b9f1234eab5499bf.htm，2022 年 7 月。
⑤ 钱婉约：《此生成就名山业，不厌重洋十往还——内藤湖南中国访书及其学术史意义述论》，《东亚文化交涉研究》别册，2008 年 12 月，第 135—159 页。
⑥ 滨名宽佑（1864—?），曾任"关东都督府"陆军经营部部长、陆军主计监。

购此二物件或其他流通公布。

（4）内藤与野口二人之交集

目前《内藤湖南全集》所收录书简中并未出现与野口多内之交集，所涉论文涵盖亦稀。本文以该信为切入点，将二人关系脉络做梳理。

野口多内（1876—1949），字茂温，又字子厉，① 新潟县新发田市人，著有口述『内鲜融洽の必要性と其の根本对策』一书。17 岁至东京二松学舍②修习汉学，再至国民英学会学习英语，后就读于早稻田大学。③ 1897 年 10 月 5 日，野口多内到北京留学。④ 1900 年义和团"北京笼城"事件中，野口为北京日本使馆书记生组织死守有功，事后作为参谋本部战史编撰委员陆军大尉齐藤彻男、铃木乂任的翻译，前往中国东北地区进行调查。⑤ 1902 年于福州担任书记生，负责通商事宜。⑥ 1906 年野口由日本东京至安东县赴任。⑦ 1907 年创办《满汉日报》，成为该报主编及主笔。⑧ 1912 年前后倡导成立日华贸易会。⑨ 1917 年，兼大兴会社饭田延太郎代理人。1930 年就任奉天居留民会会长、"全满朝鲜人民会联合会"会长等职。⑩

吴汝纶（1840—1903），字挚甫，安徽桐城人，晚清文学家、教育家。同治四年进士，授内阁中书。先后担任曾国藩、李鸿章幕僚，长期主讲莲池书院，晚年被任命为京师大学堂总教习，并创办桐城学堂。严复译《天演论》《原富》均请吴汝纶作序。

吴汝纶与内藤湖南。1899 年，内藤拜访吴汝纶、汪凤藻、张之洞未

---

① 蔡建国：《蔡元培与近代中国》，上海社会科学出版社，1997，第 75 页。

② 二松学舍为三岛中洲（1831—1919）于 1877 年所创立的汉学塾。

③ 三神正僚『新潟県人物誌・越後會』越後會、1918 年、472—474 頁。

④ 谭皓：《试论近代日本外务省对华派遣留学生制度（1871—1931）》，《抗日战争研究》2017 年第 2 期。

⑤ 劉建雲『清末東文學堂についての一考察——中国人設立の東文學堂と日本語教育を中心に』『岡山大學大學院文化科學研究科紀要』第 8 巻、1999 年 11 月、165—184 頁。

⑥ 三神正僚『新潟県人物誌・越後會』、472—474 頁。

⑦ 市島謙吉（翻刻）『春城日誌（六）——明治三九年一月至六月』春城日誌研究會、1995 年、191 頁。

⑧ 「安東」、1911 年、アジア歴史資料センター、Ref. B02130560100。

⑨ 三神正僚『新潟県人物誌・越後會』、472—474 頁。

⑩ 對支功勞者傳記編纂會『對支功勞者傳記』對支功勞者傳記編纂會、1941 年、383 頁。

果，1902 年吴汝纶赴日考察教育，两人相会并有诗作酬唱。① 《内藤湖南汉诗文集》收录二首：

呈吴挚甫先生二首

　　月旦曾传海客评，东方第一仰先生。濂亭集内谙家世，文正帐中驰姓名。举目山川悲禹域，乘槎旬月绕仙瀛。观光随处揽形胜，能可抽毫赋两京。

　　急务如今是育英，采风又起老荀卿。风扬雅挞三千牍，鳖黑鱼红九万程。政孰弟兄同鲁卫，防于胡羯失青营。寒灰拨尽江亭雨，通夕不妨谈甲兵。②

　　吴汝纶与野口多内。野口于 1898 年在北京使馆担任书记生，同年由蔡元培及刘树屏等人成立北京东文书馆，日语教师为陶大均③，后陶大均推荐野口代课，学生有蔡元培等人。1899 年，野口应莲池书院院长吴汝纶之邀，为该书院附设东文学堂的 50 多名学生教授日语，同时师从吴汝纶专研汉籍。1902 年 7 月，吴汝纶东游，拜访二松学舍并与三岛中洲及学员留影。

　　廉泉（1868—1931），字惠卿，号南湖，又号小万柳堂居士。江苏无锡人，清末民初著名收藏家、教育家、出版家、诗人。著有《南湖集》《南湖东游草》等。1886 年与吴汝纶侄女吴芝瑛（1868—1934）成婚，1894 年中举人，1895 年在京会试时参与康有为、梁启超等人发起的"公车上书"。④

　　廉泉与内藤湖南。邱吉在《民国初期"小万柳堂"书画在日本的流转与鉴藏——以廉泉致内藤湖南书简和〈南湖东游日记〉为中心》一文中指出，内藤文库藏廉泉致内藤湖南书简 26 封，其中书信 10 封、明信片 16 枚。《南湖东游日记》记载，1914 年 6 月 21 日，野口来谈，言西京内藤博

---

① 钱婉约：《仰承与垂范的变奏——内藤湖南与中国学人关系谱系》，《上海大学学报》2014 年第 5 期。

② 《内藤湖南汉诗文集》，广西师范大学出版社，2009，第 8 页。

③ 陶大均（1858—1910），早年官费留日，早期日语翻译家。

④ 邱吉「民國初期『小万柳堂』書畫在日本的流轉與鑑藏——以廉泉致内藤湖南書簡和〈南湖東遊日記〉為中心」『関西大學東西學術研究所紀要』2021 年 4 月、345—363 頁。

士派代表来京，欢迎小万柳堂书画至西京图书馆展览一次，以应彼都美术家之参考。至 7 月 5 日初次会面，地点在日本东京的"日升馆"，同场者亦有野口多内。① 廉泉此行以民间访问学者之身份，携小万柳堂所藏书画做展览陈列，并与日本文学、美术及诸界泰斗做沟通与交流。7 月 27 日，内藤再访廉泉，邀其及展品到京都再展，② 展览于 8 月 3 日在"俵屋旅馆"举办，内容为东京展中未展出的精品。③ 1915 年 6 月，廉泉二次访日，受内藤委托，将一部分藏品借给内藤，在京都大学夏季演讲会上展出。邱吉指出，廉泉除敬服于内藤在中国书画领域有很高造诣且具一定权威性，还委托内藤鉴定书画及介绍买家，最终推动了小万柳堂在日本的展示与传播，并且引领了日本民间鉴藏活动的潮流。

廉泉与野口多内。同以廉泉之《南湖东游日记》为索，其中涉及野口条目为 45 条。1914 年 4 月 5 日，廉泉到达东京新桥，时为日华贸易会干事的野口多内为接待人，同日即与野口前往东京大正博览会游览。在东京期间，除小万柳堂展览事宜外，廉泉多数有野口的协调及翻译陪同，更重要的是故知慰藉，且常长谈至夜中。日记中载有：

4 月 19 日。野口夫妇亲手调羹，恋恋有故人意。

5 月 7 日。野口来谈，忽忆及往年桐城吴先生来游时即寓金生馆。询之馆主，果然，相顾惊叹，咤为奇事。欲求吴先生所居之室，馆主不能记忆，惟言当日吴先生所赐墨迹，至今尚保存，珍同拱璧云。

5 月 18 日。……（与野口同访三岛中洲家中），三岛谓："往年吴先生东来时，曾挈诸生（细田谦藏、野口多内、黑木安雄、冈田起作、佐仓孙三等）欢迎与此。今诸生年皆四十、五十，吾已成老翁，

---

① "访内藤博士于日升馆，遇野口席上，遂同至本乡区岛孔子祭典会。"见廉泉著，廉仲整理《南湖东游日记》，《历史文献》第 20 辑，上海图书馆，2017，第 147 页。

② 原文："七月二十七日，内藤博士来京见访，出示宋元名迹十数种，欣赏不置。约往西京陈列一次再返回。"廉泉著，廉仲整理《南湖东游日记》，《历史文献》第 20 辑，第 156 页。

③ 邱吉「民國初期『小万柳堂』書畫在日本的流轉與鑑藏——以廉泉致內藤湖南書簡和〈南湖東遊日記〉為中心」『關西大學東西學術研究所紀要』2021 年 4 月、345—363 頁。

又得与君握手于此轩，不可谓非嘉会。"①

其间同约访与相谈的有服部宇之吉、泷精一、狩野直喜、内藤湖南、三岛中洲、大村西崖、竹添进一郎等数十位日本当世学者名流。至 8 月 2 日廉泉离开东京，野口相送。

以上对内藤湖南致奉天大兴会社野口多内一信，进行了较详细的梳理。二人相识于 1902—1914 年间，至该信寄出，时值一战期间，奉天还未完全沦入日本人手中。内藤已入职京都大学约 10 年，通过个人学识、视野为京都大学的东洋学不断添砖加瓦，《册丘俭纪功残碑》拓片已为京大收录。在己以给福岛安正的"清单"为线，时为大兴会社强租太平寺之机，内藤利用野口多内会社代理人之便，再为京大搜罗蒙、藏文藏经。两份物件，只见于京大现藏《册丘俭纪功碑》一物，其余暂未现于世。

附　文中所涉信件图片

信封表里（212mm x 85mm）：

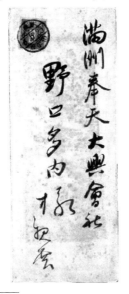

---

① 廉泉著，廉仲整理《南湖东游日记》，《历史文献》第 20 辑，第 109、119、123 页。

内页一（260mm x 157mm，尺寸下同）：

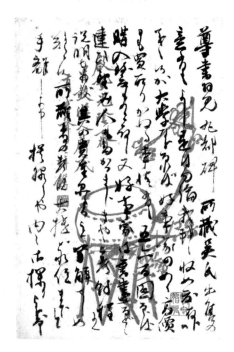

内页二：

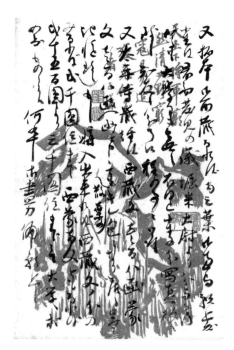

内页三：

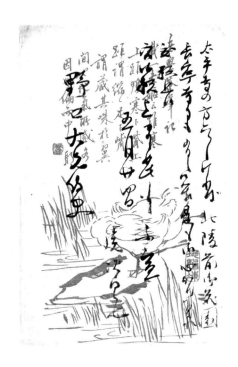

（覃一彪，外研社高级编辑）

铃木正三的职业伦理思想与日本职人精神的演进[*]

姚继东　　沈敏荣

内容摘要　本文从铃木正三在《四民日用》中阐述的职业伦理思想出发，考察其与现代日本职人精神内涵要素的对应关系。研究发现，现代日本职人精神中所包含的诸要素均可以在铃木正三的《四民日用》中找到出处，其对于日本职人精神的发展和完善起到了一定的促进作用。

关键词　职人精神　铃木正三　职业伦理思想

一　引言

自 2016 年《政府工作报告》首次以官方形式提出"工匠精神"以来，"工匠精神"不仅引发媒体热议，也成为国内学者关注的焦点。但由于研究时间尚短，在工匠精神的研究上，诸领域有待深入。中国传统自古有工匠精神，墨家对此尤其强调。但工匠精神在中国传统社会却逐渐萎缩。长期以来，农业大一统传统对商业与工匠精神有所忽视，比如重大师轻工匠，重政治轻商业，自秦汉以来鲜有对匠人、工匠精神的肯定。因此，就

---

　　* 本文为国家社科基金后期资助项目"复合人格理论及其法律化"（项目号：20FFXB013）、中国社会科学院重大国情调研项目（2019—2021）阶段性成果。

这一问题进行理论与传统的探讨尤为重要。

现代工匠精神在德日等国家尤为突出。德国自 1871 年统一后，迅速成长为西方强国，日本则借 1864 年开始的明治维新，跻身现代化国家行列，它们都得益于本国深厚的工匠精神，在激烈的国际竞争和国家实践的跨越式发展中提供了扎实的思想基础。日语中与工匠精神对应的词为"職人気質"，即职人精神。这种已泛化为社会整体价值观的职人精神不仅影响了日本人的劳动观和职业观，对日本资本主义的发展和近现代化的形成也起到了极大的推动作用。日本职人精神产生的原因是多方面的，其中不可忽视文化的因素。正如马克斯·韦伯在《新教伦理与资本主义精神》中提出的假设：在社会发展的过程中存在某种决定发展方向的无形的精神力量，而这种精神力量又受到特定的社会文化背景影响。[①] 职人精神的产生不仅与日本自身的地理、气候特点以及原始农业等所造就的日本人的国民性有很大关系，还受到融合了中国儒家思想、佛教以及日本自身神道教等多种因素在内的日本文化的巨大影响。

在众多的文化影响因素中，江户时代的禅僧铃木正三的职业伦理思想被认为是日本职人精神的一大思想内核。铃木正三是日本第一个把工匠职业思想伦理化的思想家，他所主张的"世法即佛法"把"各敬其业"视为普通民众的成佛之道，[②] 对日本职人精神的发展起到了巨大的推动作用。铃木正三的职业伦理思想在日本学术界也得到了高度评价。世界禅学权威、日本著名禅宗研究者与思想家铃木大拙曾称赞铃木正三的禅、佛法、道德、理念最能体现日本的灵性。[③] 中村元认为铃木正三是日本"中世教界的革新者"，甚至认为他所提出的"每个人从事自己的职业，离开私欲执着而生活，就是真正的佛道修行"思想，能与西方宗教改革家加尔文的思想相媲美。[④] 山本七平更是将其誉为"日本资本主义的缔造者"。[⑤]

① 〔德〕马克斯·韦伯：《新教伦理与资本主义精神》，苏国勋等译，社会科学文献出版社，2010。
② 周菲菲：《试论日本工匠精神的中国起源》，《自然辩证法研究》2016 年第 9 期。
③ 神谷満雄『鈴木正三：現代に生きる勤勉と禁欲の精神』東洋経済新報社、1995 年、22 頁。
④ 〔日〕中村元：《日本佛教的特点》，中国社会科学院世界宗教研究所佛教研究室编《中日佛教研究》，中国社会科学出版社，1989。
⑤ 〔日〕山本七平：《日本资本主义精神》，莽景石译，三联书店，1995，第 109 页。

本文试图从铃木正三的职业伦理思想出发，考察其对日本职人精神发展的影响。对日本职人精神发展的文化动因进行分析，不仅可为我国发展工匠精神提供有益的经验与启示，对于我国在全球化背景下探索文化强国之路，也具有非常积极的借鉴与参考意义。

二　日本"职人精神"的释义

工匠精神在日语中的对应词为"職人気質"，其中"气质"是指与职人身份相应的独特的精神风貌，因此可以把"職人気質"直接翻译为职人精神。日语的"职人"与汉语的"工匠"意思相近，在日本最早是指在特定领域拥有纯熟技术的手工业者。近世①之后，职人的含义趋于泛化，逐渐成为对某领域的行家、专家的泛称，如日本媒体中将精于财政的政治家称为"政策的职人"，相扑界有"职人力士"的称呼，还有"职人学者""职人官僚"等名词。

关于"職人気質"，维基百科日文版给出的解释是：追求自己手艺的进步，并对此持有自信，不因金钱和时间的制约扭曲自己的意志或做出妥协，只做自己能够认可的工作。一旦接手，就算完全弃利益于不顾，也要使出浑身解数完成。② 在日本三省堂《大辞林》（第二版）中，"職人気質"被定义为职人对自己的技术、技能抱有自信，不轻易妥协，不为金钱折腰，只做自己认可的工作的精神。日本《新明解国语辞典》中给出的定义是："时而格外健谈（沉默）时而态度粗暴，但对于自身的技能持有绝对自信的职人共通的倾向。"中村雄昂认为，"职人精神是与金钱相比更注重名誉，对自己的制品或者工作倾注极大的热情，不做到满意不罢休的一种态度。这种近乎顽固的、希望通过自身的工作得到别人肯定的精神就是职人精神"。③ 林部敬吉、雨宫正彦认为"职人精神指的是对自己的技能比

① 日本"近世"，一般指从 1603 年持续到 1867 年的日本江户时代，是日本历史上最后一个武家封建政权——德川幕府统治时期，亦称德川时代。
② 维基百科，https：//ja. wikipedia. org/wiki/職人気質。
③ 中村雄昂『現代の匠人』角川選書、1986 年、8 頁。

谁都有自信，对于工作绝不妥协，与挣钱相比，只做能让自己信服和满意的工作的一种精神。也就是对于自己制作的东西拥有信心和责任"。① 北康利指出，"所谓'职人精神'，是指永无止境地磨炼技艺的勤奋的意志，是一种专注于工作的强韧的精神力，是想要承继传统的某种执念，并在此基础上添加新创意的热情和上进心，也是对于前人表示敬意的一种谦逊"。②

表 1　日本"职人精神"内涵对照

出处	职业信念	认同自信	精益创新	坚持选择	认可担当
维基百科日文版	不因金钱和时间的制约扭曲自己的意志，完全弃利益于不顾	并对此持有自信	追求于艺的进步，使出浑身解数完成	不做出妥协	只做自己能够认可的工作
三省堂《大辞林》	不为金钱折腰	对自己技术、技能有自信		不轻易妥协	只做自己认可的工作
中村（1986）	与金钱相比更注重名誉、近乎顽固的		对自己的制品或者工作倾注极大的热情，不做到满意不罢休		希望通过自身的工作得到别人肯定
林部、雨宫（2007）	与挣钱相比，只做能让自己信服和满意的工作	对自己的技能比谁都有自信		对于工作绝不妥协	对于自己制作的东西拥有责任
北康利（2008）	想要承继传统的某种执念，对于前人表示敬意的一种谦逊		永无止境地磨炼技艺的勤奋的意志，专注于工作的强韧的精神力，添加新创意的热情和上进心		

　　从上述关于职人精神的解释可以看出，日本职人精神的内涵主要包括：（1）不为金钱所左右的职业信念；（2）对自身技艺的自信；（3）专注投入、精益求精、不断创新的精神；（4）坚持自身的选择，不妥协；（5）追求自我认可和他人肯定，对工作有责任心。这种最初产生于手工业者的精神内涵最终演变为日本社会各职业群体的价值观，至今深刻影响着日本人的劳动观和职业观。

---

① 林部敬吉・雨宫正彦『伝統工芸の「わざ」の伝承』酒井书店、2007 年、5 頁。
② 北康利『匠の国日本』PHP 新书、2008 年、70 頁。

三　铃木正三的《四民日用》：职人精神内涵的丰富与完善

铃木正三（以下简称"正三"）出生于 1579 年，卒于 1655 年。他所处的是战国末期到德川幕府统治趋于稳定的时代。经济方面，日本全国性的货币流通即将开始，在幕府政权的管理下海外贸易逐渐发展起来。在思想领域，儒学者开始参与政治，在幕府宗教政策的推动下佛教逐渐占据统治地位。世间对于武士的评价逐渐从战斗者转为行政官员，日本逐渐进入相对稳定的太平盛世。正三之父为则定城城主，是德川家的旗本武士，正三最初作为直属于德川家康的一名武士，参加过关原之战和大坂之役。年轻时，正三就对佛教产生了浓厚的兴趣，经常在战事的间隙拜访当地的禅僧，学习禅语录。1620 年，正三 42 岁时违背旗本武士不得出家的禁令，落发出家为僧，相继写成了《四民日用》《二人比丘尼》《念佛草纸》等著作。1639 年，正三在坐禅的过程中豁然大悟。此后跟随其弟重成入住天草[1]，专注于对普通大众的教化。他曾相继修建 32 座庙宇，著有《破切利支丹》《三宝德用》《修行之念愿》等，其所著的七部著作在江户时代有着广泛的受众，对后世产生了巨大的影响。1655 年 6 月，正三在江户病逝。

可以说，铃木正三的前半生是以武士的身份基于对佛教的关心参禅修学，42 岁落发出家后的后半生，则专注于著书立说和民众教化。

（一）万民德用：铃木正三佛德信仰的世俗应用[2]

将"气"的论理积极地引入佛道修行之中，是铃木正三思想体系的一大特征，即"本觉真如的一佛"，这也是其职业伦理观的基础。他认为佛即是气，佛（气）在天地之中无处不在，充满人们生活的每个地方。在佛的作用下生成了世间万物，正三将其称为"万德圆满"。他认为，在气（佛）的无法估量的作用（万德）下，形成了世间万物的形状，生成了一

---

[1]　日本幕府时代的直辖领地，今日本九州熊本县内。

[2]　此部分论述总结自加藤みち子编译『鈴木正三著作集』中央公論新社、2015 年。

切世间大众的工作、职业，比如冶炼、农业、医药业等具体的活动（万德），这些活动反过来又对世间有益。"本觉真如的一佛，通过百亿分身，对世间产生利益。"世间的每个人都是一佛的分身，无论从事什么职业的人都在做着对世间有益的工作，这也是职业人的使命。

正三对于气的理解，与中国北宋思想家张载系统的气一元论、中国民间信仰道教的气论，以及日本修验者的气修炼论非常接近。然而，与这些理论不同的是，正三将气的论理纳入佛道的系统。能反映出正三观点的典型，是"勇猛精进的佛"这个正三特有的对于佛的理解。

正三所相信的所谓"勇猛精进的佛"，如字面所示，可以理解为具有不断的、果敢的、永不懈怠、持续精进的特色的佛。一般意义上的佛，是指修行的结果达到"开悟"状态，或者其作为觉悟者本身的存在。然而正三强调，这世上没有脱离了修行本身的其他的独立存在。正三所指的"勇猛精进的佛"，是处于修行现场的眼前佛，与修行有着不可分的关系。

综上所述，正三认为佛（气）无处不在，存在于普罗大众日常生活的方方面面，所以任何日常行为都可以成为佛道修行，只有在日常生活中勤修不懈、勇猛精进，才能够修成正果。正三的以上思想承继了禅宗"世法即佛法"的理念，肯定了每个个体存在的价值，对于个体在社会中的职业和工作也给予了极大的肯定，成为日后其职业伦理思想形成的重要依据。

如前所述，铃木正三所处的时代是日本经历了长年战乱后逐渐走向和平与稳定的时代。随着商品经济的繁荣发展，日本社会逐渐形成了由手工业者和商人组成的"町人"群体。町人虽然处于社会的底层，地位在武士和农民之下，但由于在经济上拥有很大的实力，一些上层的商人不仅拥有大量财富，还获得许多特权。经济地位的提高使得町人们产生了对政治和思想地位的诉求，在现有身份制度的藩篱下，他们亟须得到社会对其工作价值的认可，从而寻求自身存在的意义。铃木正三的职业伦理思想正是此时期的产物。

铃木正三思想中的一个重要方面就是"任何职业皆为佛行"的职业伦理观，其集中体现在被收录于铃木正三的著作《万民德用》的《四民日用》中。《四民日用》被称为日本记述职业伦理思想的唯一古典著作。① 在这部著作中，铃木正三以问答的形式试图用禅宗伦理来论证世俗生活、各种职业营生的价值意义。《四民日用》中的四民即"士、农、工、商"四个社会群体。

（二）正理行义：武士日用与抉择智慧

武士出身的铃木正三，其职业伦理思想中也反映出浓厚的武士生存方式及当时的时代色彩。德川家康消灭丰臣秀吉之后，改年号元和，意为"和平的开始"。为了结束日本长期的战乱状态，实行和平宣言，德川家康相继颁布诸多新法律，这些法律为日本国民的每个阶层制定了各自的职责和权限。秩序虽然建立起来，但武士失去了用武之地，不得不向幕僚等行政官员转型。在这种情况下，应该如何抉择以及如何履行被赋予的新职责，维持刚刚建立起来的新秩序，成为武士面临的新问题。铃木正三从佛教禅宗的角度为武士们指明了修佛行、得佛法的道路。

在《武士日用》中，铃木开门见山地指出："佛法即世法。佛法也好，世法也罢，都是正理行义、实践正直之道。"② 理和义是铃木正三最为重视的伦理道德，曾在著作中反复论及。所谓理，就是明道理，包括知生死、明因果、分善恶等；所谓义即仁义，铃木正三以"义"与"不义"为标准来判断事物的对错，"不义"是绝对不能被容忍的。"义"是铃木正三在日常生活中实践职业伦理的基础，他认为在从事职业的实践生活中，应该有道德地正确判断"义"与"不义"、正与邪、善与恶，作为武士，要勇于选择，坚持所选。

铃木正三号召武士们摒弃"沉心"（"沉心"指为自己的失败找借口，或者归咎于他人），以积极的挑战之心（与此相对的是"浮心"，轻浮散漫）去除对于自我和对贪欲的执念，从而不再为世间事所烦恼。紧接着铃木正三具体指出了"沉心"的 17 种表现，以及今后日本武士所应该具备

---

① 神谷滿雄『鈴木正三：現代に生きる勤勉と禁欲の精神東京』、53 頁。
② 鈴加藤みち子『鈴木正三著作集』中央公論新社、2015 年。以下《四民日用》原文均引自此著作。

的 17 条要领，包括要怀有感恩之心、珍惜光阴、效忠主君、认识自身的缺点、遵守仁义、慈悲正直等。其中所提到的"义""勇""忠""死""舍身之心""勇猛精进""破除烦恼"等，体现了历经战乱后生存下来的武士的职业伦理。

《武士日用》肯定了武士对于社会的作用，"世无武士，则无以治国"，同时也为武士们指明了在日常生活中保持"挑战之心"，克服"沉心"、摒弃贪欲、不事浮华、排除杂念的修行成佛之道。对"义理"的重视体现了一种"选择"精神，只做自己认可的事情，不为外界压力所妥协，这与职人精神中所包含的选择自己热爱的职业，不妥协，将工作做到满意为止的态度相呼应。

（三）勤劳守业：农人日用与专注投入

江户时代的经济基本依存于农业，农民占当时日本人口的 80% 以上，是经济的重要支柱。因此农村的稳定是当政者最为关心的事情，农民也被赋予了仅次于武士的社会地位。即便如此，为了向领主们上交繁重的年贡赋税，农民们不得不日夜忙于田耕劳作。于是在《农人日用》的一开始，农人提出了这样的问题："或曰来世事大。虽未敢稍有疏忽，然于事农只是实无闲暇，每日所为，唯一艰苦度日而已。今日不劳身，则来世受其苦，思之不胜悔恨之至。如此，何成正果？"也就是即使要农民勤于佛行，农民却完全没有这份时间，该如何是好呢？对此，铃木正三的回答非常明确："农业本身即佛行。"

铃木正三首先肯定了农民的伟大，他认识到自己是社会的寄食者，是农民养活了自己。他指出生为农民乃上天所赐，养育世间是农民被赋予的职责，农民的使命是"为了万民""为了世间"。"故全心全意以己之身事天之道，所丝毫不为己，所奉旨为天道。事农业而产五谷，祭佛陀而敬神明，不但救万民只生，亦助虫类之命，此为农人之大愿也。于播种之时唱念佛名，于收割之日一念也不懈怠。以如此勇猛坚固之心事农，则田地亦为净土，五谷亦为洁品，便会成为所食之人去除烦恼的良药。"铃木正三在此所提出的"天授神业"思想与马克斯·韦伯援引马丁·路德提出的

"天职"思想有相通之处，均是将世俗工作从受贬低的地位中解放出来，赋予其神圣的意义。

在"养育世间"的使命感的驱使下，以为只有得闲暇才能求来世是错误的，农民应该视农业本身为修行，全身心地投入农桑耕作中。"身得闲暇之时，烦恼徒增；事艰苦之业而劳其身心之时，烦恼皆无。如此，则四时皆可为佛行，农人又何必别求其佛行哉！"农民勤勉于自己的本职工作，在无意识中就具备了功德。"供养三宝，祭祀神明，操持世间之事，唯是农夫之德行。"农人能否做到这一点，在于其心而非其业。"农业即佛行，领会不好时为贱业，信心坚固时为菩萨行。"因此农人不能看轻自己的本业，要懂道理、定信心。

由此可见，铃木正三提出的农人职业伦理与马丁·路德的"天职"思想的不同之处在于，"天职观"认为不懈地、持之以恒地、有条不紊地工作能够高度取悦上帝，是信徒证明他们被上帝选中获得救赎的最高方法，同时也是最确定与最显著的方法；[①] 而铃木正三从禅宗的人人皆有佛性出发，将佛行与世间的劳动结合，主张农人恪守本业、勤劳耕作，通过兢兢业业投入劳作、专注于农桑而修行成佛，达到自我救赎，成就自觉自主人格。

与此同时，专注于农事也意味着对于工作精益求精的态度。据考证，日本自弥生时代流传下来的水稻栽培技术从播种到收获需要经历88道生产工序，插秧、灌溉、除草、除虫等每道工序都有严格的时间规制和把控。[②] 农人只有恪守本业、心无杂念，才能精耕细作，确保水稻的高产和优产。这与职人精神中专注投入、精益求精的态度不谋而合。

（四）自由自信：职人日用与创新精神

日本江户时代，随着城市规模的扩大和人口的激增，城下町的繁荣使得工程建筑的作业大幅增加，对职人的需要呈现爆发式的增长，因此也被

---

① 〔德〕马克斯·韦伯：《新教伦理与资本主义精神》。
② 叶磊、惠富平：《稻作农耕与日本民族的稻作文化性格》，《南京农业大学学报》2011 年第 1 期。

称为职人的黄金时代。① 在《职人日用》中，铃木正三首先肯定了职人的社会意义，他认为世上的诸多职业对社会都是不可或缺的："世无铁匠人等诸工匠，则无诸品可用；世无武士，则无以治国；世无农人，则无粟谷充饥；世无商人，则无货物流通。此外尚有诸多职业，亦皆于世界有所益。"

紧接着，铃木正三对职人又强调了"一佛的自由"。"用眼睛看颜色，用耳朵听声音，用鼻子闻气味，用嘴巴说事情。自由地思考事物。手的自由，脚的自由，唯是一佛的自由。"这段取自禅宗经典《临济录》的话，说的是无论铁匠打铁、木匠用刨子削木材，还是荞麦职人制作荞麦，都需要六根（眼、耳、鼻、舌、身、意）自由地发挥作用。中村元认为，铃木正三在这里所谈及的自由"是一种表现极致理想境界的语言"。② 铃木正三把这种境界称为"不觉无我、无人、无住的境界"，也就是职人在工作中通过自由地发挥六根五感的作用，达到"忘我、无我"的境界。这与中国古代所提倡的"道技合一"的工匠境界有着异曲同工之妙。《庄子》中描述了很多具有鲜明个性和主体性的匠人形象，庖丁解牛除了出神入化的高超技艺，更体现了庖丁忘我投入时心灵的愉悦和享受过程，这是一种不涉及功利概念的完全自由的愉悦。

铃木正三所处的时代正是日本历史上的大变动时期，也是一个充满了创造性的开拓者精神的时代。铃木正三将"自由"这个新的时代精神引入社会，从佛教的伦理观立场肯定了职人的工作自由和心灵的自由，而这种自由也是创造和创新的基础。

所谓职人，就是凭借自身的技术制作物品并以此为业的人，在职人的世界中技术是最好的证明。拥有高超技艺的职人会得到世间的尊敬和信赖，也能够获得报酬。也正是由此诞生出对自己的技术持有自信的职人的气质。在"职人的黄金时代"即将拉开序幕的江户时代初期，铃木正三真诚地劝诫职人们"求来世的本意是相信自己""如果想要真正成佛，只有相信自己""信仰自身中的真佛""一心一意地信仰自己"。作为职人，只

---

① 島田燁子『日本人の職業倫理』有斐閣、1990 年、154 頁。
② 中村元『近世日本の批判的精神』『中村元選集「決定版」』別巻 7、春秋社、1998 年、121 頁。

要相信自己的职业对世间是有益的,不断研磨技艺,"最终会自然地以坦诚之心获得信仰。到那时会在不知不觉中进入'无我、无人、无住'的境界,自己心中真实的佛也会显现出来"。也就是从无我、无人、无住的境界达到自我实现,这种自信的职人精神至今仍深刻影响着日本的职人。

(五)正直利他:商人日用与利他精神

最后,在《商人日用》中,铃木正三肯定了位于社会最底层的商人及其所事之业存在的价值。铃木正三写道:"为实现国中自由而进行买卖行为的商人,是顺应天道而得利,这种得利是允许的。"但同时铃木正三也指出,商人在谋利的时候要取之有道,最重要的是要遵循"正直"和"利他"的原则。"只要是正直的人,即便是谋利的商人,也会诸天围绕,佛陀神明加护,消除灾难,万事都能合其所愿。原因在于这个商人是出于利他原则而经商。"铃木正三写道:"如果一个人以行无漏善的愿力,增强坚守幻化之理的信心,一心一意地为了国土万民,把本邦的货物销往他国,或把他国的货物运到我邦,入渡远国万里,穷乡僻壤不辞劳苦,怀着让诸人之心如愿的誓愿,决心克服万般困难,越万山而穷其身,渡万河而清其心。船在漫漫大海上漂浮之时,忘我念佛,领悟到人生只是浮世之旅,从而舍弃一切执着。这样离欲的商人,诸佛会佑其成功,神明会施与大利,他也会经营日善,德行益美。"

铃木正三一方面肯定了商人追求利益的合理性,另一方面指出了追求利益的必要途径。即不能完全为利益所驱使而做出违背良知、损人利己的行为。只有在"正直"和"利他"原则下获取利益,才是被神佛保佑的。这种思想对于现代职人精神的职业理念也产生了深远的影响,不为金钱所动、与金钱相比更注重名誉,是现代职人们脚踏实地、正直勤奋的动力之源。

四　现代职人精神:铃木正三的职业伦理思想的影响

综上所述,在《四民日用》中,铃木正三通过对当时社会的"士、农、工、商"四个阶层的分别论述,表明了其对于什么是佛法,什么是佛行，以及如何修佛行、得佛法的看法。他继承了禅宗"人人皆有佛性"的衣钵，认为"人最初的本性就是一种没有执着的觉悟之心"，只不过在后天的生活中被"贪欲、怨恨、抱怨"冲昏了头脑，从而滋生出万千烦恼。因此人要放下这些执着，回归本心，即所谓明心见性。"见性"并不是刻意去除贪执的杂念，而是通过日常的工作和职业，还原本性，修成正果。

表 2　铃木正三职业伦理思想与日本"职人精神"的对应关系

对应关系	职业信念	坚持选择	精益创新	认同自信	责任担当
四民日用	万民德用	武士日用	农人日用	职人日用	商人日用
品质气质	职业即佛行	正理行义	勤劳守业	自由自信	正直利他
精神内涵	自觉自主	抉择智慧	精益求精	自信精神	利他精神

整体来看，铃木正三可以说是日本历史上第一个提出职业伦理思想并进行完整阐述的思想家，这种职业伦理思想对于日本职人精神的丰富和完善起到了重要的作用。

首先，铃木正三的职业伦理思想奠定了日本职人精神的思想基础。它不同于西方马克斯·韦伯所指出的源于新教的"天职"思想。铃木正三的"万民德用"思想来源于佛教禅宗，完全超越了传统简单、原始的神道教泛神论影响下的伦理主张，提出基于禅宗思想的伦理信仰基础。禅宗思想主张心性本净，佛性本有，觉悟不假外求，舍离文字义解，直彻心源。提出"即身成佛""即心是佛""见性成佛"，将禅的意味渗透在普通人的日常生活里。人心也称本心，需从心思所表现的各方面，即从言语举动着手，回归生活本质。这种"万民德用"的禅宗思想特质，也是现代日本职人精神"职业即道场"的依据和基础。

其次，铃木正三的职业伦理思想肯定了各种职业存在的意义和价值。各种职业不论高低贵贱，都体现佛性。也就是众生平等，诸职业具有平等性。比如对于当时社会固化的身份等级，处于社会底层的"町人阶层"，铃木正三本着人人平等的思想，肯定了"町人阶层"也是社会体制存续和发展所不可或缺的一部分。这从根本上肯定了各行各业人员存在的意义，提升了职人和商人对自身价值的认同，以及对所从事工作的自豪感。正是士农工商身上的价值，共同汇成现代的职人精神。因此，现代的职人精神并非指向手工业或是制造业，而应当是所有职业必备的精神。这也正是近代亚当·斯密在《国富论》中所指出的，先天人的差别不大，分工与交易促进了人的绝对比较优势的发展。①

再次，铃木正三的职业伦理思想指明了从事各种职业人的职业伦理之道。世俗的劳动者想修佛行、积善果不必专门到寺院中遵守清规戒律、念经打坐。劳动即佛行，只要在每天的日常劳动中修佛就可以了。这摒除了原有的只有僧侣才能够修行积善的观念，为处于社会底层的庶民打开了一扇通往佛果的大门。劳动不仅是为了谋生计、求金钱，而是为了明禅心、见本性、修正果。这就为普通的世俗劳动增添了神圣的佛教意义，使人们认为每天的劳动不再平凡和卑下，在播种耕作、冶炼锻造、经营店铺的普通工作中到处闪耀着佛教的光辉。铃木正三的这种思想深刻地影响了日本人的劳动观，认为勤奋工作是最好的修行。堀出一郎等学者指出，铃木正三所主张的这种佛教劳动观与职业伦理思想，是日本"勤劳精神"的源流。②

最后，铃木正三的职业伦理思想实现了日本从町人伦理向职人精神的转变，原先的手工业者只有的单一的品质——精益求精，完全是一种工具化、对象化的存在。而经过铃木正三《四民日用》诠释的"职人精神"则具有价值性、主体性和综合性，是禅宗成佛思想的世俗化体现，是个体实现自觉自主的路径。铃木正三的职业伦理思想完善了日本现代职人精神的内涵，使之深深根植于日本的传统之中。

铃木正三的职业伦理思想丰富和完善了现代日本的职人精神内涵，使其能够吸收传统士民工商四阶层的优秀气质于一身，适应近现代社会职人身份的挑战，也为近代日本明治维新之后的快速社会转轨和现代化打下扎实的思想基础。

（姚继东，北京城市学院管理学部讲师；
沈敏荣，首都经济贸易大学法学院教授）

---

① 〔英〕亚当·斯密：《国民财富的性质和原因的研究》，郭大力、王亚楠译，商务印书馆，1994。
② 堀出一郎『鈴木正三——日本勤勉思想の源流』麗澤大学出版会、1999 年。

世界主义话语下的神道环保主义

——以"镇守森林"为中心

王子铭

内容摘要 本文以"人类世"时代的环境危机为认识背景，探讨当代日本神道环保主义的思想与实践。首先，神道界学者立足于传统的综摄主义，呼吁神道与多元宗教相互"习合"，塑造出独特的世界主义话语，展现神道生态智慧的开放性，以解决全球性生态危机。其次，在实践层面，神道界重视神社所属"镇守森林"的价值，开展诸多保护项目，业已形成多学科交叉的"社丛学"研究领域。最后，环保主义转向也是神道在世俗社会重塑其合法性的重要方式，但神道界内部存在多元利益诉求，环保主义有沦为政治策略、服务于其他政治经济目的的危险。

关键词 神道　世界主义　镇守森林　环保主义

一　问题的提出

（一）"人类世"背景下的神道环保

"人类世"（Anthropocene）这个概念近年来越来越多地被科学界用以描述我们生活星球的全新时代——人类已经成为塑造地球生态、地质、物理系统的主导力量。① 它最早由荷兰大气学家保罗·克鲁岑（Paul J. Crutzen）提出。他认为"人类世"可以说始于 18 世纪后期，对当时极地冰中的空气进行分析显示，全球的二氧化碳和甲烷浓度开始上升，"人类世"很好地补充了过去 1 万到 1.2 万年相对温暖的全新世地质分期。② 毋庸置疑，这个以人类活动命名的地质时代与如今人类共同面对的环境和可持续发展问题紧密相关。今天的生态学家之间的争议点在于："人类世"是否已经发展到一个不可逆转的状态，还是人类仍可以为环境保护采取拯救行动。

解决环境问题离不开一系列政治、经济和社会制度调整，尽管这些调整仍然局限于主权国家内部，但是"全球可持续发展需要一种能够超越国家的世界主义（cosmopolitanism）"。在历史学家杜赞奇（Prasenjit Duara）看来，所谓世界主义，是指"全体人类无一例外地都属于一个共同体的想法，虽然这种归属感可以与其他身份共同体共享，例如乡土、国家或宗教，但世界主义必须要能够与其他任何建立在相似性上的共同体（communities of affinity）分享主权"。③ 世界主义也代表着内部开放性，单一的共同体愿意与全世界分享其智慧并为共同目标付出行动。面对全球性的环境问题，形形色色的绿色组织和运动层出不穷，而宗教业已成为环保运动中的重要力量。日本神道恰是走在环保运动前列的宗教之一，为"人类世"的危机提供其"古老的智慧"与行动方案。

2014 年 6 月 1—5 日，神社本厅④邀请包括佛教、儒教、道教、印度教、伊斯兰教、天主教、新教和锡克教等世界各主要宗教派别的人士以及

---

① Liana Chua and Hannah Fair, "The Cambridge Encyclopedia of Anthropology, Anthropocene," https://www.anthroencyclopedia.com/entry-tags/anthropocene, 2021 年 9 月 1 日。

② Paul J. Crutzen, "Geology of Mankind," *Nature*, Vol. 415, January (2002), p. 23.

③ 〔美〕杜赞奇：《全球现代性的危机：亚洲传统和可持续的未来》，黄彦杰译，商务印书馆，2017，第 25—26 页。

④ 神社本厅是日本最大的宗教法人，成立于 1946 年 1 月 18 日。它以伊势神宫为本宗，囊括了全国大部分神社，到 1955 年时 11 万间神社中已有 79387 间加入，至 2020 年涵盖了全国 84944 个神道团体中的 78649 个〔文化厅编『宗教年鑑（令和 2 年版）』，2020 年、54 页〕。神社本厅自 1952 年占领结束后就积极从多方面推进"恢复神道所失去的地位，振兴古老传统"。它在各都道府县设有神社厅作为分支机构，同时依托其建有全国神社总代会、神社青年全国协议会等 8 家关联团体，其中 1969 年成立的神道政治联盟通过派代表参选国会议员，积极地在政治领域发挥作用，表达神道界的观点和立场。

多位国际非政府组织的代表，访问伊势神宫，并召开了以"面向未来的传统：可持续发展的地球的文化、信仰和价值观"（Tradition for the Future：Culture，Faith and Values for a Sustainable Planet）为题的跨宗教国际会议。① 会议由神社本厅及世界宗教与环境保护基金会②联合举办，神社本厅总长田中恒清、皇室代表三笠宫彬子女王、英国驻日大使和联合国秘书长可再生能源高级顾问等政要发表演讲，60 多位国际宗教人士和全日本超过 700 名神官以及诸多学者、记者参与会议。③这次会议是神道界官方首次就具体议题与多宗教开展平等交流，活动本身也是为了庆祝前一年刚刚结束的第 62 次伊势神宫"式年迁宫"④ 仪式。当然会议的主题仍然是如何面对环境恶化与可持续发展，以及呼吁联合国制定可持续发展目标。保罗·瓦莱利（Paul Vallely）在英国《独立报》上发表评论文章，他认为近年来宗教对环境保护方面的助力绝不是空谈，在改善农地、土地管理、健康与卫生和遏制非法野生动物贸易等方面宗教界参与的项目颇多。这次会议搭建起了一个平台，让神道去展示其对环境保护的努力，特别是在森林的保护与开发方面。他还强调这次会议是"日本古老宗教神道的一次卓越的复兴……产生了日本对更广阔世界新的开放性……这将有利于整个世界"。⑤ 神道界也十分愿意强调其环保主义和世界主义的开放性。在神社本厅的宣传中，

---

① "Tradition for the Future：Culture，Faith and Values for a Sustainable Planet，Ise，Japan，1 – 5 June 2014，" http：∥www. arcworld. org/projects. asp？projectID＝638，2021 年 9 月 1 日。

② 世界宗教与环境保护基金会（ARC）是非宗教性团体，由英国菲利浦亲王创立于 1995 年，旨在帮助世界上的主要信仰和文化传统在它们核心学说、信仰与实践的基础上发展属于它们自己的环保项目。目前它与 12 支主要文化传统与信仰合作，基于优秀传统文化的核心理念来展开环保实践。转引自 "关于 ARC"，http：∥www. arcworld. org/chinese. asp？p＝1，2021 年 9 月 2 日。

③ D. John，" Major Breakthrough，" http：∥www. greenshinto. com/wp/2014/06/04/major-break-through/，2021 年 9 月 20 日。

④ "式年迁宫"指伊势神宫原则上每 20 年要将内宫、外宫及 14 个别宫，按旧例重新建造神殿，将所有装饰全部换新，请神明迁驻到新的神宫。据记载持统天皇时期（690 年）开始第一次式年迁宫，战国时期经历了 120 年的中断和延期，2013 年进行了第 62 次式年迁宫，耗费大约 550 亿日元。

⑤ Paul Vallely，" History in the Making：An Unprecedented Visit to Ise Jingu，Japan's Holiest Shrine，to See it Rebuilt under the Beliefs of the Shinto Religion，" Independent，https：∥www. independent. co. uk/news/world/asia/history-making-unprecedented-visit-ise-jingu-japan-s-holiest-shrine-see-it-rebuilt-under-beliefs-shinto-religion-9555482. html，2021 年 9 月 20 日。

神道被视作古老的以自然为中心的万物有灵论的信仰形式，它能够为可持续发展、解决环境问题提供一种发展模式。

（二）神道环保主义的思想渊源

日本学界对环保问题的关注始于 20 世纪 60 年代的公害问题，其时出现了一批有关公害的思想理论，其中最具代表性的是 1964 年宫本宪一和庄司光的"生产关系论"，他们在《可怕的公害》一书中认为"公害是资本主义生产关系造成的社会灾难，是阶级对立的体现，加害者是资产阶级而受害者主要是农民和工人阶级"。[1] 神道界也从这一时期开始关注环保问题。70 年代兴起于欧美的环境伦理学则与当代的神道环保议题紧密相关，它于 90 年代被引入日本，引发广泛讨论，形成了日本本土的环境伦理学研究。笔者认为环境伦理学中的两个命题——非人类中心主义和地球全体主义，可以视为当代神道环保思想的理论来源。

一方面，森冈正博认为当今的环境伦理学无法脱离人类中心主义，仍然将自然环境看作人类的工具，应该建立生命圈伦理学，承认自然与人类具有同等的价值，生命圈中全部生命平等。[2] 宗教伦理学者间濑启允则更强调"共生"的观念，他认为"自然是巨大的生命"，而我们都是被这个"生命"赋予的生命，这个巨大的生命就是地球，在这里包括我们在内的各种生命体相互依存、相互关联、相互支持地生存着，所有的生命体都有着不可分割的关系，因为这个存在链存在，才构成了以生命为中心的生态系统。"共生"就是以生命为中心的生态价值观。[3] 无论是生命圈伦理学还是以生命为中心的"共生"观念，都将人类之外的生命视为主体，而非客体工具，这与神道思想中的万物有灵信仰不谋而合。

另一方面，地球全体主义由日本学者加藤尚武提出，他指出要重新审视各个国家基于主权自由独立地做出决策的视角，因为地球空间和资源的有限性，地球应该优先所有价值判断而受到尊重，建立起替代以国家为基

---

① 庄司光・宫本宪一『恐るべき公害』岩波書店、1964 年、139—140 頁。

② 森岡正博『生命学への接近：バイオエシックスを超えて』勁草書房、1988 年、11—29 頁。

③ 間瀬啓允「コモングッドトサステイナビリティ」『東北公益文科大学総合研究論集』第 15 号、2008 年、62—63 頁。

本单位的决策系统，从而抑制国家的利己主义。不过即便如此，加藤认为个人的自由不应被否定，在地球全体主义中要兼顾全体规制和个人自由，做到"内侧有自由，外侧有限制"或者说"个人有自由，国家有制约"。①鬼头秀一则批评地球全体主义是以欧洲近代主义的人性论为基础的，不应当无条件地施用于其他地域，他在此基础上提出更强调地方性、本地价值和文化多元的环境伦理观。但他也批评传统的多元主义视角有将环境破坏的结果正当化的危险，这是"静态的多元主义"，而应该提倡"动态的多元主义"。它不是静态意义上的"参与"，而是通过与决策相关的人们的"学习"过程来构建决策。参与决策的人通过学习能够重新审视一直以来自认自明的事物、自身所处的状况和各种前提。②地球全体主义呼应了解决"人类世"环境危机的世界主义呼吁，战后神道学者亦提出过世界主义话语。同时神道作为日本本土宗教有着很强的民族特性，鬼头的"动态多元主义"在神道界中激发了将神道的传统生态知识贡献于世界的思想。

在神道环保的研究领域最知名的是挪威学者艾克·罗茨（Aike P. Rots），他提出了"神道环保范式"（Shinto environmentalist paradigm）的概念，用以描述近年来神道的身份转变和神道界生态保护的实践模式。宫胁昭、上田正昭、纲本逸熊等不同领域的学者关注神社周边"镇守森林"（鎮守の森）的生态作用，将其视作神道古老的生态知识对当代环保的有力贡献。神道界的薗田稔与田中恒清等学者更将"镇守森林"视为作为日本文化和社会基础的神圣共同体的中心。③笔者亦将"镇守森林"看作神

---

① 加藤尚武『環境倫理学のすすめ』丸善ライブラリー、1991 年、44—48 頁。

② 鬼頭秀一「環境倫理における「地域」の問題を巡って——多元性と普遍性の狭間の中で」『東北哲学会年報』第 16 号、2000 年、61—69 頁。

③ 艾克·罗茨的论述，参考 Aike P. Rots, "Sacred Forests, Sacred Nation: The Shinto Environmentalist Paradigm and the Rediscovery of 'Chinju no Mori'," *Japanese Journal of Religious Studies*, Vol. 42, No. 2（2015）; "Public Shrine Forests? Shinto, Immanence, and Discursive Secularization," *Japan Review*, No. 30（2017）; *Shinto, Nature and Ideology in Contemporary Japan: Making Sacred Forests*（London: Bloomsbury Academic, 2017）。日本学者的论述，参考宫脇昭『鎮守の森』新潮文庫、2007 年；上田正昭『探究「鎮守の森」——社叢学への招待』平凡社、2004 年；綱本逸雄「『鎮守の森』という言葉について」『植生史研究』第 7 卷第 1 号、1999 年、39—41 頁；薗田稔『誰でもの神道——宗教の日本的可能性』弘文堂、1998 年；田中恆清『神道のちから』学研プラス、2011 年。

道环保主义的核心要素，并将在后文着重讨论以上学者的观点。

在国内研究方面，王守华教授认为神道的自然观对环境保护有积极意义，"神社与周围的山、水、林、田被称为'神域'，构成了良好的自然保护区"。他指出神道崇敬和抚慰环境神灵的思想，可以去除自然环境中的不利因素，维护地球生态环境的良性循环。[①] 牛建科教授则从宗教伦理的角度出发，认为神道伦理不仅重视神与人之间的关系，也重视神与自然之间的关系，体现了东方传统思想在处理人与自然关系上和谐一致的特点，对建立适应人类社会持续发展的新型环境观和环境伦理具有重要的理论意义。[②] 总体而言，国内学界对神道与环保之间关系的研究不多，且集中于对神道自然观念的讨论，缺乏对当代神道界环保实践的关注。本文则从日本环境伦理学的思想出发，系统性地考察神道环保主义的话语构建、实践成果及内部矛盾，借以丰富国内对当代神道样态的研究。

神道一般被认为是日本古代形成的万物有灵信仰，在明治维新之后与国家权力密切结合形成国家神道，成为国家祭祀，全体国民有参与国家神道活动的道德义务。国家神道被视作战前日本军国主义和极端的国家主义的精神动力。1945 年后经过驻日盟军的宗教改革，在法律上神道成为与佛教、基督教地位平等的宗教。战后神社本厅一直在推动皇室尊严护持运动、靖国神社国有化运动、内阁成员的靖国神社公式参拜、修改和平宪法第九条等政治活动，因而神社本厅以及与之关联的神道政治联盟，在国际上普遍被认作日本极右翼保守团体。[③]神社本厅一贯的保守民族主义的意识形态与它在 2014 年跨宗教会议上所表达的环保主义取向和对世界主义的开放态度形成鲜明的反差。

本文提出的核心问题是，为什么倾向于民族主义意识形态的神道，试图展现出一种世界主义的开放态度，又是如何参与到环保主义的运动之中，其背后有哪些政治考量？

---

① 王守华：《神道思想研究的现代意义》，《日本学刊》1997 年第 3 期。

② 牛建科：《反思与批判：日本神道教伦理思想审视》，《日本问题研究》2012 年第 1 期。

③ Kenneth J. Ruoff, *The People's Emperor: Democracy and the Japanese Monarchy, 1945 – 1995* (Cambridge, Massachusetts: Harvard University Asia Center, 2001), p. 10.

二　神道的世界主义话语与"生态智"

（一）神道的普遍化倾向

在国家神道阶段，神道表现出非常强烈的民族主义特性，被日本极端的国家主义裹挟拒斥西方，呈现出封闭性的特点。但是在日本战败后迅速出现了三种对神道的论述视角，将神道划分为多个层次。首先是柳田国男所关注的基层的"民俗神道"，它因家族与地方社会共同体而产生；其次是苇津珍彦所倡导的"国家的神道"，它将日本国家视作共同体，大致延续了国家神道阶段的意识形态，宣扬天皇崇拜和国家神圣性，可看作"上层的神道"；最后是由折口信夫提出的最上层的"人类神道"（见表1）。[①]

表 1　战后关于神道的三种视角

层次	论者	规模	种类
最上层	折口信夫	世界	人类神道＝国际的、地球的神道
上层	苇津珍彦	国家	公神道＝国家的神道
基层	柳田国男	地方社会	民俗神道＝家族的、地方社会的神道
		家族	

1947 年，在神社本厅成立一周年纪念会上，折口信夫发表了题为《从民族教到人类教》的演讲，提出"人类教"的概念。不同于孔德要创立新的"人类宗教"，他强调神道可以成为不仅是日本而且是全人类的宗教，呼吁让神道普遍化：

> 谈到人类教和民族教，并不是要压倒其他宗教，在世界上传播神道也并不是为了征服世界……既然要让我们所拥有的信仰普遍化，就必须发挥出与之相适应的要素。神道必须在普遍化方面做出很大努

[①]　小林正弥『神社と政治』角川書店、2016 年、118—120 頁。

力。正如兴起于以色列、埃及的地方信仰逐渐扩大，最终发展成今天的基督教一样，尽可能地推广神道中应该普遍化的要素非常重要。如同我们幸福一样，让全体人类也幸福起来，这就是要把我们拥有的好素材献给人类，至少也是一种贡献。①

折口以基督教为蓝本呼吁改造神道，将其中有益于人类的要素普遍化，传播神道使之成为世界共享的宗教，以提升全体人类的福祉。这与战前日本在殖民地建立海外神社宣传"八纮一宇"，②为侵略战争背书完全不同，可以说是神道最早的世界主义话语。

折口信夫所谓的"人类教"也可以看作"世界神道"或"地球神道"。在哲学上其他宗教的神性、佛性当中有共同的灵性或宗教性，小林正弥认为可以将这种共性称作"地球的宗教性"，日本固有的灵性既可以称为"地方社会的宗教性"，也是"地球的宗教性"。"地球的宗教性"是对地球上诸宗教共同性和类似性的确认，而在其中日本神道也可以保持自身的个性和独特性。神道发展成为"地球的神道"与"地方社会的神道"不局限于思想上，在仪式、祭祀等实践上也可能是成立的。③从中我们不难看出鬼头秀一的"动态的多元主义"之思想脉络。在历史上神道曾长期与佛教相融合，被称为"神佛习合"，④明治维新后政府颁布《神佛判然令》，神道才从佛教中分离出来。战后面对神道该如何发展，出现了重提"神佛习合"可能性的论述。秩父神社宫司、京都大学名誉教授薗田稔就曾表示："正如日本佛教的山川草木皆有佛性这一观点所表明的那样，万物都是具有灵性的生命，从这一点来看，作为宗教文化，神佛之间没有本质的区别。"⑤在镰仓

---

① 折口信夫『折口信夫全集 20（神道宗教卷）』中央公論社、1996 年、438—439 頁。

② "八纮一宇"，本意为"天下一家"，明治 36 年（1903）由日莲宗信徒国柱会创始人田中智学在《神武天皇的建国》一文中首次使用，后来被理解为由天皇来统一和征服世界，成为太平洋战争中日本侵略殖民中国、东南亚等地的宣传口号，战后被禁止使用。

③ 小林正弥『神社と政治』、336 頁。

④ 日语中的"习合"可以理解为宗教学上的综摄主义（syncretism），指两个或两个以上宗教、信仰相遇后彼此融合或同化，从而达成一种潜在的统一。

⑤ 薗田稔「神仏という宗教文化：生命畏教の伝統」『柞乃杜——秩父神社社報』第 34 号、2006 年 12 月 3 日、5—6 頁。

时代，秩父神社的天御中主神信仰就和妙见菩萨的信仰相"习合"，秩父神社也被称作秩父妙见宫，如今薗田宫司致力于复兴习合信仰。在"神佛习合"之外，又出现提倡与基督教等多宗教间的习合思想，被称作"全球习合"（グローバル習合）。早在战后初期，与上文折口发表演讲的同一次活动中，当昭和天皇的弟弟高松宫宣仁亲王被神社本厅的机关报《神社新报》问到"神社（神道）此后作为（普通）宗教存在各种各样的问题，对此，想听听殿下的感想"时，高松宫表述如下：

> 神社（神道）这种东西在本质上是否具有现代宗教的内容，我认为这是一个问题。教理和神学方面是空虚的，神社（神道）在这一点上没有发展。明治维新时，由于排佛弃释，与佛教脱离了关系，终于失去了骨干。但是在今后的发展上，保持原始宗教的形态究竟好不好呢？神道作为宗教虽说与佛教、基督教并列，但在内容上缺乏宗教性，所以我认为要想成为现代宗教，就应该通过与佛教、基督教联合，产生神社神道的新形态。特别是在普遍的人生观、世界（观）以及教义等方面，神道所缺乏的东西，是否应该通过与基督教相融合来进一步学习呢？①

对于高松宫的言论，当时神社新报社内存在很多反对意见，但是碍于高松宫皇室的身份与神道被严格限制的时代氛围，对此不能提出异议，所以《神社新报》仅仅是客观地将发言记述下来，在当时仅有少数几封抗议书出现。

折口信夫与高松宫都表达了对神道开放性与发展世界主义的期许。但这种观点当时并不是神道界的主流观点，也没有得到神社本厅的承认。世界主义的话语也没有与环保主义相结合。值得注意的是折口与高松宫都认为神道需要从原始信仰发展成为现代意义上的宗教，这与神社本厅的真实态度相去甚远。折口还认为要将神道中的神圣精神普遍化就必须使神道宗教化，而在《人间宣言》颁布、天皇神格被否定的背景下，神道与皇室关

---

① 神社新報社編『神道指令と戦後の神道』神社新報社、1977 年、215—216 頁。

系的深入性已经成为神道发展的重大阻碍。① 此观点也是神社本厅万万不能接受的。

　　战前日本帝国的官方意识形态认为神道是公领域的国家祭祀，与私领域的一般宗教相区别，这被安丸良夫称为"日本型的政教分离"，② 也被称作"神道非宗教论"。③ 战后的情况变得更为微妙，尽管在战后宪法下神道处于一般宗教的地位，神社本厅一方面不得不承认神道是"宗教"，但另一方面他们更愿意将其描述为传统文化而非宗教。因为他们认为神道具有强烈的公共性与此世主义导向，而"宗教"则如同佛教那样是私人化的、超越性导向的。④ 笔者采访过一名神官之子，他亦反复强调神道仅仅是文化而非宗教。

（二）"生态智"与"习合"

　　20 世纪 60 年代后，因为日本的公害问题和环境问题日益严重，神道界开始致力于环保主义运动。一些学者开始从神道中提炼环保主义思想，其中最具代表性的是神道学者镰田东二的"生态智"思想。他认为佛教是"觉悟与慈悲的宗教"，基督教是"爱与宽容的宗教"，与之相对，神道是"敬畏与祭祀的宗教"。虽然神道没有明确的教义，但是存在不同的表现形式。他提出了其"神道论"，将神道划分为七种表现形式："场"、"道"、"美"、"祭"、"技"、"诗"和"生态智"。⑤ 所谓"生态智"就是"一种

---

① 神社新報社編『神道指令と戦後の神道』、211—212 頁。

② 安丸良夫『神々の明治維新』岩波書店、1979 年、208—209 頁。

③ Jason Ānanda Josephson, *The Invention of Religion in Japan* (Chicago Illinois：University of Chicago Press, 2012), pp. 94 – 97.

④ Aike P. Rots, "Public Shrine Forests? Shinto, Immanence, and Discursive Secularization," *Japan Review*, No. 30 (2017), pp. 186 – 187; Jason Ānanda Josephson, *The Invention of Religion in Japan*, pp. 132 – 137.

⑤ 在镰田东二的神道论中，神道作为"场"的宗教指"镇守森林"的诗学、斋庭的几何学·圣地学和场所的记忆；作为"道"的宗教并非指教义，而是指生活实践、生命和生活的构造，以及作为生命之道的传承文化；作为"美"的宗教指对物哀与情景的感知、清净、清爽、感觉宗教和艺术·艺能的宗教；作为"祭"（仪礼）的宗教是用祭祀来更新生命力、镇魂；作为"技"的宗教指具体表现的技术、娱神演艺的技术（ワザヲギの術）、爱欲（エロス；Eros）；作为"诗"（物语性·神话传承）的宗教指对世界、生命进行物语性的理解、把握。

基于对自然深深的敬畏之心，通过生活中敏锐的观察和经验而提炼出来的，维持自然和人工之间可持续发展的创造性平衡的技法和智慧"。① 他认为"生态智"是神道的七种表现中真正能让神道生存的，而神道中充满了这种深层的生态智慧。对神明的"敬畏"被转化成对"自然"的敬畏。他将天皇制看作神道的"上部构造"，与之相对的"生态智"则是神道的"下部构造"或者说"根"。有趣的是，他认为伊势神宫、出云大社、贺茂神社等神社的"式年迁宫"是"生态智"的具体表现。② 他认为"式年迁宫"使得森林中的神灵获得新的居所，且传统的建造技术和民俗传统得以保存下来。尽管如此，笔者认为"式年迁宫"的生态意义仍值得商榷，这一点将在后文进行论述。

镰田东二同样提出了他的世界主义观点，希望能够将"生态智"的神道观念推广出去，解决"人类世"背景下的全球生态危机。他也从"习合"的概念出发，认为"在'习合'的结构和文化形态中存在日本人对圣性的感觉和信仰表现。各种各样的自然形态和文化形态合流交汇，各自固有的要素却没有完全融合为一、无法区分。不同的要素以不同的形式保持着，虽然异种交互，其整体却像一个有机体一样保持并发挥作用。这就是日本型'习合'"。③

他从古典神道神话出发提出"神神习合"的观点，在《古事记》与《日本书纪》中记载着"苇原中国平定"（国譲り）的故事，地神大国主神将苇原中国让与天照大神的子孙，自此以皇祖神为中心的"天津神"系宗教与出云等地土著的"国津神"系宗教相互"习合"。镰田认为这是日本绳纹文化与弥生文化相互"习合"的标志，是"习合"传统的原点，神道在此基础上产生，进入"神神习合"的最初阶段。④ "苇原中国平定"神话所包含的意义并不局限于日本国内，当今世界与经济全球化相伴的是文化乃至政治的全球化课题。上文提到"世界主义"需要全球各团体

---

① 鎌田東二『現代神道論：霊性と生態智の探究』春秋社、2011 年、39 頁。
② 鎌田東二『世直しの思想』春秋社、2016 年、132—136 頁。
③ 鎌田東二『現代神道論：霊性と生態智の探究』、51 頁。
④ 鎌田東二『神道とは何か』PHP 研究所、2000 年、106 頁。

特别是主权国家让渡一部分主权给世界共同体来解决时代问题。在镰田看来，"苇原中国平定"神话正给当今的民族国家让渡部分主权给"地球联邦"提供了一种模仿范式。① 这也应和了加藤尚武提出的地球全体主义中，建立替代以国家为单位的全球性决策系统来应对环境危机的思想。

三　作为神道环保主义核心的"镇守森林"

（一）"镇守森林"的价值

在神道界的宣传中，森林是传统生态知识的重要内容。民俗学家柳田国男曾言："有森林的地方一定有神灵，这是日本风景的一大特色。"② 战后日本人论一度兴盛，安田喜宪和梅原猛就提出日本文明是所谓"森林文明"。他们认为神道中"万物有灵论"的原则能够克服"西方一神教"所导致的全球环境衰退。③ 蘭田稔站在近似文化优越论的立场谈道："西方人在基督教世界观中成长起来，不能考虑到自然环境与森林是神圣的。相反他们开发土地，修建教堂，创造人工的花园，建立世界之上的秩序，以彰显上帝的荣耀。与之相对，自古以来日本人就生活在山林中，森林、瀑布、岩石和其他自然物在日本人看来都是神灵栖息之所。"④ 由于自然的内在神圣性，日本人自古以来就保护自然，因而作为原始的自然崇拜传统，神道中包含着人们如何与大自然和谐共处的生态学知识。近年来"神道、人与自然"的主题也经常出现在日本的流行文化中，最具代表性的就是宫崎骏的动画电影，《龙猫》、《千与千寻》和《幽灵公主》中都有该主题的

---

① 鎌田東二「平和と神道の問題性と宗教の未来」『千葉大学公共研究』第 13 卷第 1 号、2017 年 3 月、201—209 頁。

② 田村義也「田中神社の手水鉢：南方熊楠の未成熟な言語」『「エコ・フィロソフィ」研究』第 9 号、2015 年 3 月、55 頁。

③ 转引自 Aike P. Rots, "Public Shrine Forests? Shinto, Immanence, and Discursive Secularization," *Japan Review*, No. 30 (2017), p. 194; 安田喜憲『蛇と十字架——東西の風土と宗教』人文書院、1994 年、87—146、181—230 頁；梅原猛『森の思想が人類を救う』小学館、1995 年、113—149 頁。

④ 蘭田稔『誰でもの神道——宗教の日本的可能性』、31 頁。

展现。特别是《幽灵公主》，电影讲述了在室町时代人们对森林的肆意破坏，造成了人类与森林神祇及动物神灵之间的战争，主人公阿席达卡在由狼神抚养的幽灵公主的帮助下寻找化解双方纷争的故事。电影既批判了人类对生态环境的破坏，又展现了森林本身的主体性与神圣性。

在神社本厅的宣传当中"镇守森林"的概念经常出现，它业已成为当代神道核心的内容之一。所谓"镇守森林"，是指神社境内及其周边围绕神殿、参道附属的森林，又称"神社林"。位于奈良的春日山原始林就是春日大社的"镇守森林"，它于 1998 年与春日大社一起作为古都奈良历史遗迹被列入"世界文化遗产名录"。它初设于平安时期，是当今世界距离城市最近的原始森林之一。① 在 2014 年伊势神宫国际会议召开半年后，神道界官方出版了关于会议的相关图书，书名即为《"镇守森林"拯救世界》（『「鎮守の森」が世界を救う』）。②

梅原猛认为，"在日本，可以有没有森林的寺庙，不能想象神社里没有森林。神社里有神殿。其实日本的神道本来是没有神殿的。因为原来认为森林本身就是神，或者认为神是降落在森林之中的大树上的……现在人们在神树上悬挂草绳，那就是神降落在这棵树上的标志"。③ 神社本厅宣称"镇守森林"给人们带来了安宁。④ 化学家兼白幡天神社宫司铃木启辅同样认为"镇守森林"的绿色和树木的芬芳可以给予神社参拜者内心安宁。⑤蘭田稔则指出，日本人通过在"镇守森林"的景观中寻找家园，获得了精神上的安定。⑥ 从普通人那里也能得到"镇守森林"使得内心宁静的感言。神社本厅曾组织主题为"镇守森林与祭典"的征文比赛，一名女性参赛者写道："春天的某日我感到工作疲惫，就去公司附近的神社赏樱。在那里'宁静的神社气息与樱花相得益彰'，使我的内心也平静了下来。从那之

---

① 春日山原始林を未来へつなぐ会、"春日山原始林ってどんな森?"https：//kasugatsu-nagu.com/forest、2021 年 9 月 19 日。
② 「皇室」編集部『「鎮守の森」が世界を救う』扶桑社、2014 年。
③ 梅原猛『森の思想が人類を救う』、129、141 頁。
④ 神社本庁編『神社とみどり』神社新報社、1983 年、39、40 頁。
⑤ 鈴木啓輔『自然と神そして日本人』成隆出版、1984 年、91—102 頁。
⑥ 蘭田稔『文化としての神道——続・誰でもの神道』、130—144 頁。

后，每当我痛苦、悲伤、迷茫之时，就会不知不觉地踏入这个神社。"①

（二）"镇守森林运动"的出现

"镇守森林"已经被认作日本人关注自然环境的传统生态知识的有力证据。在历史上确实有一些神社和寺庙禁止人们在它们的土地上进行砍伐，但是相对于内在的对环境或神圣领域的关心，这种禁令更多是出于经济上的考虑。② 进入 20 世纪后日本人才开始对森林有意识地进行保护。明治末期"神社合祀运动"在全国展开，主要内容是以一町村一神社为标准，将众多神社合并。博物学家南方熊楠在和歌山县发起"合祀反对运动"，并通过柳田国男印刷《南方二书》向东京的相关官员、政治家、知识人发放，反对合祀。南方反对神社合祀的最重要原因就是它会造成对神社林的乱砍滥伐，使生物多样性减少。③ 南方熊楠将现代生态学引入日本，被认为是日本环保主义的先驱。

但是在太平洋战争结束前并没有太多对"镇守森林"的专门研究。战后神道学者也是镰田东二老师的小野祖教提出森林是神社的母体，要对其予以特别的重视，但当时神社本厅并没有接受。小野祖教提出神道虽然没有明确的教义，但是具有"潜在教义"，祭祀和驱魔（祓）就是神道专有、自明的教义。④ 在占领时期，小野试图让神道摆脱"国家神道"的枷锁，倡导建立神道独特的教义，提升神道中自然崇拜的地位。然而神社本厅更倾向于苇津珍彦的观点，重视天皇崇拜与神道对国家的镇护作用，反对制定教义。⑤ 因此相较于对"镇守森林"的保护，神社本厅对设立建国纪念日以及推动靖国神社国家护持运动更有兴趣。

70 年代，建筑学家上田笃、森林生态学家宫胁昭开始在著作中及国际

---

① 参见藤村健一「日本におけるキリスト教・仏教・神道の自然観の変遷：現代の環境問題と関連から」『歴史地理学』編五二（五）号、2010 年 12 月、11 頁。

② Gaudenz Domenig, "Sacred Groves in Modern Japan: Notes on the Variety and History of Shinto Shrine Forests," *Asiatische Studien*, Vol. 51, No. 1 (1997), p. 101.

③ 畔上直樹『近代日本宗教史　第 3 巻　教養と生命大正期』春秋社、2020 年、148—152 頁。

④ 小林正弥『神社と政治』、276—277 頁。

⑤ 藤村健一「日本におけるキリスト教・仏教・神道の自然観の変遷：現代の環境問題と関連から」『歴史地理学』編五二（五）号、2010 年 12 月、11—12 頁。

会议上反复强调"镇守森林"对生态环境的重要性，发起保护"镇守森林"运动，在这之后神道开始与环保问题直接相关。神道界学者上田正昭、薗田稔、樱井胜之进等也开始出版著作，强调"镇守森林"作为神圣空间和对地方社会自然保护的重要性，以及神道信仰对地球环境保护的世界性意义。① 在"镇守森林"的生态学价值与保护的必要性在日本获得广泛的认识后，1998 年以上田正昭和上田笃为中心成立了"社丛学研究会"，随后又在 2002 年以推进对"社丛"（即"镇守森林"）的学术性调查和研究为目的，促进日本人对"以自然为基轴的日本文化"的自觉性，防止对"社丛"的破坏，成立了"社丛学会"。② 该学会定期出版《社丛学研究》与《从镇守森林出发》（『鎮守の森だより』）两份刊物，推进有关"镇守森林"的历史学、考古学、民俗学、地理学、植物学、动物学、生态学、建筑学等多方面的研究，形成了一个多学科交叉的学术领域。

近年来对"镇守森林"的研究除了聚焦于人工的树木种植与林业管理，"3·11 东日本大地震"后，学界开始关注"镇守森林"对于防波、抵抗海啸的作用。③ 由前首相细川护熙担任理事长、宫胁昭担任副理事长的公益组织"镇守森林计划"④ 于 2012 年成立，它致力于灾害发生后森林的培植与保护，其网站上明确写道："东日本大地震将混凝土堤坝破坏殆尽，但是沿岸的防护林使得海啸势头大为和缓，而这片森林恰恰就是围绕神社建立的'镇守森林'，它孕育了众多生命，为农田、大海、河流带来大量矿物质……'镇守森林'是生活在这个灾难频发的国家的我们必须留给后世的宝贵智慧和与自然共生的教训。"⑤ 除了生态价值，"镇守森林"

① 上田正昭『古代日本のこころとかたち』角川書店、2006 年、188—216 頁；薗田稔『文化としての神道——続・誰でもの神道』、44—49 頁。

② 上田正昭「森の保存は21 世紀の課題：『社叢学会』の設立に期待する」『朝日新聞』2002 年 5 月 24 日、3 版。

③ Akira Miyawaki, "The Japanese and Chinju-no-mori Tsunami – protecting Forest after the Great East Japan Earthquake 2011," *Phytocoenologia*, Vol. 44（3/4）（2014）, pp. 235 – 244.

④ 2012 年成立之初名为"有效利用瓦砾的森林长城计划"（瓦礫を活かす森の長城プロジェクト），2016 年改为"镇守森林计划"（鎮守の森のプロジェクト）。

⑤ 細川護熙「鎮守の森は後世に伝え残すべき貴重な知恵」、https：//morinoproject. com/about #sec05、2021 年 9 月 22 日。

已经具有强烈的象征意义，它展现了日本古老的景观，把祖先的传统与现代及未来相连，构成日本文化独特的连续性。

"镇守森林"将自然崇拜的神圣空间与现代的林学、生态学有机结合，尊重森林本身的主体性，成为神道环保主义的核心内容。神道界学者多认为它对地方社会与全球生态有着多重的有益影响，是神道传统生态知识的典范。保护运动也成功地让公众注意到"镇守森林"的生态价值和对其保护的重要性。但是笔者仍要指出，对"镇守森林"的重视特别是对它生态意义上的认识完全是现代的产物，古代对部分"镇守森林"采伐的禁令主要出自经济考虑和对神圣空间的自发维护，包括伊势神宫在内的大多数"镇守森林"历史上遭受过不同程度的乱砍滥伐。因而这种传统生态知识更接近于霍布斯鲍姆的"传统的发明"。

四　神道环保主义转向

（一）神道合法性的重塑

战后日本经济腾飞，城市化进程加速，城乡人口结构发生转变，曾经依托于地方社会、村落共同体的神道面临一系列的发展阻碍，包括氏子[①]减少、乡村神社大量荒废、神道相关的部分祭典活动难以为继等。因此在失去国家祭祀地位后，战后的神道界也在试图建构新的公共性表达，承担更多的公共角色，扩展政治参与空间。神道经历了多层次转向。

艾克·罗茨认为，至少存在五种神道的转变趋势，包括重建作为国家祭祀地位的神道，将公共领域再神圣化；对神道进行制度性的"去宗教化"，将其诠释为"传统文化"和"国家（世界）遗产"；诸多神社与遗迹被认为具有能量成为"气场"（powerspots；パワースポット），提升了当地的旅游观光热度；神道结构性地衰落，主要是乡村神社经济上逐渐边缘化；最后则是本文研究的神道界对环保主义的倡导，一些古老自然崇拜

---

① 原指祖神的子孙，现在一般指祭祀同一地方神灵的居民。

的概念及其中蕴含的生态知识被宣传普及，神道界也开展了相关的自然保护实践。① 五种趋势相互交织，共同构成日本神道今天的发展样态。

其中神道与环保主义的结合，既展现出神道面向世界的开放性姿态，也是古老宗教在世俗社会中确立合法性的方式之一。如上文提到神道学者批评"西方一神教"导致全球生态衰退，这一论述不局限于神道学者，它最早源自 1967 年美国历史学家小林恩·怀特发表于《科学》杂志上的一篇文章，其中尖锐地指出现代生态文明的根源在于消灭了异教的万物有灵信仰的中世纪基督教和犹太 - 基督神学。他的理由主要是《圣经》宣称人类掌控自然并建立起人类中心主义，基督教区分了人与其他受造物，人高于其他受造物，造成了人与自然之间的二元对立。他认为这种观念随着人类技术的提升在工业社会彻底改变了我们与自然环境的关系，造成了我们今天的生态危机。他建议寻找一种有别于基督教价值的宗教，来作为基督教的镜子重新审视人与自然的关系，他觉得佛教禅宗或许具有这一价值。② 当然这篇文章在发表后 50 余年来，遭受了无数的批评。但其中的观点也被诸多宗教学者继承，特别是研究东方宗教的学者们。人类学家波尔·佩德森（Poul Pedersen）基于怀特的论述，通过研究佛教、印度教和伊斯兰教，提出了"宗教环保范式"（religious environmentalist paradigm），人们用传统的文化资源建立一套全新而健全的全球生态伦理，对东方宗教来说也是在西方文化霸权衰落之时塑造一种新的政治与文化的自我认同。③ 它也可视作在全球化时代，面对基督教的强势冲击，东方宗教通过批评"西方"，发现与生态相关的传统价值，来重塑自身的合法性。神道的万物有灵信仰，不把其他生命体看作工具性客体存在的非人类中心主义思想，它与代表西方的基督教人类中心主义形成鲜明反差，从而凸显了"人类世"时代

---

① Aike P. Rots, "Shinto's Modern Transformations: From Imperial Cult to Nature Worship," in Bryan S. Turner and Oscar Salemink（eds.）, *Routledge Handbook of Religions in Asia*（Abingdon, Oxon: Routledge, 2014）, pp. 133 – 139.

② Lynn White, "The Historical Roots of Our Ecologic Crisis," *Science*, Vol. 155, Issue 3767（1967）, pp. 1204 – 1207.

③ Poul Pedersen, "Nature, Religion and Cultural Identity," in Ole Bruun and Arne Kalland（eds.）, *Asian Perceptions of Nature: A Critical Approach*（Abingdon, Oxon: Routledge, 1995）, pp. 258 – 272.

神道思想的存在价值。

（二）环保实践的内部矛盾

神道在向环保主义转向的过程中，其内部也存在多层面的分化。神道界的基层——各地的神社确实发起了诸多环保主义运动，特别是新一代的神官，他们没有国家神道与战争的历史包袱，相对更熟悉"镇守森林"之类的环保主义话语，也更乐于投身环保事业。爱知县的城山八幡宫、京都的下鸭神社、上贺茂神社等都曾发起"镇守森林"的相关保护运动。还有一些神社通过与世俗的公益组织合作来促进森林的培育与保护，而不带有明显的神道色彩。比较典型的有宫城县气仙沼市的非营利组织"森林是海的恋人"（森は海の恋人），2012年联合国森林论坛将"森林英雄奖"授予该组织的会长畠山重笃，以表彰其对森林保护的贡献。[1]

但作为神道界领导机构的神社本厅往往并不将环境与生态保护作为其首要目标，它们常常被让位于政治考量或经济利益。比如山口县上关核电站建设项目就曾引起广泛关注，其规划的土地有一部分是四代八幡宫所有的"镇守森林"，当时的宫司林春彦坚决反对核电项目，拒绝出售神社的林地。但是在2003年迫于政治压力，神社本厅寻找事由解聘了林宫司，任命了新的宫司，后者很快同意出售神社林地建设核电站。这件事引起了对神社本厅是否拥有宫司任免权的争论，林春彦宫司的弟弟还对山口县神社厅发起不当任免行为的诉讼。[2] 类似的矛盾还发生在神社本厅与"镇守森林运动"的学者之间，对于神社应栽培何种树木，两方意见不一。以薗田稔为代表的学者认为，为了"镇守森林"的可持续性，应该以山林的原生树种为原型，在不同地区种植最适宜的树种；而神社本厅以维持神社的"尊严"为首要目标，认为应该育植"风景林地"（風致林），并指导全国

---

① 「第1回フォレストヒーローズ賞（森の英雄賞）受賞」、https://imidas.jp/hotkeyperson/detail/P-00-504-12-02-H050.html、2021年9月20日；Aike P. Rots, "Sacred Forests, Sacred Nation: The Shinto Environmentalist Paradigm and the Rediscovery of 'Chinju no Mori'," *Japanese Journal of Religious Studies*, Vol. 42, No. 2 (2015), p. 223。

② 野村泰弘「神社林の帰属と入会権：上関原発用地を素材として」『総合政策論叢』第14号、2008年2月、43—75頁。

的神社在原则上尽量种植常绿树种。[①]

在 2014 年的国际会议上，神社本厅与镰田东二一样，将"式年迁宫"作为神道的生态智慧和环境可持续发展的案例进行宣传。2013 年的第 62 次伊势神宫"式年迁宫"是自中世以来首次使用了伊势神宫的"神宫林"来营建，包括人工林和天然混交林。因为"式年迁宫"中旧的建筑材料被回收利用以及使用了神宫自己的再生林，在日本的媒体上，这次"式年迁宫"被看作基于古老生态知识的环境可持续发展的优秀实践。这件事十分吊诡，因为"式年迁宫"本身就消耗大量的木材，历史上也因肆意砍伐对环境造成巨大破坏，而如今的神宫林，则是 1923 年开始运用西方现代的林学知识营造的，虽然目的是未来"式年迁宫"能够自给自足，但远谈不上运用了神道古老的生态知识。[②]

神社本厅对生态与环境的关注具有更多的功利色彩。神社本厅以"敬神生活纲领"为思想指导开展活动，其目的有二，即"敬神"与"尊皇"，在开展环保运动之时也是如此。首先，神社本厅的环保主义话语常常将传统生态知识与价值描述成祖先、神灵的恩惠，能够增进日本国家与社会的凝聚力，提升民族自豪感。其次，神道界常常将自然与天皇和天照大神相关联，神社本厅下属机关报社神社新报社出版的作品中常常以昭和天皇的言行作为依据来呼吁森林保护。[③] 皇学馆大学教授兼住吉大社宫司真弓常忠认为，山川草木皆有其"救命恩人"（いのちのおや），其中最重要的是水稻的生长。因为水稻需要阳光，所以水稻成熟的样子象征着对传说中日神的崇拜，也就是琼琼杵尊（皇孙）的祖神天照大神。[④] 最后，神社本厅近年来持续推动修改和平宪法、内阁成员对靖国神社的公式参拜、

---

① 藤村健一「日本におけるキリスト教・仏教・神道の自然観の変遷：現代の環境問題と関連から」『歴史地理学』編五二（五）号、2010 年 12 月、11 頁。

② 神宮司庁「永遠の森」、https://www.isejingu.or.jp/sengu/forest.html、2021 年 9 月 9 日；Aike P. Rots, "Sacred Forests, Sacred Nation: The Shinto Environmentalist Paradigm and the Rediscovery of 'Chinju no Mori'," *Japanese Journal of Religious Studies*, Vol. 42, No. 2（2015），p. 208。

③ 藤村健一「日本におけるキリスト教・仏教・神道の自然観の変遷：現代の環境問題と関連から」『歴史地理学』編五二（五）号、2010 年 12 月、13 頁。

④ 真弓常忠『神道の世界：神社と祭り』朱鷺書房、1984 年、182—192 頁。

否认日本的战争罪行，试图重构国家历史叙事并推进"皇室尊严护持"运动。因此关于神道日益开放和国际化的说法，并不能公正地反映日本当前的政治现实，也不能公正地反映出神社本厅在意识形态上的模糊性。① 笔者认为神社本厅的环保主义取向更多地表现为一种政治策略，目的是在国际上树立良好的形象，展示其开放性和"世界主义"的姿态，用"日本智慧"解决全球性危机，以减轻其右翼保守主义活动在国际社会上带来的不良影响；在国内方面，利用多种方式实现对"传统文化"的守护和促进皇室崇敬。

五 余论

法国人类学家布鲁诺·拉图尔将人类实践划分为两组：转译与纯化。转译是将两种完全不同的存在形式——自然和文化混合起来；纯化是创造了两种完全不同的本体论领域：人类与非人类。② 换句话说，纯化是将人类与非人类、主体与客体、文化与自然区别开来，与转译方向相反。两种实践力图达到这样一种理想状态：科学处理的是纯粹的自然，政治处理的是纯粹的社会。③ 拉图尔认为现代社会存在一对悖论：表面上看，自然并不是我们的建构物，它是超验的，并且无限地超越我们；而社会是我们的建构物，它内在于我们的行动中。但是实际上，自然是我们在实验室中建构出来的，它内在于实验室中；社会并不是我们的建构物，它是超验的，并且无限地超越我们。④ 现代人坚持纯化而否认转译，自认为依赖科学知识能够认识真正的自然，将自然与文化区分开。但拉图尔认为实际上纯化并不存在，现代人处理的都是自然与文化相互混合的杂合体（hybrids）。

---

① Aike P. Rots, "Sacred Forests, Sacred Nation: The Shinto Environmentalist Paradigm and the Rediscovery of 'Chinju no Mori'," *Japanese Journal of Religious Studies*, Vol. 42, No. 2 (2015), p. 207.

② 〔法〕布鲁诺·拉图尔：《我们从未现代过：对称性人类学论集》，刘鹏、安涅思译，苏州大学出版社，2010，第 12 页。

③ 陈雪飞：《人与自然生命共同体的国际视野：布鲁诺·拉图尔的政治生态观》，《理论与改革》2021 年第 5 期。

④ 〔法〕布鲁诺·拉图尔：《我们从未现代过：对称性人类学论集》，第 37 页。

因此在这个意义上，拉图尔声称"我们从未现代过"。

反观以日本神道为代表的非西方前现代思维，其承认自然与文化之间混沌不清的状态，没有刻意区分二者。神道的自然观中享有非人类中心主义的观念，没有将自然视为客体，山川草木皆有灵性，即人与自然物是主体间的共生共存关系。在"人类世"时代，人类的文化与社会已经深刻影响到自然环境，如臭氧空洞的形成、朊病毒的大流行，虽然是自然的产物，但与人类社会、文化无法脱离关系。由此来看，神道的这种前现代非科学的思维方式反而更为贴合后工业时代的人类生存模式。因此笔者认为日本神道的传统价值观对于现代社会处理人与自然的关系具有积极的意义。

全球化造成的生态危机也必须用一种全球化的思维方式加以解决。当代的神道作为日本的民族宗教并没有将其生态智慧局限于民族国家内部，神道界学者立足于传统的综摄主义，用"习合"的概念，塑造出神道的世界主义话语，在弘扬本民族文化价值的同时，为解决全球性危机提供方案。民族宗教宣扬世界主义这种看似悖论的反差恰恰有其合理性，如同艾克·罗茨看到的那样，作为一种自然崇拜的传统宗教，神道本身具有强烈的环境导向，也与保守的"新帝国主义"是相容的。因为它加强了神道界反复宣传的"日本土地本质神圣"观念，证明神道在本质上存在一套公共传统，即它关注着日本乃至全世界人民此世的福祉。① 而在实践层面，一方面，神道界重视神社所属"镇守森林"的价值，从林学、生态学、民俗学的学术研究，到植树造林、营造森林防波堤，全国范围内开展"镇守森林"保护运动。尽管"镇守森林"的价值是在现代林学和生态学引入后才被发现的，神道界仍将其视作传统生态知识的典型代表。另一方面，战后神道的环保主义转向是神道在世俗社会重新审视传统价值，进行合法性塑造的重要方式。不过神道界对环保主义与生态问题的关注并非和谐统一，其内部存在多元的利益诉求。不可否认，神道界特别是地方上的神社以保护"镇守森林"为中心进行了诸多环保活动，但是以神社本厅为代表的神

---

① Aike P. Rots, "Public Shrine Forests? Shinto, Immanence, and Discursive Secularization," *Japan Review*, No. 30 (2017), p. 181.

道界上层并不将环保视为自己的首要目标，而更多地把它当作一种政治活动策略，成为其他政治经济利益的附属品。

　　毋庸置疑，神道仍是在环保和可持续发展问题上走在前列的宗教之一。中国传统文化中也具有世界主义和人与自然有机共融的生态智慧。赵汀阳就以中国古代的"天下"观提倡一种新的"天下主义"在主权国家之上构建所有国家共有共享的世界权力，以制度权力去限制人类无法承担后果的逆天行为，实现自然万物的"生生与共存"。[①] 在"人类世"时代，地方与全球、个体与世界、自然与文化前所未有地联结在一起，解决这场生态环境危机已成为每个个体与民族的主体责任，我们都须为此贡献智慧。

（王子铭，复旦大学哲学学院宗教学系博士研究生）

---

① 赵汀阳：《天下观与新天下体系》，《中央社会主义学院学报》2019 年第 2 期。

 专题书评·中国日本研究的南开经验

［编者按］

　　为了庆祝南开大学日本研究院成立 20 周年，江苏人民出版社出版了刘岳兵教授编著的《南开日本研究史料纪事编年》和南开大学日本研究院编的《南开大学日本研究院成立 20 周年纪念图鉴》。2023 年 6 月 18 日，在南开大学日本研究院主办的"历史与现实：新时势下中国日本研究的新境界"暨纪念南开大学日本研究院成立 20 周年高端学术论坛上，南开大学党委杨庆山书记、江苏人民出版社王保顶社长和日本研究院创始院长杨栋梁教授为这两本书揭幕。在论坛的"中国日本研究的历史经验与南开"主题研讨中，中国日本史学会名誉会长、北京大学历史系宋成有教授，中华日本学会会长、中国社会科学院日本研究所高洪研究员，（日本）国际日本文化研究中心刘建辉教授和南开大学韩国研究中心主任、历史学院孙卫国教授对《南开日本研究史料纪事编年》一书的意义做了多方面的深入探讨和评论。现将宋成有教授、高洪会长和孙卫国教授的报告在此刊出，以飨读者，也是对南开日本研究者的鼓励和鞭策。

张伯苓校长与南开百年日本研究学脉传承的精神原点

——刘岳兵编著《南开日本研究史料纪事编年》读后

宋成有

转眼之间，南开大学日本研究院已走过 20 个年头。其间，研究院在杨栋梁、李卓、宋志勇、刘岳兵教授等历任院长的带领下，团队通力合作，推出了大量学术研究成果，培养了大批日本研究的专业人才，举办了多场国内外学术研讨会，开展形式多样的学术交流活动，实现了跨越式的发展。在南开百年日本研究的历程中，日研院 20 年成绩斐然，留下了浓墨重彩的一章，可庆可贺！

与会之前，先看到岳兵教授编著的《南开日本研究史料纪事编年》（以下简称《纪事编年》）出版稿，感慨且欣喜。之所以感慨，其一，是因为《纪事编年》的独创性。国内研究日本的机构不在少数，恕笔者孤陋寡闻，似乎迄今为止的各自团体官网解说，多半是简介或不及千余字的小册子。换言之，除了《纪事编年》外，国内尚无其他的国别研究单位能下功夫，用洋洋 60 余万字的篇幅，将本单位日本研究的缘起、传承与发展的历程，原原本本地说明白。《纪事编年》采用编年体，以两卷的篇幅，记述私立南开大学时期日本研究的缘起与创业的艰难和坚韧。继而，用五卷的篇幅反映 1949 年新中国成立以来，包括吴廷璆先生重开南开日本史教学科研的新局，俞辛焞先生打开并扩展对日交流的渠道，杨栋梁教授将日本研究院打造成集体攻关的学术团队，李卓、宋志勇、刘岳兵教授等继续推进发展的轨迹。其二，资料之齐全、丰富，令人印象深刻。《纪事编年》涉及南开日本研究的教学科研机构设置、授课大纲、教材建设、课程设置，日本史学会等学术团体的建立、各类杂志目录、学术论文引用、代表性学术专著出版报道，还包括国内学术合作交流、对日交流活动、学术交流协定原文、往来信件，国内外著名学者的报道与评论、本单位重要出访、重要学术研讨会摘要、客座教授聘请、联合培养留学生、有奖征文启事、获奖名单等丰富多彩的内容，林林总总，不一而足。涉猎范围广泛，记述了自南开日本研究中心建立以来的活动。其中，最难能可贵的是《纪事编年》使用了大量包括当年油印稿在内的原件、原始记录等一手资料，贯彻"原典主义"的治学风格，颇具史料价值。读来，在备感岁月的沧桑与时代的变化同时，由原件、原稿等一手资料复活的历史原貌，亦令人感慨系之。《纪事编年》的"附录"，由数篇文章组成，画龙点睛，亦有阅读、琢磨的价值。

之所以欣喜，一是得到珍贵的南开日本研究的编年史料和纪念影集。2023 年时值南开日本研究院 20 周年院庆之际，作为南开的老朋友、日本古代史研究中心的客座教授，笔者颇为南开成为中国的日本史研究重镇，并在新时代继续跨越式的发展而感到由衷的高兴。实际上，自 1976 年在北京大学历史系井上清日本近现代史讲座班结识俞辛焞教授以来，在某种程度上，笔者是南开日本史研究历程的见证人，也是各类学术活动的参加者。三年疫情期间，联系与交流异常化。疫情之后的重逢，自然是令人愉快的。特别是收到大会赠送的厚厚的《南开日本研究史料纪事编年》《南开大学日本研究院成立 20 周年纪念图鉴》，将重镇之所以成为重镇的历程记录成史，以资为据。二是《纪事编年》清晰地勾勒出南开百年日本研究的轨迹。日本研究院 20 年的业绩与发展，是此前百余年日本研究的延续与升华。《纪事编年》以七个关键点为起始，如 1898 年张伯苓立志教育自强、1919 年南开大学建校、1949 年吴廷璆先生任教历史系、1964 年日本史研究室成立、1988 年日本研究中心成立与 2003 年日本研究院成立等标志性事件为前六卷各卷的起点，内容充实，读过即印象深刻。三是《纪事编年》编者不惜辛劳，编成九个方面的一览表和一个总目录，详尽统计并整理出改革开放以来南开日本研究的相关数据。说到大学的日本研究，无非教学、科研两大块和教师、学生两大群。《纪事编年》的第七卷，在这方面提供了详尽的资料、数据，看似琐碎，实际上其编辑别出心裁。其中，就教师而言，入职南开大学前具有日本工作经历、在日本获得学位、部分公派日本研修、主要纵向研究项目、主要横向研究项目、重要学术研讨会、学术著作、获奖成果等方面的一览表，从不同层面反映了南开日本研究师资力量成长与增强的过程；研究生及其毕业论文与导师的一览表，则铭记了日本研究不同方向学子的青春记忆，让单纯的统计表充满活力。

在笔者看来，《纪事编年》中最令人感兴趣的记述，是反映清末与民国时期南开日本研究的第一、第二卷。究其因，首先是这段历史于我们相对陌生。多年来，清末民初历史研究的学术史，包括此一时期的日本史研究状况相对清楚。其间，黄遵宪与梁启超等先行大师级学者功不可没。相对而言，对南京国民政府时期的研究似乎若明若暗。12年前，北京大学历史学系尚小明教授的《北大史学系早期发展史研究》出版，对北大历史系的学术发展，包括日本史的教学研究颇有补足。刘岳兵教授编著的《纪事编年》则以更大的规模，详述南开百年日本研究，考订详备。其次，由此可以探寻南开日本研究学脉传承的精神原点。说到精神原点，就不能不提及严修与张伯苓两位南开大学的创立者。从资历与地位上看，1898年从贵州学政卸任归津的严修高于当时张伯苓，故张氏于当年受聘严家学馆，教授严家子弟英文、数理化等新学。1902年，严修又先于张伯苓一年东游日本，考察日本甲午之胜的原因。翌年，张伯苓赴日参观大阪博览会，考察日本近代化取得的成绩。对于学习日本教育制度乃至欧美教育制度以自强的思考，两人不约而同。1904年，张伯苓与严修等共同创建私立中学堂，任学堂学监。1907年，在天津城南郊的南开洼建成新校舍，改称南开中学堂，奠定南开大学的基础。在救国自强的探索中，严修与张伯苓堪称创建南开的双璧。这是问题的一个方面。

从另一方面来看，即从南开日本研究的学脉传承精神原点的起始来说，1892年入天津北洋水师学堂学习驾驶，并在北洋海军当过兵的张伯苓发挥的作用最大，影响也最深远。例如，1898年张伯苓"毕业于北洋水师学堂，在通济轮上服务，亲身参与其事。目睹国帜三易（按接收时，先下日旗，后升国旗，隔一日，改悬英旗），悲愤填胸，深受刺激！念国家积弱至此，苟不自强，奚以图存，而自强之道，端在教育。创办新教育，造就新人才，及苓终生从事教育之救国志愿，即肇始于此时"（引文均出自《史料编年》——引者注）。在威海卫目睹"国帜三易"而悲愤交集，立志图存自强，是激发精神原点萌生的直接导火线。

此后，随着"东方会议"、九一八事变、《塘沽协定》等日本侵华步骤的升级，南开日本研究精神原点的内涵也在不断丰富，爱国主义旗帜高扬。1935 年 7 月，日军利用"何梅协定"控制河北、天津，形势愈加危急。同年 9 月 17 日，张伯苓校长在南开大学新学期始业式上的演讲中，对全校师生提出"你是中国人吗？你爱中国吗？你愿意中国好吗？"的著名"爱国三问"。此"三问"，每问均离不开"中国人""中国"，民族立场旗帜鲜明。张校长并非简单的感情用事之人，有丰富的人生阅历和对日本深入骨髓的理解，国难当头，沉着应对，在向国人，特别是向南开的师生，发出爱国、卫国警号的同时，也在激励自立、自强的心志。以此，他可以用威严的目光、平静的语气，对时任记者的松本重治因日军袭扰南开的道歉，回之以含义极深的"中国人不争气"等寥寥数字，令申辩的松本顿时语塞。他更期待克服中国人自私、不团结等种种不足，自励自省。因此，"三问"是基于时势的有感而发，意在激发学生的爱国热忱。可以说，"三问"既是"国帜三易"悲愤交集情感的延续与升华，也是对南开学子寄予的最大期望。如此"三问"，似乎未闻于中国其他大学校长，而独出于黑云压城的南开大学的校长之口，说来也不奇怪。张校长在 1936 年 12 月的一次演讲中，谈到南开大学校外环境的险恶。他说"南开学校分为两部，一部是大学，一部是中小学"，而两个学校的中间，就有"日本的兵营"，日本兵"虽是不能到学校里来，但打枪的声音，听得很清楚"。这是一位时时听得到日军枪声的校长，其急切与沉重的心情是多么不难理解。

1937 年七七事变之前，张校长 3 月在金陵大学的演讲《国运转机中之应有的努力》中，反思了九一八事变以来中国政府寄希望于国联的教训，呼吁"靠自己"。他说："我们从前靠国联靠各国势力均衡皆失败，惟有靠自己，世界舆论才有公平。现在要觉悟，中国前途始有希望。"七七事变发生六天后，7月13日，张伯苓在庐山畅谈国事时，主张坚持抵抗。他说："决不能向日本人屈服，打烂了南开可以再重建，国家一旦灭亡了，还谈什么教育？"国难当头，一个大学校长如此铁骨铮铮，令人钦佩。而在上述谈话或讲演中，不难看出以图存救亡、自立自强为核心的南开日本研究精神原点和不屈不挠的家国情怀。

实际上，自中日甲午战争以后，军国主义的日本就成为中国存亡的最大威胁。近代日本对中华民族的生存造成最大危局，抵抗日本的侵略也是当时中国最大政治。换言之，张校长疾呼的图存救亡的过程，即是南开日本研究的精神原点不断生长的过程。"一切历史都是当代史"，意大利历史学家克罗齐的这一命题，在今天仍不失其意义。

屡挫不折的意志力，是南开日本研究图存救亡精神原点的强韧内驱力。实际上，早在1928年，在日本人的印象中，南开大学已"作为排日学校而有名"。七七事变给了侵华日军一个蓄意野蛮报复的机会。1937年7月28日，进攻天津的日军即宣布："要轰炸南开大学，因为它是一个抗日基地。"第六飞行队的四架"九二"轰炸机随即对南开轮番轰炸，日军大炮亦自海光寺向南开大学射击。"日方派骑兵百余名，汽车数辆，满载煤油，到处放火，秀山堂、思源堂等图书馆、教学楼以及教员学生宿舍均被毁。7月31日，张校长发表谈话，认为'敌人此次轰炸南开，被毁者为南开之物质，而南开之精神将因此挫折而愈益奋励。故本人对于此次南开物质上所遭受之损失，绝不挂怀，更当本创校一贯精神，而重为南开树立一新生命'。"校园被毁，但张校长并未气馁，对抗战建校充满信心。他强调"南开之精神将因此挫折而愈益奋励"，继续"重为南开树立一新生命"。11月1日，南开与北大、清华渡江南下，三校合并为长沙临时大学，由蒋梦麟、梅贻琦、张伯苓三校长组成常务委员会主持校务。17日，张伯苓在南开校友聚会上发表讲演，坚称"我们精神好，明明知道武器不如人，还要争国格，求生存，不甘做亡国奴，一致奋起和侵略者对抗，并且决心长期抵抗，这一点就是中华民族的胜利，各友邦同情援助的原因"。1938年4月，三校又西迁昆明，改称国立西南联合大学，梅贻琦任校务委员会主席，张校长继续为救国育人而奔忙。

1938 年 6 月 26 日，张伯苓在重庆南渝中学欢送毕业同学会上的谈话中，重申抗战建国的理想。他说："日本也并非弱敌！中华民族要渡过这千钧一发的难关，也得花上相当的代价。我们现在固然已受到相当痛苦了，但我们要想着未来更大的痛苦。我们要以安闲的心情，去接受去渡过这更苦难的日子。现在我们没有后悔，我们只有打下去，在战争中去创造新民族，去建设新国家。我们应当感谢日本，他给我们全民族指示了应走的道路。那就是日本以为对的，我们认为是不对的，日本认为不对的，我们认为是对的！"张校长重视敌人，但从不畏惧敌人，坚信中国必胜，是骤遭颠沛流离的南开在苦难中焕发生机的精神信念。

1941 年 3 月，中国抗战进入战略相持阶段的最艰苦的时期。张校长总结历史的经验教训，重申中国在世界反法西斯战争中的作用的观点，尤显其哲人的眼光。他说："夫中国抗战，世界一大事也。回顾'九一八'变起之日，我国即警告世界，日本有征服世界之野心，是破坏和平祸首，凡有条约责任之各国，苟不能共申正义予以制裁，则世界将同受其祸殃。此理之明，本无虚饰，而世界漠视之，公论无倡，空言无益，惟赖全体将士，奋勇苦战，月复一月，年复一年，树天地之正气，除远东之狂暴。直至十年后之今日，全世界始恍然承认，苦战之中国，实远东大局之柱石。时机虽晚，仍将为中国之胜利也。"从中也不难看出张校长自尊自重、敢于承担的"南开精神"，实际上，这也是南开日本研究的精神原点的进一步升华。

随着战局的发展，日本必败已是朗若白昼。1944 年 6 月 24 日，张伯苓在南开同人聚餐会上发表演讲，比较中日两国的民族性。他认为，"日本民族因受自然环境的影响，造成了一种胸怀狭隘，眼光短小，性情矫激，宁折不屈的民族特性"，如同"樱花速开速谢，日本命运将来一定也是快快兴起，快快灭亡"。"说到中华民族，却完全不同。她承受了悠久绵长的历史，她因袭了丰富敦厚的文化，因此在民族性上表现一种厚重远大，沉着耐久的大国民气概。"可见，民族自信心的弘扬，也构成南开日本研究精神原点的重要内容。

1946 年 8 月，北大、清华、南开三校复员北返。1947 年 1 月 1 日，

《上海文化》第 12 期刊发张伯苓《世界・中国・南开》，其中写道："翻开近百年史，我国吃尽帝国主义的亏。甲午一役，我国败于日本。而日本从此得寸进尺，直到'九一八'及'七七'事变，简直野心大得要亡我们的国，灭我们的种。八年艰苦抗战的结果，日本算是打垮了，然而，回想起来，我们付了多少代价，才赢得这一胜利的果实呢？"在现实生活中感知历史，站在世界、站在中国、站在南开回顾历史，总结历史经验教训，令人感受到张校长目光开阔、联系实际。可以说，前事不忘后事之师，使得南开日本研究的精神原点继续升华。1948 年 10 月，国立南开大学校长张伯苓呈请辞职，行政院任命何廉为国立南开大学代理校长。12 月，北大校长胡适、清华校长梅贻琦南渡台湾，张伯苓先生留在大陆，迎接新中国的成立。

在这里，笔者想引用《纪事编年》中一条史料，来体会张伯苓时代南开日本研究的精神原点。1930 年 2 月，上海新纪元社发行的《日本研究》第 1 卷第 2 号刊发了《张伯苓先生日本研究谈》，全文如下：

　　许多人会以为中国人是在怕日本，其实是看错了，如果中国人真个怕日本的话，那便好了，何致于到现在还是这样朦胧呢？反之，日本人为甚么对于中国研究得这样清楚明了？就为的是怕中国的原故。

　　稍为明白国际情势的，都知到今后中日两国间如无论感情是好是坏，但关系必较前更深，交涉必较前愈密；而中日两国为求各自国家的生命能够在世界存续计，必须相互扶助，不能相互猜忌，若果是相互猜忌，便是相杀也就是自杀。所以，想得到两者相互扶助的真精神，在日本首先要努力设法消融中国人对日本的嫌恶心理，进而使中国达到能谅解程度；在中国便要努力设法了解日本的全内容，欲求了解，惟有研究。

联系当今的国际形势、东亚局势以及中日关系，笔者更能与编著者的提问产生共鸣，即"我们为什么要研究日本，是否达到了张伯苓先生所言的高度？其研究的必要，是否提升到张伯苓先生所言的紧迫？"

读《南开日本研究史料纪事编年》，是为开卷有益。尤其是张伯苓先生首创的南开日本研究的精神原点，即自重、自尊、自强、自省、自励的"五自"精神，爱国情怀与世界眼光等内容，颇具继续研究并深入探讨的思想价值与学术意义。

（宋成有，北京大学历史学系教授）

心生敬意　感慨系之

——《南开日本研究史料纪事编年》读书体会与感悟

高　洪

各位老师、学术同道：

大家好！

非常荣幸，有机会在王振锁、宋成有两位学长引领下，参加"中国的日本研究历史经验与南开"专题座谈会。方才，我们共同参与和见证了《南开日本研究史料纪事编年》《南开大学日本研究院成立 20 周年纪念图鉴》的新书揭幕及首发仪式。这两部鸿篇巨制凝聚着众多同道先学智慧的结晶，也让刘岳兵院长和杨栋梁老院长及周志国老师等同事们花费了不少心血。两部书都值得认真阅读，我有幸在正式出版前拜读过两书文稿，细细翻阅，感慨良多，借此机会谈一点自己的学习体会和精神收获。

大家面前的《南开日本研究史料纪事编年》部头之大、收录之全、编排之合理周详、装帧之精美考究，几乎可以用"登峰造极"来形容。这是直观的感受，但其中最值得称道的是纪事编年体所展示的史料的海量收录，不仅在纵向上无一遗漏地记载了南开学人有关日本研究的点点滴滴，而且在横向上，举凡与南开日本研究有所关联、有所呼应的国内各大学和各大智库，甚至政府部门、产业部门活动均有所记载。更为难能可贵的是这些横向记载，没有用"自夸"式地突出自己，对其他人和事一笔带过的简单做法，而是很好地还原了当时面貌与真实情景，为整个中国对日学术交流往来留下了十分宝贵的历史档案。

换言之，该书虽然名为"南开日本研究"，但以南开为出发点辐射到整个中国的日本研究各领域、各方面，几乎就是一部"中国日本研究史料纪事编年"。倘若给此书加上"以南开日本研究为主线"的副标题，就可以称之为"中国的日本研究历史经验总结"。就此而言，今天这个"中国的日本研究历史经验与南开"座谈会，虽然落点在南开日本研究院，其视角和意义也绝不限于南开日本研究院。套用《金刚经》里关于"中道实相"的辩证表达句式"所谓佛法，即非佛法，是名佛法"，我们可以说，"所谓南开日本研究，绝不限于南开的日本研究，这正是南开的日本研究"。

事实上，发生这种情况也并不奇怪。天津（广义也可放大到河北地区）原本就是现代中国日本研究四大重点地域之一，与北京、上海及东北地区同样占有举足轻重的地位。因为，南开大学的日本研究素以历史久长、研究深入、积累丰厚成为天津学界核心之一，更在全国的日本研究领域独享很多个"第一"。例如，吴廷璆先生出任中国第一届日本史学会会长，培养出第一批日本研究专业博士，集全国之力编撰出第一部具有权威地位的《日本史》等。在南开大学日本研究院成立 20 周年之际，编辑出版《南开日本研究史料纪事编年》（以下简称《史料纪事编年》），更是极大地丰富了中国日本研究学术宝库，价值巨大，功德无量。我自己细细学习品读，在学术上有无数获益、精神上生出敬意感佩的同时，心灵也数次受到极大的震撼，这些赞叹与感悟集中归纳起来，大体有以下四个方面。

第一，家国情怀，不辱使命。

纵观南开大学日本研究长达两个甲子的历史过程，从 1902 年、1904 年严修两度赴日考察教育算起，到今天恰在 120 年岁月之间。在《史料纪事编年》分期的前段，中华民族经历了无数伤痛与觉醒，经历了学习日本、发愤图强的努力和反对日本帝国主义侵略中国的伟大斗争，南开学人的日本研究从未缺位，始终相伴相随。新中国成立后，南开学人迎来了学习研究日本的新机遇，经历了 1964 年成立日本史研究室、1988 年成立日本研究中心，再到 2003 年成立日本研究院，可谓一步一个脚印，一次又一次的跨越式发展建设，贯穿了南开大学日本研究学人因国家需要而生，以服务国家、民族发展需要为自己的职责和使命的历史全过程。用《史料纪事编年》中的一句总结，就是"南开日本研究的特色在于重视基础和服务中国"，此言掷地有声，真实不虚。

第二，求真务实，薪火相传。

纵观南开大学日本研究传承发展历程，跃动在我心头的成语是"薪火相传，一以贯之"。1955年吴廷璆先生发表《大化改新前后日本的社会性质问题》，自觉运用马克思主义研究日本古代历史。自那时起，几代人实事求是、不求虚名，肩并肩手把手地传承学问，将马克思主义的观点、立场和方法贯穿研究始终。前不久，党中央在中国社会科学院历史研究院召开了"文化发展传承专题座谈会"，习近平总书记在把马克思主义理论与中国革命建设具体实践相结合的基础上，提出了要把马克思主义理论同中华民族优秀传统文化相结合的崭新思想，极大地丰富了中国共产党领导中国人民建设文化强国的理论宝库。我们回眸南开大学的日本研究历史，完美地体现出以习近平总书记关于历史科学重要论述为根本遵循，实事求是、扎扎实实地为人民做学问的努力过程。习近平总书记强调："对历史最好的继承，就是创造新的历史；对人类文明最大的礼敬，就是创造人类文明的新形态。"我们期待着南开大学日本研究院在中国创建人类文明新形态这一伟大进程中，拿出无愧于时代的崭新成果，再造辉煌。

第三，业精于勤，积土成山。

纵观南开大学日本研究院取得的累累硕果，我们也能体会到诸位师友为之付出的心血和艰辛。常言道，书山有路勤为径，学海无涯苦作舟。芬芳的学术花朵无一不是勤奋努力的学者在黄卷青灯中日积月累，在呕心沥血中跬步登高，用汗水浇灌得来的。其中多少青丝变白发，多少人付出青春年华，甚至是生命，把毕生献给了认识日本、了解日本、研究日本的漫漫长路。试想，若不是南开大学日本研究领域的几代学人勤奋精进，不较穷通地安坐在书桌和电脑前，一笔一画、一篇一章地积攒起等身著述，哪里会有整个研究院集体积累出汗牛充栋的学术成果。与之相关的问题是这种勤于思考、勤勤恳恳地工作的动力来自哪里？我想首先是"为人民做学问"的崇高境界，但做学问毕竟是个"苦差事"，唯有苦中作乐才能不辞劳苦、不畏艰辛地勤奋向前。

第四，锲而不舍，安贫乐道。

纵观南开大学日本研究群体的思想境界，"安贫乐道"是具有普遍特征的精神品格。这里的"贫"当然不是指经济拮据，就如同孟子讲的"穷则独善其身，达则兼济天下"里的"穷"也不是贫穷，而是"途穷"不得志的意思。我想表达的是南开的学术同道们不受来自商海的诱惑，不求仕途闻达的牵引，始终心无旁骛、安之若素地潜心治学。甚至可以说，"安贫"尚不足以彰显"南开日本研究的精神"，"乐道"才是"南开日本研究的根本"。何以见得？《论语·雍也》说："知之者不如好之者，好之者不如乐之者。"若不是真有发自内心的"乐道"精神，怎能在中国的日本研究领域树立起一座又一座学术丰碑呢？我想，锲而不舍、安贫乐道恰恰就是南开日本研究学人的精神品格。

除开以上四点，《史料纪事编年》正文之外，"附录"中仍有不少可圈可点之处。其收录了《关于日本，他们在〈南开思潮〉中说了些什么?》《私立南开大学时期日本研究的资料整理》《"百年南开日本研究文库"的相关情况说明》《百年南开日本研究的传统与特色》四篇曾发表在《人文》《中华读书报》或作为图书序言的文章，以不同时期的客观评价为今天《史料纪事编年》做出了有意义的参考与诠释。我个人对《南开日本研究史料纪事编年》《南开大学日本研究院成立 20 周年纪念图鉴》发出的由衷赞叹是，南开大学日本研究院不愧是以历史研究见长的科研机构，两书成功编撰的背后是 120 年来尤其是近几十年来齐全、规范、完备、清晰的科研档案记录和外事活动档案记录，因此能够在大量史实基础上，梳理编写出《日本研究论集》与《南开日本研究》总目录、"南开大学日本研究院专职成员获奖成果一览表"、"南开大学日本研究院专职教师出版学术著作一览表"、"南开大学日本研究院主办（含共同主办）的重要学术研讨会一览表"、"南开大学日本研究院专职成员承担的主要纵向研究项目一览表"，以及"南开大学日本研究相关研究生及其毕业论文题目与导师一览表"，也从根本上保证了"薪火传无尽，春从腊底生"的事业发展传承。

另一个证明《史料纪事编年》具有明显的史学、档案学专业性质的是，书的末尾附有人名索引。作为揭示史料、档案中所涉及的人物并指明出处的检索工具，人名索引为读者尤其是使用者提供了极大的便利，但编者做起来要颇费一番功夫。过去通常的做法是在书稿大样出来后，逐页挑出人名进行登记，标注页码，再整理排序，总要花上数月时间和多人努力。所幸，时下已经有了做人名索引的 word "编辑助手"，较之从前的手工操作效率和准确程度均不可同日而语。但不管怎么说，索引设置体现了专业性，且是一项具有实用价值的 "劳绩"，作为读者也应深深地一并谢过。

（高洪，中国社会科学院日本研究所研究员）

一部颇具家国情怀的学术编年史

——刘岳兵编著《南开日本研究史料纪事编年》读后

孙卫国

南开日本研究源远流长，成果丰硕，名家辈出，是中国日本研究的一个学术重镇。在南开日本研究院成立 20 周年之际，刘岳兵教授以院长之责，编纂了这部近 70 万言的《南开日本研究史料纪事编年》[①]，对南开 120 余年来日本研究的历程、事件、人物、成果等方方面面，进行了系统的梳理与总结，有着重要的学术价值。本人并非日本史专家，承蒙岳兵教授不弃，给我先睹为快的机会，遂就该书谈点粗浅看法，以兹祝贺南开日本研究院 20 周年庆典，并就教于岳兵教授及诸位专家，敬请批评指正！

一　缅怀前辈，赓续传统

今年是南开日本研究院成立 20 周年，也是"南开史学"成立百年，还是南开大学成立 104 周年。在此庆典时刻，为了"收拾精神，重新出发"，[②] 故岳兵教授编成此书。

事实上，"南开日本研究"有着更为悠久的历史，比南开大学创立早 20 年。岳兵教授多次谈及南开日本研究之萌芽，早在 2020 年出版的《至竟终须合大群：南开日本研究的回顾与前瞻》一书的前言中，岳兵教授就谈道："要了解南开的日本研究，必须追溯到南开学校的'萌芽之时期'，

[①]　刘岳兵编著《南开日本研究史料纪事编年》，江苏人民出版社，2023。
[②]　刘岳兵编著《南开日本研究史料纪事编年》，"小序"，第 1 页。

必须从严修贵州学政任满回津、从张伯苓亲睹国旗三易的痛感和奋起，必须从小小的严氏家塾、从'南开校父'严修的思想行为开始挖掘。"①而在《关于日本，他们在〈南开思潮〉中说了些什么?》一文中，他再次强调："南开真正的日本研究，是与南开大学的创办相伴而生的。从南开学校筹备大学部到成立南开大学的这段时期，日本已经是南开师生关注的对象，这段时期可以叫作早期南开日本研究的准备期。"②故《南开日本研究史料纪事编年》一书内容始于 1898 年。这年 3 月 25 日，严修自贵州学政任满，离任回津。10 月 29 日，张伯苓受聘严修家馆，以新学教授严家子弟，从而开启南开学校的萌芽，也开启了"南开日本研究"之门。一定意义上，对于日本的关注，促成了南开学校的创立；而随着南开大学的建立，日本研究自然成为南开学术研究一个极其重要的领域，从而涌现出一批又一批专家。梳理南开日本研究历程，追念前辈业绩，彰显南开日本研究学术成就，成为该书的重要目标。故而缅怀前辈，赓续学术传统，成为该书第一个印象深刻的学术情怀。

该书将南开日本研究从 1898 年到 2022 年分为六个阶段，分别以 1898 年张伯苓立志教育自强、1919 年南开大学成立、1949 年中华人民共和国成立、1964 年日本史研究室成立、1988 年日本研究中心成立和 2003 年日本研究院成立为标志。③每个时期为一卷，主体六卷。卷七则是南开大学与日本相关情况的各种表格，如入职南开前有在日工作经历教师名录、在日获学位者名录、赴日研修教师名录、日本相关之研究生名录，以及科研项目、重要会议、重要著作目录等情况，原原本本，十分全面。前两个时期从 1898 年到 1949 年，重点考察严修、张伯苓多次考察日本，创办南开系列学校，奠定南开日本研究的基础。1927 年成立满蒙研究会（次年更名东

① 参见刘岳兵编《至竟终须合大群：南开日本研究的回顾与前瞻》，江苏人民出版社，2020，"前言"，第 4 页。

② 刘岳兵：《关于日本，他们在〈南开思潮〉中说了些什么?》，参见刘岳兵编著《南开日本研究史料纪事编年》，"附录"，第 714 页。

③ 刘岳兵：《"二十星霜一转头，坐间谁共昔年游"：〈南开大学日本研究院成立 20 周年纪念图鉴〉前言》，参见南开日本研究院主编《南开大学日本研究院成立 20 周年纪念图鉴》，江苏人民出版社，2023。

北研究会）和社会经济研究委员会，重点关注东北地理历史、日本政治经济等问题的研究，使南开大学成为"抗日的基地"，以至卢沟桥事变不久，日本侵略者于 7 月 29 日和 30 日连续两天对南开大学校园进行轰炸，张伯苓校长悲愤地表示日本炸毁的是"南开之物质"，而"南开之精神"，"愈益奋励"，更坚定对日本研究的决心，开始成为南开学术之特色。

随着 1949 年新中国的成立，吴廷璆先生调入南开大学历史系，开展日本史的教学与研究工作，培养了俞辛焞、王金林、武安隆、米庆余、周启乾等一大批日本史研究人才。尤其是 1964 年成立日本史研究室，从而在学术机制上为南开日本研究的发展奠定了学术组织和学科基础。随着"文革"结束，1980 年中国日本史学会成立，吴廷璆先生当选首任会长，迎来了南开日本研究学术发展的春天。随后，1988 年俞辛焞先生创立南开大学日本研究中心，南开各系所日本研究者得以团结起来，共同开展学术研究，南开日本研究从而进入一个新的阶段。2003 年以杨栋梁教授为代表的第三代研究者，在校方支持下，成立日本研究院，设定三个研究方向：日本历史与文化、日本现代经济和日本现代政治，在区域国别的学科视野下进行跨学科的系统研究，将南开日本研究提升到一个新的境界。一系列影响深远、集大成式的学术成果纷纷出版，充分展示了南开日本研究雄厚的学术实力。作为南开日本研究第四代学术领军人物的刘岳兵教授，在该书中充分呈现了一代代南开日本研究专家的心路历程、学术成就与学术影响，展示了南开日本研究薪火相传，代代有人。而他也表达了作为"新一代南开日本研究者，将会创造更加美好的未来"。①

事实上，这也是继承与弘扬日本研究院重视总结与回顾研究的传统。在此之前，历届日本研究院的领导都重视梳理与总结南开日本的研究情况。即如 1998 年 6 月 5 日，杨栋梁教授在《南开周报》发表文章《十年的步伐：庆祝南开大学日本研究中心成立 10 周年》，文中写道："如今的南开'日研'，无论是研究队伍、科研成果、人才培养还是研究设施，'软、硬'条件在国内堪称一流，对外学术交流活动也相当活跃。"某位大

---

① 刘岳兵：《"二十星霜一转头，坐间谁共昔年游"：〈南开大学日本研究院成立 20 周年纪念图鉴〉前言》，《南开大学日本研究院成立 20 周年纪念图鉴》，第 4 页。

学校长甚至感叹地说"南开'日研'展示了 21 世纪中国大学的形象"。①
2008 年 10 月 10 日，李卓教授在《南开大学报》发表《南开日研 20 年》，
全文分为"机构成长壮大""研究硕果累累""人才由此启航""学术交流
活跃"四个部分，介绍了南开日研各方面所取得的成就。②《南开日本研究
史料纪事编年》之前，刘岳兵教授编过《南开日本研究（1919—1945）》，
作为"百年南开日本研究文库"之首卷，"对于研究和总结包括南开大学
在内的这一时段中国日本研究的状况和特点，具有重要的史料价值"；③ 亦
编过《南开日本研究史料编年初稿（1898—1949）》，收在《至竟终须合大
群：南开日本研究的回顾与前瞻》中，可谓《南开日本研究史料纪事编
年》的前编。而与此相关的还有《南开大学日本研究院成立 20 周年纪念
图鉴》。可以说，《南开日本研究史料纪事编年》是刘岳兵教授多年来孜孜
以求、多方准备的结晶，是他缅怀前辈、赓续传统的成果，而编撰该书本
身就是南开日本研究传统的延续。

二　尊师重道，感恩情怀

《南开日本研究史料纪事编年》虽是史料汇编，实际上寄托着编者的
满腔情怀。诚如刘岳兵教授自言，他编撰此书是为了完成其先师方克立先
生所交代的最后的"作业"。作为南开大学的杰出校友，方克立先生对于
南开日本研究中所体现的"南开精神"有十分深入的感悟，故希望岳兵将
其整理出来。在《至竟终须合大群：南开日本研究的回顾与前瞻》一书
"代后记"中，岳兵教授以"暮春余事渐疏远，唯有读书怀旧恩"为题，
详细叙述了方先生在最后日子里对他编撰此书所寄予的厚望。事实上，早在
2016 年，方先生就对岳兵教授说过："关于中国日本研究学术史的研究（包
括'编年'），非常有意义，在这方面你可以做出开拓性的工作。"④ 岳兵教

---

① 刘岳兵编著《南开日本研究史料纪事编年》，第 280 页。
② 刘岳兵编著《南开日本研究史料纪事编年》，第 349—354 页。
③ 《"百年南开日本研究文库"出版说明》，参见张伯苓等著、刘岳兵编《南开日本研究
　（1919—1945）》，南开大学出版社，2019，第 1—2 页。
④ 刘岳兵编《至竟终须合大群：南开日本研究的回顾与前瞻》，第 645 页。

授谨记师命，于 2019 年编成《南开日本研究 (1919—1945)》一书，得到方先生的赞赏："为南开，也为日本研究院，大大地争了一把光。这件事情干得真漂亮！"[①]2020 年元月新冠疫情突然袭来后，尽管来往不便，但方先生对于岳兵教授的相关工作一直持续关注，对于岳兵教授所做的工作大加肯定，在 2 月 2 日特别致函岳兵。岳兵教授在"小序"中，简单提及了方克立先生的这封信。为了更清楚地了解此事，现将信的全文录之如次：

岳兵：

　　1949 年吴廷璆先生到南开只是开始了日本研究的一个新阶段，此后 70 年薪火不绝。你大概算是第四代领导人，把视野扩大到百年南开日本研究，是你的一大贡献。你编的《南开日本研究 (1919—1945)》（我还没有见到此书；有一篇介绍文章说是 36 年，算错了，实为 26 年）是整套丛书的灵魂，它不是拾遗补阙之作，而是把南开日本研究所体现的"南开精神"真正彰显出来了。张伯苓先生是著名的爱国主义教育家，他深知日本军国主义"亡我之心不死"，所以要全面过细地研究日本，包括政治、经济、军事、外交、社会、文化等诸方面，大概是"知己知彼"的意思吧！以至到抗日战争时期，他还感叹：中国对日本的认知"何至于到现在还如此朦胧呢"？日本侵略中国，他说"责任在中国这边"，恨铁不成钢呀！中日两国是离不开的，日本方面可能的资助他还是尽量去争取。

　　你把中国的日本研究概括为"克敌制胜"（"知己知彼"），"他山之石"，"美美与共"三种境界，是有利于今后发展日本研究与中日合作的。你作为这套丛书的主编，此时到关西大学去拿一个文化交涉学论文博士学位，也颇具象征意义。日本学者第一个在南开大学拿论文博士学位的是千宗室先生，那是 1991 年。系统整理这些资料，或许还可以编一个南开日本研究百年大事记。

　　如果把南开日本研究的人才如王金林等都算进去，这个队伍不是

[①]　参见刘岳兵编《至竟终须合大群：南开日本研究的回顾与前瞻》，第 647 页。

更壮观吗？

方克立

2020 年 2 月 2 日①

　　信函中方先生对于岳兵在探究南开日本研究领域中所做出的成就，予以很高评价，同时又给岳兵教授新的建议："编一个南开日本研究百年大事记。"岳兵教授将其视作方先生要他交的又一篇"作业"，只是没想到这会是最后一篇"作业"，因为两个多月以后方先生遁归道山了！当年 5 月份，岳兵教授终于编成《南开日本研究史料编年初稿（1898—1949）》，算是给方先生交了一个"作业初稿"。书虽成，师不在，心中之悲凉，自不待言。又花费数年，在初稿基础上进一步扩充，岳兵最终编成这部纪事编年，将时间下限从 1949 年延伸到 2022 年。方先生天国有知，看到岳兵如此努力，推出这部近 70 万言的大著，肯定会含笑九泉的。

　　方先生希望岳兵教授把南开日本研究所体现的"南开精神"彰显出来，岳兵教授特别做了回应。他将"南开精神"归纳为三点："第一，自由发表不同的观点，不唯上是从；学校也包容各种不同的声音，不搞一言堂。""第二，打破各种因袭的、轮回的旧圈子的循环，以立足中国、发展中国、知中国、服务中国为教育和学术研究的目标。""第三，南开素来重视道德教育……实际上就是南开校训中的'公'和'能'两个方面。"②更以他们师生二人的交往，深入阐释了"南开精神"的内涵："以上方方面面，在我而言，与其说是通过挖掘历史，其实更是从随方先生学习、受方先生关照三十余年的切身感受中体会得到的。先生强调自由而扎实的学风，从来不以自己的专业领域限制学生，从来不以自己的观点强加于人，鼓励学生自由发展，宽容而又讲原则，温而厉。"③该书透过南开日本研究，深入地阐释了"南开精神"的丰富内涵，更可以说是岳兵教授与方克

---

①　《方克立论著集》第 7 卷，中国社会科学出版社，2023，第 155 页。

②　刘岳兵：《暮春余事渐疏远，唯有读书怀旧恩（代后记）》，刘岳兵编《至竟终须合大群：南开日本研究的回顾与前瞻》，第 648—649 页。

③　刘岳兵：《暮春余事渐疏远，唯有读书怀旧恩（代后记）》，刘岳兵编《至竟终须合大群：南开日本研究的回顾与前瞻》，第 649 页。

立先生师生情怀的见证！

三　家国情怀，校史新范

在该书"小序"开头第一句，岳兵教授写道："这本南开与日本关系的编年史料，至少对于南开大学的校史研究是有意义的。"①这是岳兵教授的自谦之语。书名"南开日本研究史料纪事编年"，可拆分为三个关键词："南开""日本研究史料""纪事编年"。实际上该书饱含家国情怀，有着多方面的学术意义，一定意义上说，开创了南开校史写作的新范式。

第一个关键词是"南开"，一定意义上这是一部南开特殊的校史。这里的"南开"，包括了从严修的家馆开始，到南开小学、南开中学，一直到南开大学，凡是跟日本有关的人、事、言，全都编辑于此。故该书的内容要远远早于南开大学的创立，而是始于 1898 年 3 月 25 日，严修自贵州学政任满归乡，实际上是将南开日本研究跟南开校史紧密联系起来，深入阐释了"南开精神"的内涵。在南开发展的每一个阶段，日本研究都有重大发展，或者可以说，该书是透过南开日本研究，将南开校史进行了系统梳理，这也说明南开日本研究本身可以视作南开校史一个不可分割的部分。

诚如前面提到的，更重要的是，透过南开日本研究的梳理，更好地阐发了"南开精神"。诚如岳兵所言："百年来的南开日本研究，就这样被抹上了一层难以褪去的底色。简单地归纳一下，值得注意的有如下几点：第一，重视实地调查……实地调查逐渐具有组织性、综合性和系统性，形成了南开的学术特色。第二，爱国、救国。"调查就是"为了爱国和救国"，也就是"知中国、服务中国"。"第三，对日本要有实事求是的态度。对于其军国主义的侵略必须警惕、揭露和抵抗，对于其强国之精神，也要虚心学习和研究。""遗其形式，而求其精神"，这实际上是"南开精神"的一种反映，②成为支配历代南开人日本研究的灵魂。

---

① 刘岳兵编著《南开日本研究史料纪事编年》，"小序"，第 1 页。
② 刘岳兵编著《南开日本研究史料纪事编年》，第 720—721 页。

　　第二个关键词是"日本研究史料",乃是南开与日本有关的人、事、言,全都总览于此书之中。该书稿涉猎范围,诚如"凡例"所言:"本稿分为三部分内容:第一,与日本相关的言论、报道、论著辑要;第二,与日本相关的事件;第三,虽与日本未必有直接关系,编者认为其言论或史实对认识南开学校、南开精神,观察日本、研究日本或了解当时日本研究的历史氛围等有启发意义者。"① 实际上乃是遵循了中国古代纪事的两大内容:"事"与"言"。"事",乃南开学校与日本交往的事件;"言",乃反映南开人研究日本的论著。

　　在整个近现代中日关系史的大背景之下,叙述南开日本研究与南开对日交流情况,说明一方面南开的日本研究是跟中日关系的大背景密切相关的,另一方面又是中日关系发展的一个缩影,该书贯穿了这样的特色。例如 1915 年 1 月 18 日条,引用《严修年谱》叙述道:"日本公使会见袁世凯大总统,提出'二十一条'要求。袁世凯即召集国务总理徐世昌、外交总长孙宝琦、陆军总长段祺瑞开会商议对策。5 月 7 日、9 日,严修《日记》分别记载:'日人递最后通牒于我。''中日交涉定约。'"又特别记录张伯苓在 5 月 17 日针对"二十一条"的讲话,鼓励学生"国威以振,国耻以雪"。② 将南开日本研究融入整个中日关系的发展脉络之中,这样的特色贯彻全书,可见南开的日本研究是与整个中国同呼吸、共命运的。

　　"日本研究史料"中的"研究"二字,应是相当宽泛的概念,并非指纯粹的学术研究,学术研究当然是其中极为重要的一个方面,更重要的是南开师生跟日本的交往,不管是严修、张伯苓以及随后的大学校长们对日本的考察,与日本学人的交往,还是学生短期赴日进修、留学、攻读学位,老师们的赴日访学、研修等全都包括于此书中。另一方面,凡日本与南开相关的人和事,也全都涵盖于书中,包括日本各界人士来南开交流、访问、开会、赠书、捐资等内容,实际上乃是南开与日本双边交往的各种人和事。该书资料十分丰富,征引相当广泛,既有南开校史方面的各种资料,也征引了日本外务省外交史料馆等日本有关南开大学的史料,体现出

---

① 刘岳兵编著《南开日本研究史料纪事编年》,"凡例",第 1 页。
② 刘岳兵编著《南开日本研究史料纪事编年》,第 19 页。

编者有着严谨的态度、广博的知识。

"南开与日本的关系，大而言之，或可视为近现代中日关系的一个缩影；南开的日本研究，也可能是观察和了解、反思近现代中国日本研究发展历程的一个可资借鉴的比较典型的窗口。"①故该书有着十分广泛的学术价值，既是一部饱含家国情怀的南开日本研究的学术史，又可谓近现代中日关系史上的一个具体而微的实例。

第三个关键词是"纪事编年"，清晰地揭示该书是一部编年体史书，按照时间顺序，将相关人、事、言编辑成册，总成一书。该书在纪事之时，亦重视记言。对于"言"的重视，成为该书一大特色。凡关涉日本之言论，尤其是有关对日关系之政论、书信、谈话、杂感等，皆加以摘录叙述。即如 1917 年 4 月 11 日，张伯苓对修身班演说《旧中国之新希望与旧南开之新责任》，载同月 18 日刊行的《校风》第 61 期，"强调美国在东亚的重要性，强调东亚诸问题关系美日中三国者：'言中国之与东亚诸问题乎？此为关系美日中三国者……'"②摘录文章大半篇，全文照录。书中多摘录张伯苓刊在《校风》上的演讲稿，因为关涉时政，关涉当下现实，自然绕不开当时的中日关系，故多予摘录。

因此，该书固然是南开日本研究的学术编年史，是南开大学与日本交往的关系史，同时是中国日本研究的一个重要事例，即以南开为中心，揭示中国的日本研究状况，也以南开为例，说明 20 世纪初以来一个多世纪中日关系的发展变化，乃透视当代中日关系史的一个具体实例，无论对中日关系史的研究，还是南开的校史研究，该书都有着不可替代的重要作用。

四　结语

在《至竟终须合大群：南开日本研究的回顾与前瞻》一书中，收录了杨栋梁教授的《史学大家吴廷璆的学识与情怀》，在追念吴廷璆先生学术人生之同时，杨老师也特别注重吴先生的家国情怀。这种情怀为随后历代

---

① 刘岳兵编著《南开日本研究史料纪事编年》，"小序"，第 1 页。
② 刘岳兵编著《南开日本研究史料纪事编年》，第 23—24 页。

南开日本研究学人所继承和弘扬。曹雪涛校长说过："时至今日，南开在日本研究领域汇聚了一批具有科研热情和能力的资深专家与青年学者，积淀了大量能够引领学界、产生广泛影响的研究成果，形成了基础研究与应用研究并重的传统和特色……是南开深厚学术积淀和文化底蕴的体现，有利于形成中国日本研究的'南开学派'，这不仅是南开学脉的传承，更是南开精神的永续。"①诚哉斯言！刘岳兵教授在此书中，梳理南开百年来日本研究，深入阐释了"南开精神"，更是为南开日本研究的家国情怀做了新的阐释，必将对今后的南开日本研究产生深远的影响。

（孙卫国，南开大学历史学院教授）

---

① 曹雪涛：《在"百年南开日本研究文库"发布会上的致辞》，刘岳兵编《至竟终须合大群：南开日本研究的回顾与前瞻》，第 4 页。

Contents

"Lineage Inheritance and Upholding Orthodoxy While Innovating:
High-end Forum on the Study of Japanese History"

Origin and Purpose of the "Lineage Inheritance and Upholding
Orthodoxy While Innovating: High-end Forum on the Study of
Japanese History"   Liu Yuebing

Research on Sino-Japanese Relations History in Early Reform and Opening
China: A Case Study of Mr. Wang Xiangrong's Research   Xu Jianxin

Mr. Wan Feng and Research on Modern Japanese History   Zhang Yuebin

Mr. Lv Wanhe and Research on Modern Japanese History   Xiong Dayun

Research on Japanese Buddhism and Sino-Japanese Buddhist Exchanges
History of Yang Zengwen   Jiang Jing   Chen Miao

Japanese Economy

The Marketing Characterics of the Telephone Service Expanding
Policy Prior to WWII in Japan

Yun Dajin

Abstract: With regard to Nobuyuki's research [1998] on the issue of lower prevalence rate of metropolitan areas than that of the non-metropolitan, this paper attempts a qualitative analysis on his argument for 'the privilege of non-metropolitan areas and policy-inclination', and further discusses the issue of backlog of telephone instillation due to the non-equilibrium between supply and demand of metropolitan and otherwise areas. The analysis is made on the Telephone Service Extending Project, the range of asset owners, the correlation of asset owners with the installation of telephone in appropriated areas, the characteristics of fundraising for the project. This paper strongly suggests that it should not be ignored of the telephone installation funded by capitals from non-metropolitan areas on account of the wide range of the economic subjects such as the traditional enterprises and capitalists.

Keywords: Six Metropolises; The Backlog of the Telephone Installation; The Balanced Economic Development; The Dual Structure

Re-reading and Inspiration of "Japan's National Income Multiplication Plan"

Zheng Jiancheng　Wang Zhuo　Jia Baohua

Abstract: "Japan's National Income Multiplication Plan" has been one of the long-term topics discussed by Chinese scholars and politicians. However, due to the differences of some national conditions and times, there are also some misunderstandings and policy deviations. We believe that it is time to re recognize and evaluate the role of the plan as a link between the past and the future and its significance to the promotion of the stage of social development in post-war Japan from the perspective of the relationship between law, policy and the plan and the evolution process. At the same time, we should pay more attention to and study the intensification of Japan's social and economic contradictions, countermeasures, reforms and results caused by its implementation.

Keywords: Japan's National Income Multiplication Plan; Chinese Economy; Japanese Economy

The Motivation, Path and Validity of Japan to Enhance the Institutional Discourse Right in the RCEP Negotiations

Gao Wensheng　An Yiting

Abstract: The motivation of Japan's institutional discourse right in the RCEP negotiations is closely related to its comprehensive diplomatic strategic planning and touches different aspects; such as economy, politics, and diplomacy. The path includes the right of discourse on rules and the right of relational discourse. The former highlights the measures taken to establish rules and regulations, while the latter focuses on promoting relations with India and ASEAN countries. Japan's action to enhance the institutional discourse right in the RCEP negotiations has achieved certain results, which has helped it enhance its international influence and build a regional economic and trade order in line with Japan's interests. However, at the same time, Japan has also made a series of concessions, reflecting the limit of building the institutional discourse right. The validity of Japan's institutional discourse right in the RCEP negotiations has a certain enlightenment and reference role in thinking about and enhancing China's institutional discourse right in the international economic and trade order.

Keywords: RCEP; Economic and Trade Negotiations; Institutional Discourse Right; Relational Discourse Right; Japan

Japanese Politics and Diplomacy

Relationship between Politicians and Bureaucrats of Koizumi Cabinet's Special Corporations Reform

Hu Zhuolin

Abstract: The special corporations played an important role in Japan's post-war economic development. In the 1980s, with the collusion of "zoku-giin", interest groups and provincial bureaucrats, special corporations not only suffered losses in business, but also became the stronghold of beneficial politics. Reforming special corporations has also become an urgent need for political reform. At the beginning of the 20th century, Koizumi's cabinet chose road corporations and postal organizations as special corporations reform objects, and began the process of reforming special corporations. However, under the influence of Japan's beneficial politics, the reform of special corporations was fiercely resisted by the relevant provincial departments and "zoku-giin". After a long tug of confrontation with vested interests, the final reform achieved certain results, the beneficial politics pattern was broken, and decision-making mode of the prime minister's dominance was formed.

Keywords: Koizumi Cabinet; Beneficial Politics; Relationship between Politicians and

Bureaucrats; Special Corporations Reform; Dominance of Prime Minister's Office

The Analysis on Transformation of Japan's Security Strategy

Guo Chunyan

Abstract: In recent years, Japan's security strategy has implemented major adjustments and substantive transformation, which can be expressed as a shift from "conservative defense" to "moderate offense." The main measures of Japan's security strategic transformation are as follows: by increasing the defense budget year after year, carrying out the reform and reorganization of the defense system and mechanism, gradually expanding the defense space to the fields such as the universe, space and network. Through comprehensively strengthening the Japan US alliance, vigorously supporting the four side security to the telephone system, and increasingly expanding the scope of multilateral allies, Japan aims to improve the national security level as a whole. The significant adjustment of Japan's security strategy will inevitably bring unprecedented negative impact on the geopolitical environment of East Asia, and it will also pose a huge challenge that can not be underestimated to the security environment of neighboring countries.

Keywords: Japan's Security Strategy; "Conservative Defense"; "From Defense to Offense"; The Ability to Fight Back

Japanese History and Culture

Prince Takaoka's pilgrimage to China's Tang Dynasty and Exchanges of Chinese and Japanese Culture

Li Guangzhi

Abstract: In late Tang Dynasty, there was a special Japanese Buddhist called Prince Takaoka. When he was banished from Prince imperial, he shaved his head and became a Buddhist monk and traveled from Japan to Chang'an, and from Guangzhou to India. By investigating the change of Takaoka's life experience, the route to China and his communication with Chinese people, this paper combs out the life track of a Japanese Buddhist seeking Buddha dharma. By identifying the origins of the Japanese copper bell in Mingzhou Kaiyuan Temple and the influence of the bhikkhu-sangha in PuGuangwang Monastery in Sizhou on Japan, this paper points out that Takaoka's entering China and seeking Dharma has promoted the cultural exchange and integration between China and Japan.

Keywords: Prince Takaoka; Japanese Evoys; Mingzhou Kaiyuan Temple; Puguang-wang Monastery; Bhikkhu-sangha

Research on the Letter Written by Naito Torajiro to Noguchi Tanai of Fengtian Daikoh Gaisha (1917)

Chum Yatbiua

Abstract: This article conducts detailed research on a new letter of Naito Torajiro recently circulated and released in the Japanese cultural relics market. In the sixth year of Taisho, this letter was sent by Naito Torajiro from the Yoshida Campus of Kyoto University to Noguchi Tanai Fengtian daikon Gaisha. Based on the letter, this paper preliminary researches on the time, place, content, and the relationship between Naito and Noguchi, especially adds research material for Noguchi. The meaning of the letter is that Naito wants Noguchi to buy two cultural relics from Fengtian for Kyoto University, one of the relics is Kankyuken hi purchased from Wu Guangguo, and the other is the Tibetan and Mongolian Tripitaka stored in Taiping temple. As early as ten years before the letter, japan has used a combination of academic and political methods to investigate and purchase the Manchurian cultural relics, many of which using non-purchasing methods. The research on the relationship between Naito and Noguchi was insufficient, and this article will roughly clarify the intersection of the two through the relationship circle that connects the four people of Naito-Wu-Noguchi-Lian.

Keywords: Naito Torajiro; Noguchi Tanai; Kankyuuken hi; Kyoto University; Daikoh Gaisha

Suzuki Masao's Thought of Professional Ethics and the Evolution of Japanese Professional Spirit

Yao Jidong Shen Minrong

Abstract: This study starts from the professional ethics thought of Suzuki Masao in four people daily use, and investigates the corresponding relationship between his thought and the connotation elements of modern Japanese professional spirit. It is found that all the elements contained in modern Japanese professional spirit can be found in Suzuki Masao's four people daily use, which plays a certain role in promoting the development and perfection of Japanese professional spirit.

Keywords: Professional Spirit; Masao Suzuki; Professional Ethics

The Shinto Environmentalism under the Discourse of Cosmopolitanism Centered on "Chinju no Mori"

Wang Ziming

Abstract: Based on the background of environmental crises in Anthropocene, this paper discusses the ideology and practice of Shinto environmentalism in contemporary Japan. Firstly, Shinto scholars, based on the traditional syncretism, call for mutual "Syuugou" between Shinto and other religions, shape a unique cosmopolitanism discourse, show the openness of Shinto ecological knowledge, and attempt to solve the global ecological crises. Secondly, Shinto priests emphasized the value of "Chinju no Mori", which belongs to shrines. And they have carried out many protection projects, where a multidisciplinary research field called "Syasougaku" has been established. Finally, the turn of environmentalism is also an important way for Shinto to restore its legitimacy in secular society. But there are still multiple interests among Shinto institutions, which would take environmentalism becoming political strategies, serving other political and economic purposes.

Keywords: Shinto; Cosmopolitanism; Chinju no Mori; Environmentalism

Book Reviews

The Spiritual Origin of Nankai's Century-old Study of Japan Inherited by Zhang Boling —Impressions After Reading *Chronicles of Nankai's History of Japanese Studies* Compiled by Liu Yuebing   Song Chengyou

Respect and Reflection —Thoughts and Insights on Reading *Chronicles of Nankai's History of Japanese Studies* Compiled by Liu Yuebing

Gao Hong

An Academically Patriotic Chronology —Impressions After Reading *Chronicles of Nankai's History of Japanese Studies* Compiled by Liu Yuebing

Sun Weiguo

《南开日本研究》征稿

南开大学日本研究院学术集刊《南开日本研究》诚邀学界同仁投稿。

《南开日本研究》（集刊）1996 年创办，迄今已出版 28 辑。从 2022 年起，本集刊从年刊改为半年刊（第 1 辑和第 2 辑），敬请学界同仁多多支持，共同促进我国日本研究事业的发展。

本集刊设有日本历史、日本政治、日本经济、日本社会、日本思想及文化等专题研究栏目，以期为中国的日本学研究者提供一个公共学术平台。

本集刊稿件篇幅一般为 1 万字左右，观点新颖并有理论深度的学术论文不受字数限制。稿件一经采用，即致稿酬。

投稿时请注意以下要求（注释规范等详见《南开日本研究》论文技术处理规范）：

1. 请附 300 字左右的中、英文内容提要以及 3—5 个关键词。

2. 请使用中文简体 word 文档，A4 幅面，5 号字，固定值 18 磅行距。

3. 注释请使用脚注，格式为：作者（译著或译文还应注明译者）、书名（或论文题目）、出版社（或杂志名称）、出版时间、页码。

4. 注释中引用外文文献时请按照外文规范直接使用原文。

5. 如属课题项目成果请注明课题项目名称及项目号。

6. 本集刊实行双向匿名审稿制度，来稿请用电子邮件发送，论文请加封面，注明中文标题及作者的姓名、工作单位、职称（或职务）、通信地址、邮政编码、电话、电子信箱等。正文部分不得出现上述信息，不要出现作者署名及其他有关作者的信息（包括"拙著"等字样），以便匿名评审。

联系地址：300071，天津市南开区卫津路 94 号，南开大学日本研究院《南开日本研究》编辑部。

投稿邮箱：nkrbyj@ 126. com。

联系电话：（022）23505753。

图书在版编目（CIP）数据

南开日本研究. 2023 年. 第 2 辑：总第 29 辑／刘岳
兵主编. -- 北京：社会科学文献出版社，2023.9
ISBN 978 - 7 - 5228 - 2463 - 5

Ⅰ.①南… Ⅱ.①刘… Ⅲ.①日本 - 研究 Ⅳ.
①K313.07

中国国家版本馆 CIP 数据核字（2023）第 165096 号

南开日本研究 2023 年第 2 辑（总第 29 辑）

主　　编／刘岳兵

出 版 人／冀祥德
责任编辑／邵璐璐
责任印制／王京美

出　　版／社会科学文献出版社·历史学分社 （010）59367256
　　　　　　地址：北京市北三环中路甲 29 号院华龙大厦　邮编：100029
　　　　　　网址：www.ssap.com.cn
发　　行／社会科学文献出版社 （010）59367028
印　　装／唐山玺诚印务有限公司

规　　格／开　本：787mm×1092mm　1/16
　　　　　　印　张：18.25　字　数：275 千字
版　　次／2023 年 9 月第 1 版　2023 年 9 月第 1 次印刷
书　　号／ISBN 978 - 7 - 5228 - 2463 - 5
定　　价／89.00 元

读者服务电话：4008918866